ES V
75 JAHRE
1924 – 1999
ERICH SCHMIDT VERLAG

D1671347

Allgemeine Literaturwissenschaft – Wuppertaler Schriften

Herausgegeben von Ulrich Ernst, Dietrich Weber und Rüdiger Zymner

Band 1

Allgemeine Literaturwissenschaft – Grundfragen einer besonderen Disziplin

Herausgegeben von
Rüdiger Zymner

ERICH SCHMIDT VERLAG

Die Deutsche Bibliothek – CIP-Einheitsaufnahme

Allgemeine Literaturwissenschaft – Grundfragen einer besonderen Disziplin / Rüdiger Zymner (Hg.). – Berlin : Erich Schmidt, 1999
(Allgemeine Literaturwissenschaft – Wuppertaler Schriften ; Bd. 1)
ISBN 3-503-04935-5

Gedruckt mit Hilfe der Freunde und Förderer
der Bergischen Universität Wuppertal sowie der Deutschen Bank

ISBN 3 503 04935 5
ISSN 1438-5104

Dieses Papier erfüllt die Frankfurter Forderungen der Deutschen Bibliothek
und der Gesellschaft für das Buch bezüglich der Alterungsbeständigkeit
und entspricht sowohl den strengen Bestimmungen der US Norm Ansi/Niso
Z 39.48-1992 als auch der ISO-Norm 9706

Herstellung: difo-druck, Bamberg

Inhaltsverzeichnis

Rüdiger Zymner (Wuppertal):

Zu diesem Band

Was die Allgemeine Literaturwissenschaft ist und was sie will, darüber bestehen
unter Literaturwissenschaftlern und erst recht in einer breiteren Öffentlichkeit
eher undeutliche Vorstellungen – trotz eines unverkennbar wachsenden Interesses
an der Allgemeinen Literaturwissenschaft als Studienfach wie auch als er-
wünschte Erst- oder Zweitqualifikation bei der Besetzung von Professuren. Beides, wachsendes Interesse bei gleichzeitig unbestimmten Vorstellungen über das
Fach, hängt unter anderem mit der großen interdisziplinären Bindungsfreude und
Gesellligkeit der Allgemeinen Literaturwissenschaft zusammen. Nicht nur an allen Literaturen interessiert (statt an einer einzigen), sondern auch an allen Voraussetzungen, Wirkungsmöglichkeiten und Folgen von Literatur einschließlich
ihrer Verbindung mit anderen Künsten, zählt die Allgemeine Literaturwissenschaft institutionell nach wie vor freilich zu den kleinen Fächern und konzeptio-
nell zu den buntschillernden. Am ehesten dürfte aber vielleicht noch eine Beschreibung wie die folgende auf einen breiteren Konsens stoßen:
Die Allgemeine Literaturwissenschaft ist eine komparatistisch angelegte Grundlagenwissenschaft. Sie bemüht sich um Erkenntnis der Literatur an und für sich
und als solcher und ist im Unterschied zu den Nationalphilologien grundsätzlich
nicht auf eine einzige Literatur gerichtet. Der Allgemeinen Literaturwissenschaft
geht es um Prinzipienwissen und nicht so sehr um Einzelfallkenntnisse; die Ergebnisse der Allgemeinen Literaturwissenschaft sind deshalb vornehmlich daran
zu messen, ob und wie weit ihre einzelnen Theorien, welchen speziellen Gebieten
immer sie sich widmen und an welchen speziellen Textbeispielen immer sie demonstriert sein mögen, Geltung über die Zahl der jeweils behandelten Beispiele
hinaus beanspruchen können. Kriterium allgemein-literaturwissenschaftlicher
Theorie ist nicht Vollständigkeit des explizit erfaßten Materials, sondern Anwendbarkeit auf möglichst viel Material. Die Allgemeine Literaturwissenschaft
ist eine philosophische Disziplin, wenn denn ‚philosophisch‘ das Fragen nach
Gründen und Prinzipien als methodische Leitlinie und die Frage, wie es denn wäre, wenn es anders wäre, als methodische Leitmaxime meint. Als eine Grundlagenwissenschaft und als eine auf die theoretische Reflexion von literaturwissenschaftlichen Problemen ausgerichtete Disziplin bildet die Allgemeine Literaturwissenschaft ein geistiges Band zwischen den Literaturwissenschaften – ebenso
wie sie selbst von den Ergebnissen der einzelnen Literaturwissenschaften profi-
tiert.

Der vorliegende Band ist nun sicher auch eine Art Probe auf diese versuchsweise
Bestimmung der Allgemeinen Literaturwissenschaft. Er beansprucht, gewissermaßen eine Momentaufnahme oder einen ‚Schnappschuß‘ dieser besonderen

Disziplin mit stets prekärem fachlichem Status zu bieten, um dadurch nicht zuletzt auch einen nötigen Prozeß der disziplinären Selbstverständigung anzuregen. Die Beiträger des Bandes wurden gebeten, ein Thema aus einem Spektrum von fünf ‚Grundfragen der Allgemeinen Literaturwissenschaft' zu bearbeiten. Dabei wurde die Entscheidung des Herausgebers, daß diese Fragen tatsächlich Grundfragen der Allgemeinen Literaturwissenschaft seien, von keinem der Beteiligten bezweifelt. In der Themenwahl bestand also größte Freiheit, die einzige Auflage war jedoch die, das jeweils gewählte Thema in einer – nach Meinung der Beiträger – für die Allgemeine Literaturwissenschaft exemplarischen Weise zu behandeln. So interessant (und in vielen Fällen auch innovativ) die einzelnen Beiträge ihrem Inhalt nach sein mögen, so überraschend breit auch das Spektrum der behandelten Themen ist, wichtiger ist doch für das Ziel der gesamten Unternehmung die Art und Weise, wie die jeweiligen Themen behandelt wurden. Hieran zeigt sich am deutlichsten, inwiefern es über den Anspruch hinaus, eine komparatistisch verfahrende Grundlagenwissenschaft zu sein, auch tatsächlich so etwas wie fachspezifisch methodische Standards gibt. Übergreifendes Kennzeichen aller Beiträge (bei zahlreichen verfahrenstechnischen Unterschieden im Detail) sind dabei insbesondere die theoretische Reflexion und die problemorientierte Argumentation bei gleichzeitiger empirischer Überprüfung der Behauptungen und Vermutungen; hieran darf man also einen charakteristischen Zentralaspekt der Allgemeinen Literaturwissenschaft auch in der Praxis sehen, andere mögen (und sollen) zudem erschlossen werden können. Gewiß ist das gewählte Verfahren, eine Momentaufnahme der allgemein-literaturwissenschaftlichen Praxis zu bieten, in viellerlei Hinsicht problematisch (nicht zuletzt deshalb, weil eine Momentaufnahme eben weder Vollständigkeit noch Repräsentativität in einem anspruchsvolleren Sinn beanspruchen kann); und gewiß kann man derartige Bemühungen auch schnell als bloße Nabelschau abtun. Man sollte jedoch nicht verkennen, daß Funktion und Wertschätzung gerade der Literaturwissenschaften im allgemeinen (und also auch der Allgemeinen Literaturwissenschaft im besonderen) in einer vielfach von vordergründiger Standortrhetorik beeinflußten Öffentlichkeit auch von der Ernsthaftigkeit abhängen, mit der man sich um eine fachliche Selbstbestimmung, um die Bestimmung von Aufgaben des Faches und fachliche Standards bemüht. In diesem Sinn kann und soll der Band, der auf einen kritischen Dialog mit dem prüfenden und erörternden Leser setzt, zu weiterer Diskussion anregen – und zwar eben nicht durch explizite programmatische Stellungnahmen, sondern durch praktische und exemplarische Studien.

A) Wie entsteht Literatur?

Monika Schmitz-Emans (Bochum):

Operation Münchhausen oder: Wie entsteht Literatur?

Die Frage „Wie entsteht Literatur?" ist selbst auf verschiedene Weisen auslegbar. Als Frage nach einem Prozeß impliziert sie die Frage nach den Motiven und Anstößen, den Bedingungen und Grundlagen, den Instrumentarien und Begleiterscheinungen der literarischen Tätigkeit. Sofern der Prozeß der Literatur-Entstehung als ein aktives Tun interpretiert wird, stellt sich zudem die Frage nach demjenigen, der da etwas tut (also nach dem Subjekt der literarischen Arbeit sowie, gegebenenfalls, nach seinen Exekutivorganen) – und schließlich wirft die Erörterung eines Arbeitsprozesses auch die Frage nach dem Produkt auf. Jedes „Wie entsteht...?" provoziert zu Begründungsmodellen, wobei die Ursprungsfrage der Wesensfrage gleichkommt, also eine Umformulierung der Frage „Was ist Literatur?" darstellt. Diese selbst ist ihrerseits unterschiedlich akzentuierbar – etwa im Sinne von: „Wozu gibt es Literatur?" oder von „Worüber spricht Literatur?" Die Erörterung der Beziehung zwischen Literatur und Wirklichkeit ist hiervon wiederum nicht ablösbar; insofern kann nach der Entstehung von Literatur auch im Zeichen der Spekulation über Charakter und Funktionen literarischer „Mimesis" gefragt werden. Unsere Frage beschäftigt nicht nur Theoretiker und Literaturhistoriker. Das insistente, oft geradezu obsessive Interesse an der Frage, wie Literatur entsteht (nebst allen angedeuteten Implikationen) kann vielmehr als ein konstitutiver Zug insbesondere der modernen Literatur gelten. Dies hängt mit einem spezifischen Bedürfnis nach fundamentaler Selbstvergewisserung zusammen: Je weniger selbstverständlich es zunächst einmal erscheint, daß es überhaupt Literatur gibt, je intensiver also der Begründungsnotstand empfunden wird, desto mehr Energie wird auf seine Bewältigung – oder doch immerhin, vorsichtiger gesagt, auf seine Thematisierung – verwendet. Literatur ist, wiederum zumal in der Moderne, fragwürdig, und sie erfaßt und reflektiert ihre eigene Fragwürdigkeit.[1] Wiederum liegen dabei die Akzente verschieden: etwa auf der Problematik, Erfahrung literarisch umzusetzen, zu gestalten und zu interpretieren, auf den Schwierigkeiten, das jeweils Gemeinte zu artikulieren, oder gar – wie es im 20. Jahrhundert im Zeichen einer tiefgreifenden Sprachkrise geschieht – auf der drohenden Unmöglichkeit, überhaupt etwas zu artikulieren. Schon die in der romantischen Poetik aufgestellte und von der romantischen Literatur auf vielfältige Weisen eingelöste Forderung, Poesie möge zugleich stets „Poesie der Poesie" (Friedrich Schlegel) sein, sich selbst also reflexiv potenzieren, kann als Ausdruck

---

[1] Als die „erste und schlimmste" aller Fragen, die sich dem modernen Autor stellen, bestimmt Bachmann die nach der „Rechtfertigung seiner Existenz": „Warum schreiben? Wozu? Und wozu, seit kein Auftrag mehr da ist von oben und überhaupt kein Auftrag mehr kommt, keiner mehr täuscht." (Ingeborg Bachmann: Werke. Hg. von Christine Koschel u.a., München/Zürich 1978, Bd. 4, S. 186.)

eines Begründungsbedürfnisses gelten, das sich nur dort einstellt, wo etwas überhaupt begründet werden muß. (Daß es in romantischer Zeit insbesondere die „moderne" Literatur ist, die sich in ihrer unterstellten historischen Besonderheit gegen die „Alten" und ihre lange Zeit unangefochtene Vorbildfunktion behaupten muß, verweist auf eine andere Dimension der Frage, wie Literatur entstehe, nämlich auf die historische: Insofern Literatur unter dem Aspekt ihrer Geschichtlichkeit und geschichtlichen Wandelbarkeit betrachtet wird, muß jene Frage nach dem „Wie" immer wieder neu gestellt und vielleicht immer wieder neu und anders beantwortet werden.) Nicht abwegig erscheint es, die Intensität, mit der sich ein Prozeß literarischer Autoreflexion in den Werken selbst artikuliert, als Indikator, ja als Gradmesser der Nicht-Selbstverständlichkeit von Literatur zu betrachten, als Ausdruck einer krisenhaften Situation, die allerdings nicht einseitig negativ gesehen werden sollte. Krisen haben auch ihre positiven, fruchtbaren und stimulierenden Seiten; sie motivieren zur Selbstvergewisserung, zur Entwicklung von Selbst-Bewußtsein, zur Ergründung von bislang Unergründetem und zur Artikulation von bisher Unartikuliertem. Dem skeptischen und verunsichernden Beiklang jener Grundfrage „Wie entsteht Literatur?" komplementär verhält sich ein affirmativer und ermutigender Unterton, in dem sich das Bewußtsein davon vermittelt, daß – immerhin – Literatur ja offenbar immerzu und immer noch entsteht (allen Schwierigkeiten und Fragwürdigkeiten zum Trotz) und daß sie (wenn man denn schon so viel Mühe auf die Erörterung jener Frage verwendet) fast ebenso offensichtlich ja auch gebraucht wird. Wenn literarische Artikulation nicht selbstverständlich ist, so verbietet sich eine triviale und monokausale Ableitung literarischer Phänomene aus (als vorgegeben unterstellten) außerliterarischen Ursachen von selbst, und gerade jene Nicht-Selbstverständlichkeit legt es nahe, die Literatur als Spielraum des Möglichen, des Nicht-Festgelegten, vielleicht des Un-Erhörten und qualitativ Neuen zu verstehen. Je stärker insgesamt die Akzentuierung auf dem Nicht-Festgelegten, auf dem Innovatorischen und Überraschenden liegt, desto größer das Staunen, das sich in unserer Leitfrage ausdrückt: *Wie entsteht denn eigentlich Literatur?*

Literatur besitzt stets – seit ihren Anfängen und in allen ihren Spielformen – eine autoreflexive Dimension, und zwar unabhängig davon, ob sie sich selbst, ihre Funktionen, Entstehungsbedingungen und Wirkungen explizit reflektiert; all dies kann auf vielfältige und subtile Weisen auch implizit reflektiert werden. In dieser Hinsicht bestehen also immer schon Interessensüberschneidungen und thematische Anschlußstellen an das Feld der Literaturtheorie. Mit dem ausgehenden 18. Jahrhundert ist ein historischer Wandel konstatierbar: Das Maß an Ausdrücklichkeit, mit dem literarische Autoreflexion innerhalb der Literatur selbst erfolgt, nimmt zu; neue Formen autoreflexiver Textgestaltung werden erkundet, die Darstellung innerer und äußerer Erfahrungen verschlingt sich oft unauflöslich mit dem Sprechen über diese Darstellung. Was Literatur ist und wozu sie verfaßt wird, muß offenbar immer wieder neu überdacht werden – und dies ist nicht nur als Indikator von Fragwürdigkeiten im negativen Sinne zu betrachten, sondern auch positiv als Ausdruck neuartiger, oft emphatischer Erwartungen, welche der Literatur entgegengebracht werden. Mit der Romantik setzt sich der Gedanke durch, daß literarische Darstellung und Artikulation durch keine andere Tätigkeit ersetzbar ist – eine Vorstellung, die auch dem 20. Jahrhundert geläufig bleibt. Gleichzeitig übernimmt die Literatur dezidiert die Aufgabe, die Gegebenheit von Literatur zu thematisieren und das „Wie" zu reflektieren: Auch in dieser Rolle ist sie nicht ersetzbar, nicht begründbar durch und nicht reduzierbar auf theoretische Konzepte und abstrakt-begriffliche Programme. Literarische Selbstbegründung funktionalisiert zwar die Begriffsinstrumentarien der Ästhetiker, der Philosophen und Historiker, aber sie arbeitet mit genuin literarischen Mitteln – etwa, indem sie vom „Was" und „Wie" der Literatur erzählt. Insbesondere der moderne Roman, dessen Geschichte im späten 18. Jahrhundert einsetzt, greift die Frage „Wie entsteht Literatur" immer wieder auf, um seine eigenen Voraussetzungen (und damit sein eigenes Wesen) zu thematisieren. Das Erzählen verknüpft sich aufs engste mit dem Erzählen vom Erzählen und mit Erörterungen darüber, warum, zu welchem Ende und unter welchen Bedingungen erzählt wird. So bettet beispielsweise Rousseau, dessen *Confessions* als exemplarischer Fall einer modernen literarischen Autobiographie gelten können, den Bericht über sein Leben in ein Gewebe von Erörterungen über seine Schreib-Motive ein, über die Kommunikation mit dem Leser, über die Voraussetzungen und Folgen seiner literarischen Selbstdarstellung. Dem vordergründigen thematischen Anliegen – es geht dem Auto-Biographen letztlich um Selbstrechtfertigung – korrespondiert der legitimierende Gestus, der in solcher Selbstthematisierung des Schreibens liegt; die innere Verwandtschaft zwischen Leben und Lebensbuch drückt sich darin aus, daß sie beide nicht selbstverständlich, sondern begründungsbedürftig sind. Das schreibende Ich ist selbst nichts Selbstverständliches, bietet dem Entstehungsprozeß von Literatur keinen festen Ausgangspunkt; vielmehr erarbeitet es sich seine (fragile) Identität erst innerhalb dieses Prozesses, so emphatisch es auch von Anfang an „Ich" sagen mag. Laurence Sternes Auto-Biograph Tristram Shandy inszeniert sich als ein Erzähler, der sich vergebens bemüht, die Vergangenheit, die vergangene Wirklichkeit in ihrer ganzen Komplexität, in seine Erzählung einzuholen. Vordergründig dokumentiert der digressive und sprunghafte Erzählerbericht die Geschichte eines Scheiterns, einer Dissoziation dessen, was da zusammengefaßt und aus der Überschau präsentiert werden sollte; tatsächlich stellt die durchgängige Reflexion über das, was da gerade entsteht – nämlich Literatur – den Zusammenhang des Textes auf höherer Ebene her. Gerade die Insistenz, mit der hier erörtert wird, wie der Text entsteht (und zwar unter weitgehender Akzentuierung von Behinderungen, Unzulänglichkeiten, Brüchen, Unterlassungen...), verleiht dem Erzählten das, was auf anderem Wege nicht zu haben, der Wirklichkeit selbst nicht abzuringen ist: Kohärenz. Das literarische Spiel um die Nicht-Bewältigung des erzählerisch auszubreitenden Stoffes gestattet allerdings dessen eigenwillige und eigensinnige Bewältigung. Zusammengeführt werden beide Impulse – die Erarbeitung eines „Ichs" im literarischen Prozeß und die Herstellung einer Konsistenz zweiter Ordnung im Angesicht einer als brüchig und disparat erfahrenen äußeren Wirklichkeit – bei Jean Paul, der seine Erzählerberichte immer wieder als Berichte über das Erzählen selbst anlegt. Der Frage, wie Literatur entsteht, wird dabei auf verschiedensten Ebenen, zum Teil unter sehr spezifischer und konkretisierender Perspektive, nachgegangen. So erzählt das *Leben Fibels* von den Buchstaben des Alphabets als den Bausteinen aller Texte; der *Kommentar zu den Holzschnitten der zehn Gebote* berichtet von der literarischen Arbeit als der Entzifferung und Transkription eines zunächst unleserlichen Vorgängertextes. Die Erzählerfiguren in den Romanen Jean Pauls (angefangen bei den Frühwerken *Die unsichtbare Loge* und *Hesperus* bis hin zum späten *Komet*) laufen selbst durch das Romangeschehen, auf der Suche nach der Geschichte, die sie dann erzählen. Oft wird ausdrücklich berichtet, wie sie die Materialien zu ihren Geschichten stückweise, manchmal unwiderruflich bruchstückweise, allmählich erhalten und dann mit ihren Fundstücken verfahren, so gut es geht. Nicht die Bruch- und Fundstücke als solche gewährleisten die Möglichkeit eines Zusammenhangs, sondern allein die literarische Tätigkeit, die sich selbst als solche namhaft macht – eben indem sie sich namhaft macht. Daß sich der Erzählprozeß vom Erzählen über das Erzählen nicht lösen läßt, ist nicht allein ein Beweis dafür, daß sich die moderne Literatur selbst der Frage „Wie entsteht Literatur?" mit Nachdruck annimmt, sondern zugleich Indiz der Wichtigkeit einer Erörterung dieses Themas für andere und weiterreichende Zwecke, vor allem zum Zweck der Erzeugung von Konsistenz: Die enge Verflechtung von Darstellung und Reflexion stiftet Zusammenhang, wo das Dargestellte selbst gerade als unzusammenhängend und partikulär erfahren wird, sie produziert Einheiten und (sei es denn auch fragile) Identitäten aus Uneinheitlichem, Aufgesammeltem, Zerrissenem und Zugefallenem.

Hinsichtlich der die Literatur des 20. Jhs. prägenden grundsätzlichen Fraglichkeit sprachlicher Artikulation gilt analog, daß die Reflexion über die Möglichkeitsbedingungen des Literarischen eine Krise zugleich feststellt und aktiv auf sie zu reagieren hilft. Literarische Befunde von der Unartikulierbarkeit des Individuellen und Inneren, von der Unaussagbarkeit der Wahrheit, der Undarstellbarkeit der Welt sind wichtige Schritte hin zur Artikulation, Aussage und Darstellung – und sei es auf dem Weg der Negation. Wie entsteht Literatur? Offensichtlich nicht zuletzt dadurch, daß sie ihre eigenen Grenzen, Unzulänglichkeiten, ja „Unmöglichkeiten" reflektiert. In enger Verflechtung mit dem Prozeß der Produktion literarischer Texte vollziehen sich vielfältige Prozesse poetologischer Reflexion, auch und gerade durch die Schriftsteller selbst. Die literarische Moderne ist nicht zuletzt die Epoche der Autorenpoetiken, der Selbstkommentare, der poetologischen Essayistik; Institutionen wie Poetikvorlesungen und organisierte Befragungen literarischer Autoren über die Art und Weise, wie bei ihnen Literatur entsteht, tragen dem Bedürfnis nach Reflexion über das literarische Geschäft zusätzlich Rechung. Insgesamt erscheint es in vielen Fällen als schwierig, literarische und literaturtheoretisch-poetologische Texte gegeneinander abzugrenzen. Schon die Tatsache, daß theoretisch-reflektorische Passagen oft in literarische Werke integriert sind, steht einer solchen Abgrenzung entgegen. Aber nicht allein, daß der theoretische Diskurs sich Einlaß – etwa – ins Medium der literarischen Erzählung verschafft – umgekehrt sind auch die theoretischen Reflexionen über das Woher, Wozu und Wie der Literatur von erzählerischen oder in anderem Sinne literarischen Elementen durchsetzt. Im übrigen entfaltet sich ein breites Spektrum an Spielformen autorenpoetologischer Reflexion; die Extremwerte dieses Spektrums werden – bezogen auf das „Wie-entsteht?" – markiert durch das „Je-ne-sais-quoi" einerseits, die selbstbewußte Bastelanleitung andererseits. Ein spezifisches inhaltlich-thematisches Anliegen literarischer Texte spiegelt die zentrale Bedeutung unserer Frage nach der Entstehung von Literatur besonders ostentativ: Charakteristisch für die moderne Literatur ist das Interesse am Schreibprozeß als solchem, an der Institution der Schrift, an den vielfältigen äußerlichen Bedingtheiten der Schreibarbeit, an den Lettern, ja selbst an den Schreibmaterialien, an Papier und Tinte oder deren zeitgenössischen Nachfahren – wobei diesem Interesse am „Materiellen" insofern ein metaphorischer Sinn zugeschrieben werden darf, als es um die grundsätzliche Abhängigkeit von Kontingenzen aller Art, insbesondere auch von den äußeren Bedingtheiten literarischer Arbeit geht. Und wiederum gilt für solche Darlegung von „materieller" Bedingtheit als Verweis auf Bedingtheit schlechthin, daß die Diagnose von Kontingenz ein – und sei es tentativer – Beitrag zur Kontingenzbewältigung ist.

Die vielleicht offenkundigste „literarische" Art, auf die Frage nach der Entstehung von Literatur literarisch zu reagieren, besteht im Erzählen von Geschichten über Literatur und ihre Entstehung, sei es, daß ein Erzähler, wie bei Sterne und Jean Paul, hinter seinem „Stoff" her auf einen langen und vielleicht unabschließbaren Weg geschickt wird, sei es, daß der Text als Ausdruck der Selbstrechtfertigung, der artifiziellen Selbstinszenierung oder auch der Selbstverweigerung gegenüber irgendwelchen ihm von außen entgegengebrachten Erwartungen angelegt ist, wie – um jeweils ein Beispiel für die genannten Möglichkeiten zu nennen – Rousseaus *Confessions*, Max Frischs *Mein Name sei Gantenbein*, bzw. Frischs *Stiller*, sei es auch, daß Schreib-"Materien", Schreib-"Unterlagen", zu entziffernde „Prätexte" und andere Bedingtheiten der literarischen Tätigkeit in den Focus des Interesses rücken. Geschichten über Literatur zu erzählen, ist nicht einfach irgendeine Art unter anderen, über Literatur zu reflektieren; vielmehr wird so der Einsicht Rechnung getragen, daß literarische Selbst-Bespiegelung die (verglichen mit theoretisch-begrifflichen Ansätzen) fruchtbarste Form der Reflexion über Literatur sein dürfte. Besonders programmatisch nehmen sich solche Geschichten vom Schreiben aus, deren Akzent auf der Überwindung von Schreibhindernissen und -hemmungen, ja auf der Bewältigung lähmender Krisen liegt: Geschichten, in denen das unbeschriftetete weiße Blatt nicht primär als Spielraum möglicher Beschriftungen, sondern als Inbegriff einer gähnenden Leere erscheint, welche die Fortsetzung des Schreibprozesses radikal in Frage stellt. Geschichten dieser Art sind aber erst erzählbar, nachdem die Leere zur Metapher eines Bewußtseins prinzipieller Grundlosigkeit geworden ist, eines Verlusts aller tragfähigen Gründe des Lebens und des Schreibens. Zwischen der Semantisierung des weißen Blattes als Gleichnis des allen Setzungen antagonistischen Nichts und dem Ende der Metaphysik besteht ein innerer Zusammenhang, der innerhalb der Literatur auch als solcher reflektiert wird.

Zu betonen ist überhaupt die Geschichtlichkeit der Antworten auf die Ausgangsfrage nach der Entstehung von Literatur, ihre Verflechtung nicht nur mit historisch sich wandelnden metaphysischen, semiologischen, ästhetischen und sprachtheoretischen Implikationen, sondern insbesondere auch ihre Verknüpfung mit der Subjekt-Problematik. Insofern die Literatur-Entstehungs-Frage als Frage nach dem, der Literatur hervorbringt, verstanden werden kann, läßt sich die Geschichte ihrer Beantwortungen grob und stark simplifizierend in drei Abschnitte gliedern: in je eine Epoche vor, während und nach der Ära des „Autors". Die Reflexion über die dem Schreibenden zukommende Rolle bei der Entstehung des Textes ließe sich schlagwortartig unter anderem auf die Alternativ-Formel „Autorschaft oder Inspiration" bringen – oder auch auf die Formeln „Planung oder Zufall", „Innovation oder Transkription", „Erfinden oder Finden". Frühe Erzählungen über die Genese poetischer Werke, verfaßt vor der Ära des Autors, entwickeln und variieren vor allem das Modell der „Eingebung": Die poetische Arbeit erscheint als begründet durch einen Prozeß der Inspiration, die den Dichter von außen überkommt und nicht seinem Willen unterliegt; er selbst rückt in die Rolle eines Exekutivorgans, eines Mediums der Artikulation von Inhalten fremder, ja metaphysischer Provenienz. Musenanrufe, mit denen sich der jeweilige Dichter des Beistandes von oben versichert, sind in der Antike wichtige Bestandteile der Werke selbst; mit ihnen verzichtet der Dichter zwar auf die „Autorität" über seinen Text, aber als Verlust kann dies nur unter Bemessung an Autoritätsvorstellungen späterer Zeiten erscheinen. Mehr als ausgeglichen wird die Delegation der Autorität an inspirierende Instanzen durch die dadurch erfolgende Legitimierung des Textes, der dem Kontingenzverdacht durch seine transzendentale Absicherung ebenso entzogen ist wie dem der inhaltlichen Unzuverlässigkeit oder gar Unwahrheit. Legitimierungsfunktion besitzt auch noch die – gegenüber dem Musenanruf oder auch dem Verweis auf göttliche Diktate säkularisierte – Begründungsfigur, die in einer Berufung auf menschliche (also historische) Überlieferungen und auf Vorgängertexte, auf Quellen und weltlichgeschichtliche Autoritäten besteht; mittelalterliche Texte geben gern Auskunft über die Autoritäten im Hintergrund, um das Mitgeteilte zu verbürgen; der Name des Schreibenden selbst spielt demgegenüber noch keine nennenswerte Rolle. In dem Maße, in welchem sich die Verfasser literarischer Texte von externen verbürgenden Vorgaben emanzipieren und ihre eigene Arbeitsleistung gegenüber der Umsetzung von Vorgegebenem, Vorgesagtem, Vorgeschriebenem höher ansetzen, kann sich das Bewußtsein einer Autorität des Schreibenden gegenüber seinem Text ausdifferenzieren. Die diskursgeschichtliche Karriere des selbstbewußten Individuums, das sich als Subjekt der Geschichte und schließlich – seit dem Cartesianismus – auch als „subiectum" von Erfahrung schlechthin betrachtet, geht einher mit der allmählichen Herausbildung und Artikulation eines emphatischen Begriffs von literarischer „Autorschaft". Das Medium Literatur scheint die idealtypischen Voraussetzungen für eine ästhetische Selbstdarstellung von Individualität bereitzuhalten. Und selbst wo es um die Einengungen, Beschränkungen, ja Beschädigungen des Individuums durch die Welt geht, an der es sich abarbeiten und mit der es sich arrangieren muß, scheint die Literatur ihm ein Refugium bieten zu können, wie es kein anderes gibt – einen Ort, wo über jene Beschädigungen und Beschränkungen wenigstens geklagt werden kann. Auch so entsteht Literatur: als Darstellung der Konfrontation zwischen Wunsch und Realität, Bedürfnis und Nichterfüllung. Der Autor der Texte spricht oft obsessiv von seiner Arbeit, von seinen Zielen und Absichten, um sich zu behaupten. Er ist selbst aber stets ein Rollen-Ich, ist niemals unabhängig von dem Medium, in dem er sich artikuliert. Insofern wäre es einseitig, im Zeichen der Frage nach der Entstehung von Literatur zu behaupten, es sei (in der Epoche des „Autors") der Autor, durch welchen Literatur entstehe. Umgekehrt entsteht auch und gerade der Autor durch die Literatur. Fragwürdig wird das Modell Autorschaft zugleich mit dem Konzept des autonomen Subjekts. In dem Moment, da das Ich der Illusion beraubt wird, Herr auch nur seiner selbst zu sein (ganz zu schweigen von der Welt), da dem Bewußtsein das Unbewußte als antagonistische, sogar latent überlegene Instanz gegenübertritt, da der Zufall die Planungen des rationalen Willens unterläuft und sich Geschichte nicht mehr als sinnvolles Geschehen begreifen läßt – da verliert dieses Ich auch seinen Glauben an die Herrschaft über den Text, da kann und muß dieser statt als Produkt bewußter Konzeptionen und absichtsvoller Artikulationsbedürfnisse als Bekundung von Un-Bewußtem, als unabsichtlich und dem eigenen Produzenten unverständlich erscheinen – als etwas Zufälliges und dem Schreibenden allenfalls Zu-Gefallenes, als etwas, das Sinn nicht garantiert, nicht einmal den eigenen. (Darüber freilich lassen sich wieder mancherlei Geschichten erzählen, die als Geschichten die in ihnen erhobenen Diagnosen im Ansatz auch schon wieder hinter sich lassen.) Das Ende der Zuversicht, Autorität über den eigenen Text zu besitzen, kann von den Schreibenden als krisenhaft im negativen Sinn empfunden werden und wird so empfunden – schließlich zwingt es zu dem Eingeständnis, man wisse nicht eigentlich, was man sage (bzw. schreibe) und wie das Geschriebene zu verstehen sei – zu dem Eingeständnis auch, das Gewollte stets allenfalls in Ansätzen realisieren zu können und dabei auch noch von unsteuerbaren Rahmenbedingungen abhängig zu sein. Aber auch als entlastend kann die Preisgabe der Autor-Rolle erfahren werden: als Lizenz, mit den literarischen Möglichkeiten ohne jede Bindung an Sinnvorgaben und Aussageintentionen, ästhetische Regeln, Wahrheitsmaßstäbe, moralische Normen und ich-bezogene Wünschbarkeiten oder Notwendigkeiten zu spielen.

Gerade die Frage „Wie entsteht Literatur?" stimuliert die Einsicht in das, was man die Unbegründbarkeit von Literatur nennen könnte. Daß sich die literarische Arbeit (wie auch andere Formen ästhetischer Produktivität) dem Diktat von begründenden Regeln, Normen und Gattungskonventionen nicht beugt, daß sie ferner nicht erschöpfend in begriffliche Explikationen einzuholen und in Erklärungen aufzulösen ist, ist eine Einsicht, die schon die vor- und frühromantische Reflexion über Dichtung prägt und seit der Romantik zu einem geläufigen Topos geworden ist. Mit der Idee der Absolutheit des literarisch-ästhetischen Werks ließ sich das Projekt einer abstrakt-theoretischen Begründung nicht vereinbaren, und selbst nachdem die Idee einer solchen ästhetischen absoluten Autonomie des Werks obsolet geworden ist, mag eigentlich niemand mehr so recht daran glauben, daß man literarische und künstlerische Werke „extern" begründen kann – schon deshalb, weil es sich als problematisch erweist, überhaupt noch verbindliche „Gründe" auszumachen (etwa moralisch-ethische für das menschliche Handeln, ontisch-ontologische für den Erfahrungsprozeß oder metaphysische für Glaubensgewißheiten). Und nachdem nicht einmal mehr das Künstler- bzw. Schriftsteller-Ich als durch seine Autorität begründende Instanz in Frage kommt, verabsolutiert sich der die literarische Produktivität seit jeher begleitende Begründungsnotstand und wird unüberwindbar. Auf ihn antwortet im Medium Literatur das Projekt literarischer Selbstbegründung. Wie der Baron Münchhausen, prototypischer Erzähler haarsträubender Lügenmärchen, sich selbst das Leben rettete, indem er sich am eigenen Schopf aus dem Sumpf zog, so zieht sich die Literatur aus dem Sumpf ihrer eigenen Grundlosigkeit, indem sie sich in die Welt hinein erzählt, Begründungen fingiert, Grundlosigkeiten überspielt, fingierte Behauptungen darüber abgibt, wie und warum sie entsteht und entstehen mußte. Erzählen über Literatur ist stets – und in der zeitgenössischen Literatur nachdrücklicher denn je – auch dies: bewußte und als solche eingestandene Fiktion der eigenen Gegründetheit, artifizielle Selbstbehauptung im Medium der Fiktion. Auf die *Erfindung* von „Gründen", also auf die Entwicklung fiktionaler Begründungsfiguren, verwendet die Literatur des 20. Jhs. erhebliche Energien. So etwa, indem sich literarische Texte als Transkriptionen fiktiver Quellen ausgeben (und zwar so, daß der Leser den fiktionalen Charakter dieser Selbst-Abstützung auf einen Text-Grund durchschaut), als Fortsetzung von Vorgängertexten oder als eine andere Form von Text, der auf einen bereits gegebenen Text reagiert. (Ins Extreme getrieben, findet sich dieser Ansatz bei Borges: in der Geschichte von Pierre Menard, der den *Don Quijote* nochmals schreibt). Umberto Ecos Roman *Il nome della rosa* gibt sich spielerisch als Transkription eines Vorgängertextes aus, so wie in romantischer Zeit schon Hoffmanns *Prinzessin Brambilla* und diverse Texte Jean Pauls. Dergleichen ist nicht nur historisierendes oder parodistisches

Zitat einstiger Berufung auf Quellen, sondern mittelbarer Ausdruck des Wissens um die Notwendigkeit und gleichzeitige Unmöglichkeit von Text-Begründungen. Vom Schreiben erzählt wird besonders oft und gerne an Romananfängen („Indem ich die Feder ergreife...") und überall dort, wo es darum geht, in den Text „hinein" zu kommen, zu ihm zurückzufinden, ein Gerüst für den Erzählprozeß zu zimmern oder sich in anderer Weise Rechenschaft über das eigene Tun zu geben. Einzelne experimentelle Texte der Literatur des 20. Jhs. bestehen aus einer Folge von Variationen über die Probleme und die Verheißungen und Nöte des Anfangens – lesbar als Meditationen über die Frage: Wie entsteht eigentlich Literatur? Marcel Bénabou hat 1986 eines seiner Bücher ins Zeichen der überraschenden Frage gestellt, warum es nicht geschrieben wurde: *Pourquoi je n'ai écrit aucun de mes livres.*[2] Der wohl absichtsvoll mehrdeutige Titel könnte sich sowohl auf Bücher beziehen, die nie geschrieben wurden (obwohl sie konzipiert oder doch geplant waren), als auch auf die Autor-Problematik, also darauf, daß das „Ich" nicht mehr als Autor in Frage kommt. Dies „Warum" („Pourquoi") scheint eine Begründung zu verheißen, aber erstens ist es ohnehin ein fragwürdiges Unternehmen, angeben zu wollen, warum etwas nicht gemacht, getan, geschrieben wurde; und zweitens ist das Buch ja sogar geschrieben worden (wovon sich der Leser lesend überzeugen kann), so daß es hier offenbar um das paradoxe Unternehmen geht, die Nichtexistenz von etwas zu begründen, was existiert. Der Gedanke der Grundlosigkeit des Textes wird zum roten Faden durch sämtliche Spekulationen und Reflexionen des Buch-"Ich", das vorwiegend vom Nichtzustandekommen seiner Buchprojekte erzählt. Vermittelt wird dabei unter anderem die Einsicht, daß Literatur über Begründungszwänge immer schon hinaus sei, weil sie ja ruhig ihr eigener Grund sein dürfe. Ja, der Text müsse für sich selbst stehen, während der Autor ebenso überflüssig sei wie jeder andere „Grund". Allerdings verwickelt sich der Erzähler bei diesen Überlegungen in eine wohl gewollte und übrigens für die moderne Literatur nicht untypische Paradoxie: Ausgerechnet der, der hier „ich" sagt, tritt auf als Subjekt der Suche nach einer Schreibform, die ohne sein „Ich" auskäme, bei der die Literatur gleichsam ohne ihn ihren Lauf nähme (Bénabou, S. 114). Kritische Bemerkungen galten – natürlich – dem „Autor": schließlich weiß man inzwischen ja, daß sich Literatur so nicht begründen läßt. Brav und theoriekonform wird das sprechende „Ich" als Rolle entlarvt. Von wem, wenn nicht von sich selbst?

> [...] niemand [ist] gezwungen, den, der *ich* sagt, mit ihm, dem Autor, zu identifizieren. Wer sagt denn, daß er sich im geringsten mit dieser Figur verbunden fühlt? Schließlich ist *ich* nur ein Wort wie jedes andere, ein bloßes – manchmal bequemes – Werkzeug, mit dem man wohl einmal spielen darf, jedenfalls solange das Spiel nicht, was ja auch vorkommt, auf Betrug hinausläuft. (Bénabou, S. 17)

---

[2] Marcel Bénabou: Warum ich keines meiner Bücher geschrieben habe. Aus d. Frz. v. Ulrich Raulff, Frankfurt a.M. 1990, frz. zuerst 1986.

Das „Ich" hat nichts zu sagen (– so sagt es). Aber wenn denn gleichwohl geschrieben werden soll – worin den Text begründen? Bénabou reiht am Faden seiner Überlegungen eine Serie von Topoi und Modellen fiktiver Selbstbegründung literarischer Arbeit auf. All dies dient dem Zweck, sich am eigenen Schopf aus dem Sumpf der (ihrerseits zitathaft-parodistisch inszenierten) Produktionskrise zu ziehen. Diverse bekannte „Lösungen" des Motivations- bzw. Begründungs-Dilemmas werden erwogen. So denkt er über die Möglichkeit nach, einen Geschichtenerzähler zu erfinden, der dann als autorisierende Quelle im Hintergrund zu fungieren hat (Bénabou, S. 144). Denkbar erscheint auch die von anderen Schriftstellern erprobte Erzeugung eines Textes durch systematische Transformation beliebiger Substrattexte als beliebiger „Grundlagen" (Bénabou, S.126). Das Bekenntnis des angeblich schreibunfähigen Erzählers, lange Zeit auf Inspirationen gewartet zu haben, ist ein weiteres Zitat aus der Serie geläufiger Begründungsfiguren (Bénabou, S. 63). Alle Versuche, dem eigenen Text einen Grund zu verschaffen, scheitern. Aber das Buch wird doch geschrieben: als Chronik dieses Scheiterns. Der Modellcharakter dieses Vorgangs wird dabei ausdrücklich betont: Literatur entsteht auch und gerade dann, wenn das „Wie" nicht verbindlich beschrieben und oft allenfalls fingiert werden kann.

> Ergo: wer schreibt, daß er schreiben möchte, der schreibt bereits. Wer schreibt, daß er nicht schreiben kann, schreibt immer noch. Wie viele kühne Unternehmungen beruhen nicht auf derartigen Umkehrungen: die Peripherie wird zum Zentrum gemacht, das Beiwerk zum Wesentlichen, der verworfene Stein zum Eckstein. Ich wußte also, was mir zu tun blieb: ein Gewaltstreich, welcher Büchern, die es in Wirklichkeit nicht gibt, fiktive Existenz verleiht und auf diese Weise dem Buch, das von diesen fiktiven Büchern handelt, wirkliche Existenz verleiht, mithin eine Verhaltensweise ganz ähnlich derjenigen, die zum cartesischen *Cogito* führt: in ein und demselben Zuge, in dem ich meine Unfähigkeit zum Schreiben bekundete, würde ich mich als Schriftsteller erweisen, und dank dem Nichtsein meiner ungeschaffenen Werke würde dieses hier zutage treten. Ein schönes Beispiel für die Strategie Wer-verliert-gewinnt, jenes dialektische Meisterstück, das aus einer Reihe von Fehlschlägen die Straße des Erfolges macht. (Bénabou, S. 129)

Insistent erörtert der Text seine eigene Unbegründbarkeit. Aber eben dadurch tritt er ins Dasein. Die Bewegung der Reflexion über die eigene Grundlosigkeit und Unbegründbarkeit wird zu seinem Ersatz-Grund. So zieht man sich aus dem Sumpf: Das oft einfallsreiche, oft auch umständliche Reden darüber, warum auf dem Papier eigentlich kein Text stehen dürfte (ergänzt um Auskünfte darüber, daß und warum niemand etwas zu sagen hat und daß es eigentlich auch nichts zu sagen gibt), erzeugt den Text. Die Selbstverweigerung der Literatur gegenüber der Frage, warum, wie und wozu sie entsteht, besitzt ein kreatives Potential, dessen Nutzung dem Leser vorführt, wie Literatur auch entstehen kann. Ernst Jandl hat 1984/85 in Frankfurt eine Serie von Poetik-Vorlesungen gehalten, deren Titel, *Das Öffnen und Schließen des Mundes*, programmatischen Charakter besitzt, insofern er – wie sich später herausstellt – schon andeutet, wie Literatur entsteht. Jandl möchte Literatur gerade nicht theoretisch begründen; auch ihm geht es um ihre Nicht-Erfaßbarkeit durch abstrakt-begriffliche Begründungsansätze; vielmehr möchte er die Genese des Poetischen vorführen. In der ersten Vorlesung, die ausdrücklich dem *Öffnen und Schließen des Mundes* gewidmet ist, wird deutlich, daß es Jandl damit um einen Prozeß geht, der zugleich Möglichkeitsbedingung der Poesie wie des Lebens ist – um einen Vorgang, der alle vitalen Äußerungen des Menschen begleitet, ja letztlich mit diesen identisch ist. Das Öffnen und Schließen des Mundes wird nicht nur besprochen, es wird im Plenum praktiziert, um zu demonstrieren, daß Poesie auf eine nicht weiter theoretisch explizierbare Weise aus dem Lebensvollzug selbst hervorgeht.[3] (Atmen, Essen und Trinken sind zugleich ganz konkrete und doch, als Inbegriff „lebendiger" Tätigkeit, auch hochgradig metaphorische Prozesse. Die assoziative Verknüpfung von Atmen, Leben und poetischer Artikulation läßt erkennen, für wie fundamental Jandl letztere hält. Jenes „Öffnen und Schließen des Mundes", welches das Leben ausmacht, ist zugleich die elementare poetische Tätigkeit – und es wird darum zu einem Lieblingsthema Jandls.) Seine fünfte Vorlesung hat Jandl sich für sein „Eigenleben", sprich: für das Thema der schriftstellerischen Existenz, reserviert. Sie berichtet vor allem von der Beklemmung angesichts drohender Unproduktivität, vom horror vacui vor dem leeren weißen Blatt. Diese Leere zu bannen, begreift Jandl als die eigentliche Herausforderung an den Schreibenden; daher muß gerade sie beschrieben, in Worte gefaßt werden. Der „Beschreibung" (im Sinne von: Darstellung) des Leeregefühls, welches dem Schreiben vorausgeht, korrespondiert die „Beschreibung" (im Sinne von: Beschriftung) des weißen Blattes. So entsteht der poetische Text gerade anläßlich der Angst, er könne nicht entstehen; das gedanklich antizipierte Verstummen ist paradoxerweise der „Grund" des Redens. Die Gefahr einer Behinderung des Ausdrucks ist als artikulierte Gefahr bereits Ansatzpunkt ihrer eigenen Bewältigung. Jandl thematisiert den drohenden oder schon erfolgten Sprachverlust immer wieder mit Nachdruck, aber es bleibt nicht beim Negativbefund der verlorenen Artikulationsmöglichkeiten, sondern dieser wird – im Zuge seiner poetischen Artikulation – zum Ausgang einer nur mit poetischen Mitteln möglichen Bewältigung jenes Verlusts.

> [...] wenn du haben verloren den selbst dich vertrauenen als einen schreibenen [...] wenn du haben verloren den worten überhaupten, sämtlichen worten, du haben nicht einen einzigen worten mehr: dann du vielleicht werden anfangen leuchten, zeigen in nachten den pfaden denen hyänen, du fosforeszierenden aasen! (PV, S. 214)

---

[3] Ernst Jandl: Das Öffnen und Schließen des Mundes. Frankfurter Poetik-Vorlesungen, Darmstadt/Neuwied 1985, S. 6f.

Nicht als Antwort, wohl aber als Reaktion auf die Frage, wie Literatur entsteht – und zwar signifikanterweise als poetische Reaktion – präsentiert sich schließlich insbesondere Jandls Gedicht *von wörtern*. Hier wird der Anstoß für die Entstehung von Literatur den Wörtern überantwortet – eine Begründungsfigur, die an den „Monolog" des Novalis erinnert. Die Person dessen, der schreibt, wird ermahnt, zu warten, aber nicht Bestimmtes zu erwarten, und doch spielt sie eine wichtige Rolle in dem Spiel der Entstehung literarischer Texte, eine Rolle, die allerdings wiederum nicht konkreter bestimmt werden kann als mit der allgemeinen Formel, den Wörtern müsse etwas „angetan" werden. (Überdenkt man diese Formel, so besagt sie mehr, als es zunächst scheinen mag; die Wörter werden anthropomorphisiert, und suggeriert wird die ambivalente Möglichkeit, ihnen Gutes oder Schlechtes anzutun. Im übrigen handelt es sich offenkundig um ein neutestamentarisches Zitat, eine Erinnerung an die Bemerkung Jesu, was man dem geringsten seiner Brüder antue, tue man ihm selbst an.) Entscheidend ist, daß mit dieser einerseits ausweichend-unbestimmten, andererseits aber suggestiven und implikationsreichen Rede „von wörtern" ein poetischer Text *entsteht*. Das Reden über die Möglichkeitsbedingungen des Poetischen bringt selbst Poesie hervor, ja die Rede über Poesie *ist* – einmal wieder – Poesie:

> erwarte
> von wörtern nichts
> sie tun es nicht
> für dich
> sie kommen
> gierig
>
> überschwemmen dich
> und dein papier
> nicht was sie dir
> antun
> doch was du dem geringsten
> von ihnen
> angetan
> kann
> etwas sein.[4]

---

[4] Ernst Jandl: Werke. Hg. von Klaus Siblewski, Frankfurt 1985. 2. Aufl. 1990. Bd. 2. S. 447.

Peter Stocker (Bern/Zürich):

Erstes und fremdes Wort
Historische Spekulationen zum poetologischen Verhältnis von Intertextualität und Inspiration

Die Intertextualität ist ein innovatives Konzept der neueren Literaturtheorie: Nachdem Julia Kristeva 1967 Bachtins romanstilistische Konzepte der Dialogizität und des 'fremden Wortes' aufgenommen und Intertextualität als Globalbegriff für die semiotische Vernetzung des literarischen Systems etabliert hatte[1], war dieser Begriff schnell zur Zugmaschine eines 'dynamischen Strukturalismus' geworden, der sich zeitweise anschickte, in einem großen 'Paradigmawechsel' die semantische Geschlossenheit, den Werkbegriff, die Referentialität literarischer Texte und andere hermeneutische Dogmen zu überrollen, nicht ohne nebenher den Autor, ja das Subjekt überhaupt, das dem „grand bourdonnement incessant et désordonné du discours"[2] hätte Widerstand leisten können, aus dem Weg zu räumen.[3] Doch die Faszination der Intertextualität erschöpft sich nicht in der Einsicht, daß Texte als 'Mosaik aus Zitaten' zu verstehen sind.[4] Intertextualität ist mehr als ein literaturtheoretischer *Begriff*. Intertextualität, „das ist die Entdeckung eines neuen literarischen Kontinents."[5] Was Helmut Heißenbüttel mit dieser emphatischen Feststellung im Sinn hat, ist nichts Geringeres als die Neubegründung der literarischen *Praxis*. Darum soll es auch in dieser Untersuchung gehen: nicht um die (rezeptions-) ästhetische Funktionsweise der Intertextualität, sondern um deren produktionsästhetisches Potential: Welches sind die *poetischen Möglichkeiten*, die sich aus Heißenbüttels Entdeckung ergeben? An diese Frage schließt eine weitere an – logisch geht sie ihr voraus: Welches sind die *poetologischen Bedingungen*, unter denen die Intertextualität zu entdecken ist? In welchem Horizont wird ihr poetisches Potential erkennbar? Entdeckungen verlangen bekanntlich Expeditionen, und solche werden im Bereich der Poetik vorzugsweise dann unternommen, wenn das Selbstverständnis der Literatur in eine Krise gerät. Poetischer 'Handlungsbedarf' in diesem Sinn besteht aber nicht nur für die Literatur der klassischen Moderne (mit Heißenbüttel!), für welche nach Adorno nichts selbstverständlich ist außer „daß nichts, was die Kunst be-

---

[1] Julia Kristeva: Bakhtine, le mot, le dialogue et le roman. In: Critique (1967) H. 239, S. 438-465.

[2] Michel Foucault: L'ordre du discours, Paris 1971, S. 53.

[3] Siehe dazu kritisch Peter Stocker: Theorie der intertextuellen Lektüre. Modelle und Fallstudien, Paderborn u. a. 1998, bes. S. 16-48.

[4] Siehe Kristeva, Bakhtine, le mot, le dialogue et le roman (Anm. 1), S. 440.

[5] Helmut Heißenbüttel: Pro domo. In: Frankfurter Rundschau, 12.10.1985. Zit. nach Verlagsprospekt Klett-Cotta, 1986, S. 10.

trifft, mehr selbstverständlich ist [...] nicht einmal ihr Existenzrecht"[6], sondern
v.a. natürlich für die moderne Ästhetik des 18. Jahrhunderts. Die Säkularisierung
und die damit verbundene Ausdifferenzierung eines Literatursystems (als selb-
ständiges gesellschaftliches Teilsystem) erzeugt einen erhöhten poetischen
(Selbst-) Begründungsbedarf.[7] Verfügt die Intertextualität über eine besondere
Begründungs-Kompetenz, die im Rahmen der Säkularisierung opportun wird?
Diese Hypothese ist zu überprüfen. Sofort drängt sich eine wenig ermutigende
Feststellung auf: Intertextualität spielte weder in den frühen regelpoetischen Ansätzen bei Gottsched noch in den späteren psychologischen oder idealistischen
Erkundungen eine offenkundige Rolle. Die herrschenden Leitbegriffe waren dort
ganz andere, die Hauptlinien der Diskussion liefen an der Intertextualität vorbei –
wenn nicht gar von ihr weg: Nach dem Bedeutungsverlust der Rhetorik und dem
Ausgang der 'Querelle des Anciens et des Modernes' hatten die 'Alten' und die
literarischen Topoi ihr literarisches Prestige fast restlos eingebüßt. Hatte die Intertextualität in den nun zerstörten Lehrgebäuden der 'inventio' und der 'imitatio
veterum' noch ein bescheidenes, wenn auch – aus intertextualitätstheoretischer
Sicht – höchst unpassendes Asyl gefunden, so war sie in der 'neuen' Poetik vor-
erst ganz obdachlos. Da diese ungünstige 'Quellenlage' schlüssige Belege nicht
zulassen wird, werden die Ausführungen zur poetologischen Bestimmung der
Intertextualität im 18. Jahrhundert einen teilweise spekulativen Charakter haben.
Um die historischen Sondierungen heuristisch vorzubereiten, soll zunächst anhand eines Beispiels aus dem Experimental-'Roman' *D'Alemberts Ende* unter-
sucht werden, in welchem Kontext die Entdeckung der Intertextualität bei Heißenbüttel steht. Der Text beginnt folgendermaßen:

> Eduard – so nennen wir einen Rundfunkredakteur im besten Mannesalter – Eduard
> hatte im D-Zug München-Hamburg (Ankunft Hauptbahnhof 21.19) die schönsten
> Stunden eines Julinachmittags (25.7.1968) zugebracht und betrachtete mit Vergnü-
> gen die Gegend zwischen Lüneburg und Harburg.[8]

---

[6] Theodor W. Adorno: Gesammelte Schriften. Bd. 7: Ästhetische Theorie. Hg. von G.
Adorno u. R. Tiedemann, Frankfurt a.M. 1970, S. 9.
[7] Nach Niklas Luhmann ist die moderne Gesellschaft, im Gegensatz zu einer segmentär
oder schichtenmäßig differenzierten Gesellschaft, durch zunehmende funktionale Differenzierung gekennzeichnet, wodurch die Entstehung und 'Selbstorganisation des Sozialsystems Literatur' ermöglicht wurde (siehe dazu Siegfried J. Schmidt: Die Selbstorganisation des Sozialsystems Literatur im 18. Jahrhundert, Frankfurt a.M. 1989, S. 280-
285). Unter Säkularisierung wird hier die Rückwirkung dieses gesellschaftlichen Wan-
dels auf das Religionssystem verstanden. (Siehe dazu Niklas Luhmann: Funktion der
Religion, Frankfurt a.M. 1982, S. 225-271; hier S. 229).
[8] Helmut Heißenbüttel: D'Alemberts Ende. Projekt Nr. 1 [1970], Stuttgart 1988, S. 9.

Dieser Anfang bezieht sich palintextuell (in Form eines Zitats)[9] auf die ersten Sätze von Goethes *Wahlverwandtschaften*[10]. Da es sich bei diesem Prätext um einen bedeutenden Repräsentanten der 'klassischen' Romanliteratur handelt, liegt die intertextuelle Funktion des Bezugs unter anderem in der poetologischen Eigensituierung des avantgardistischen Gegenprojekts. Dabei kontrastiert die radikale Infragestellung des Erzählens durch die experimentelle Bearbeitung des Materials mit der Selbstverständlichkeit des Erzählens bei Goethe, die sich nirgendwo deutlicher manifestiert als im triumphalen Gestus der auktorialen 'Grundsteinlegung': „Eduard – so nennen wir...". Während sich bei Goethe schon das erste Wort emphatisch als das eigene des Erzählers deklariert, tritt bei Heißenbüttel an diese Stelle das 'fremde Wort'[11] des Intertextuellen. Um zu verstehen, warum das 'erste Wort' ein 'fremdes' sein muß, ist Heißenbüttels poetisches Programm zu berücksichtigen: Gegenstand der Literatur soll das sprachliche Material sein, losgelöst von den externen Funktionen des Senderbezugs und der Autorabsicht, aber auch von der referentiellen Mitteilungsfunktion. Um diesem Anspruch genügen zu können, muß nach Heißenbüttel moderne Literatur, wenn nicht Literatur überhaupt, *sprachimmanent* sein und die Materialität des sprachlichen Mediums zu Bewußtsein bringen.[12] Im Textinnern wird diese Immanenz dadurch erreicht, daß an die Stelle der (Ziel-)gelenkten Illusionserzeugung quasimathematische Methoden der Textorganisation treten, welche das gegebene Material bald nach scheinbar aleatorischen Prinzipien, bald nach kalkulierbaren 'Algorithmen' permutativ, substitutiv oder kombinatorisch 'aufmischen'. Bewähren sich solche Verfahren als Mittel der Selbstdistanzierung der Rede *im Textinnern*, stoßen sie dort an ihre Grenzen, wo ein Anfang zu setzen ist: denn dieser kann sich, da eben noch kein Text vorhanden ist, nicht aus dessen bloßer Umstellung oder Veränderung ergeben. Das *erste Wort* kann deshalb nur ein 'fremdes', ein intertextuelles sein. Zumindest scheinbar erlaubt die Intertextualität, einen Erzähltext 'dichterlos' und 'sprachimmanent' zu begründen. Ist das erste Wort aber

---

[9] Zum Begriff s. Stocker, Theorie der intertextuellen Lektüre, S. 51-55; zu Heißenbüttel: S. 145-174.

[10] „Eduard – so nennen wir einen reichen Baron im besten Mannesalter – Eduard hatte in seiner Baumschule die schönste Stunde eines Aprilnachmittags zugebracht, um frisch erhaltene Pfropfreiser auf junge Stämme zu bringen. Sein Geschäft war eben vollendet; er legte die Geräthschaften in das Futteral zusammen und betrachtete seine Arbeit mit Vergnügen." (Johann Wolfgang Goethe: Die Wahlverwandtschaften. In: Goethes Werke. Weimarer Ausgabe. Abt. I, Bd. 20: Weimar 1892; Nachdruck München 1987, S. 3).

[11] S. dazu Michail M. Bachtin: Literatur und Karneval. Zur Romantheorie und Lachkultur, München 1969, S.107-131 („Typen des Prosaworts").

[12] „Es scheint heute etwas in Vergessenheit geraten zu sein, daß Literatur nicht aus Vorstellungen, Bildern, Empfindungen, Meinungen, Thesen, Streitobjekten, 'geistigen Gebrauchsgegenständen' usw. besteht, sondern aus Sprache, daß sie es mit nichts anderem als mit Sprache zu tun hat." (Helmut Heißenbüttel: Über Literatur, Olten 1966, Neudruck Stuttgart 1995, S. 239).

einmal gefunden, so ergibt sich, wie gesagt, der Rest wie von selbst. Auch für die antike Exordialtopik[13] ist das erste Wort ein fremdes: Es kommt von den Musen. Die Invokation der Musen muß deshalb am Anfang des Epos stehen.[14] Durch den Musenanruf legitimiert und beglaubigt der epische Sänger sich und seinen Gesang. Die Musen garantieren die Wahrheit des Erzählten.[15] Diese Wahrheit ist eine 'höhere', und also für den Dichter aus eigener Kraft nicht zu erreichen. Sie muß ihm von einer Instanz eingegeben werden, die über ihm steht.[16] So ist das 'fremde Wort' in der antiken Vorstellung mehr als ein bloß heteronomes. Es ist durch seine Ursprünglichkeit und Göttlichkeit gekennzeichnet und als solches *transzendental* heteronom. Zwischen Intertextualität und Inspiration zeigt sich also eine poetologische Analogie, nämlich die der heteronomen Fundierung von Dichtung. Im Heißenbüttel-Beispiel tritt die intertextuelle an die Stelle der musischen Inspiration. Da diese Ablösung durch die *immanente* Umwertung der transzendentalen Inspiration zustande kommt, liegt es nahe, diesen Ablösungsprozeß – historisch betrachtet – im Kontext der literarischen Säkularisierung anzusiedeln und weiter zu verfolgen. Als poetisches *Verfahren*, das frei verfügbar, methodisch anwendbar und objektiv beschreibbar ist, bringt Intertextualität die Kunst in den Verdacht, bloße Technik zu sein. Der Inspirationspoetik, die dem Idealbild einer 'wahren Kunst' anhängt, deren Wesen partiell unfaßbar ist und sich keinesfalls aus der Anwendung bloßer künstlerischer Verfahren erklären läßt, müssen intertextuell begründete Texte als 'unpoetische Machwerke' erscheinen. In Platons *Ion*, dem klassischen Ort der Inspirationspoetik, wird dieser grundsätzliche Vorbehalt gegen jede Form der technischen Selbstermächtigung in mustergültiger Form festgeschrieben. Mit einer Vehemenz, die selbst die verrücktesten neuzeitlichen Verherrlichungen des 'furor poeticus' übertrifft, beharrt Sokrates darauf, daß die Begeisterung des Dichters zur vollständigen Bewußtlosigkeit führen müs-

---

[13] Siehe dazu Ernst Robert Curtius: Europäische Literatur und lateinisches Mittelalter, Bern 1948, S. 233-239.

[14] Bevor Hesiod die *Theogonie* beginnen kann, thematisiert er den Zwang, die Musen anzurufen: „Helikonischen Musen geweiht, heb' unser Gesang an" (V. 1). Denn nur diese können ihm eingeben, wovon er berichten will: „Sagt mir denn, wie Götter zuerst und Erde geworden, [...]" (V. 108). (Theogonie, oder der Götter und Göttinnen Geschlecht. In: Hesiod's Werke und Orpheus der Argonaut. Übers. von Johann Heinrich Voß, Wien 1817, S. 14).

[15] „So wird der Musenanruf gleichsam als Markenzeichen des Echtheits- und Wirklichkeitswertes einer mythischen Erzählung verwendet." (Mario Puelma: Der Dichter und die Wahrheit in der griechischen Poetik von Homer bis Aristoteles. In: Museum Helveticum 46 (1989) H. 2, S. 63-100; hier S. 67). Die Töchter der Mnemosyne sind für den Sänger also mehr als nur gedächtnisstützende Souffleusen, die dort einspringen, wo sein Gedächtnis versagt.

[16] Diese metaphysische Position der 'heidnischen' Musen und ihre theologischen Implikationen mußten für das christliche Mittelalter zum Stein des Anstoßes werden; s. dazu Curtius (Anm. 13), S. 241-244.

se. Dabei ist die Bewußtlosigkeit nicht etwa nur als Schwelle zu verstehen, die den Übertritt in eine höhere Form der Bewußtheit vorzubereiten hätte, sondern der einzige Zustand, der Dichtung überhaupt zuläßt.

> Denn der Dichter ist ein leichtes, geflügeltes, heiliges Wesen, und nicht eh in Stand zu dichten, bis er begeistert und außer sich, und der Verstand von ihm gewichen sey. So lang er diesen hat, vermag kein Mensch weder zu dichten noch zu weissagen. Nicht nach Regeln der Kunst also sagen sie so vieles und so schönes über ihre Gegenstände [...], sondern jeder kann, durch göttliche Gabe, nur darüber schön dichten, wozu ihn die Muse treibt.[17]

Daß am Gegensatz zwischen Dichtung, die 'durch göttliche Gabe' und derjenigen, die 'nach Regeln der Kunst' hergestellt wird, zwischen Inspirationspoetik und Artefakt-Poetik, sich durch alle Zeiten die Geister scheiden, braucht nicht eigens hervorgehoben zu werden. Bemerkenswert aber ist, daß in der Inspirationspoetik latent ein im Grunde Poetik-feindliches Moment (bei Platon Hand in Hand mit der Dichterfeindschaft) angelegt ist.[18] Diese ursprünglich also inspirationspoetische Artefakt-Feindschaft bleibt im in Frage stehenden 18. Jahrhundert aktuell. So legt Johann Georg Sulzer in der Vorrede zur „Allgemeinen Theorie der Schönen Künste" (1786-1787) großen Wert auf die Unterscheidung zwischen einem „wahren Dichter" und einem „so genannten witzigen Kopf", den man, offenbar weil er bei vollem Verstand und in Beherrschung seiner künstlerischen Mittel handelt, für keinen 'wahren Dichter' halten dürfe, sondern, wie Sulzer meint, als einen „Menschen, der seine Kleinigkeiten macht" zu verachten hat.[19] Es verwundert deshalb auch nicht, wenn Sulzer die alten Musen wieder ins Spiel bringt und mit besonderer Heftigkeit, die nur verständlich wird, wenn man mitbedenkt, welches gesellschaftliche und geschichtsphilosophische Amt Aufklärung und Idealismus der Kunst zudenken, die Anhänger einer autonomen Kunst anklagt, „mit den Musen nur Unzucht [zu] treiben".[20] Das Schicksal der Musen

---

[17] Platon: Ion, oder von der Poesie. Ein platonisches Gespräch. In: Auserlesene Gespräche des Platon. Übers. von Friedrich Leopold Graf zu Stolberg. Königsberg 1796, Bd. 1, S. 325-367; hier S. 338f.

[18] Ohne weiteres kann deshalb aus dem Gegensatz von inspiratorischer und regelpoetischer Kunst bei Schleiermacher, der in seiner Platon-Übersetzung aus „nach Regeln der Kunst" kurz „durch Kunst" macht, die Ablehnung jeder Kunstlehre werden. (Siehe Platon: Ion. In: Platon: Werke. Bd. I,2: Charmides. Euthyphron. Parmenides. Übers. von Friedrich Schleiermacher, Berlin 1985, S. 186-200; hier S. 191).

[19] Johann Georg Sulzer: Allgemeine Theorie der Schönen Künste in einzeln, nach alphabetischer Ordnung der Kunstwörter auf einander folgenden, Artikeln abgehandelt. Neue vermehrte Auflage, Leipzig 1786-1787 („Vorrede zur ersten Ausgabe", 1771), S. XV.

[20] Sulzer, Allgemeine Theorie (Anm. 19), S. IX. – Sulzer argumentiert gegen die Autonomie unter Verwendung der horazischen 'officia': „Man hat durch den falschen Grundsatz, daß die schönen Künste zum Zeitvertreib und zur Belustigung dienen, ihren

im 18. Jahrhundert ist tatsächlich wechselhaft und deshalb sehr aufschlußreich. Die Meinung wäre unzutreffend, mit dem Ende der transzendentalen Inspiration sei auch das Schicksal der Musen im wesentlichen besiegelt. Angezeigt ist vielmehr die Vorstellung einer *Transformation und Funktionsverschiebung* des Musen-Topos.[21] Der wichtigste Aspekt dieser Transformation läßt sich grob als *'Allegorisierung'* umschreiben: Stellt die Muse in der 'älteren' Inspirationslehre ein poetologisches Prinzip dar, so ist sie nun kein Thema mehr; sie wird zur konventionalisierten Redeweise. Daß sich die Muse als Redeweise größter Beliebtheit erfreut, ist aber noch längst kein Indiz für die anhaltende sachliche Geltung der 'älteren' Inspirationslehre. Das läßt sich an einem Dichter belegen, der sich selbst weder als bloß 'witzigen Kopf' verstanden hätte noch durch einen besonders oberflächlichen Umgang mit Mythos und antiker Tradition aufgefallen wäre: Friedrich Hölderlin. Wenn in der Ode *An die Deutschen* (erweiterte Fassung, um 1800) die Utopie einer Goldenen Zeit entwickelt wird, in welcher der „Genius unsers Volkes" sich zeigt und das lyrische Ich erlöst, lassen sich ohne weiteres die „Berge des deutschen / Landes" als „Berge der Musen"[22] bezeichnen, ohne daß der Umstand, daß „Pindos und Helikon, / Und Parnassos" angerufen werden, poetologische Rückschlüsse erlaubte. Auch wenn in „Diotima" die Geliebte als „Holde Muse" (Fassung V: „Leuchtest du wie vormals nieder..." [1800], V. 40)[23] angesprochen wird, bezieht sich dies zwar auf das schon im antiken Topos ausgeführte Element der Inspiration des Dichters durch die ovidische 'musa iocosa'[24]. Doch ist das 'Musische' hier bloßes Attribut. „Muse" bedeutet also erst einmal nicht mehr und nicht weniger als „hold": Diotima ist schön und sie ist dem lyrischen Ich 'gut'. Und obwohl in diesem Gedicht, wie stets bei Hölderlin, das lyrische Ich als Dichter-Ich gedacht werden muß, ist das Dichter-Ich hier von seiner Muse doch primär als *Liebender* betroffen. Diotima – als Geliebte – ist dement-

---

Werth erstaunlich erniedrigt, und aus den Musen, die Nachbarinnen des Olympus sind, irrdische Dirnen und witzige Buhlerinnen gemacht. Durch diesen unglücklichen Einfall sind die ersten Grundsätze, wonach der Künstler arbeiten sollte, zernichtet, und seine Schritte unsicher worden." Mit dem Perfektibilitätsoptimismus der pädagogischen Aufklärung und der idealistischen Geschichtsphilosophie sieht Sulzer das hohe Amt der Kunst darin, „den durch Wissenschaften unterrichteten Menschen auf die Höhe zu heben, die er zu ersteigen würklich im Stande ist." (S. XI).
[21] Siehe zu dieser teilweise gegen Curtius (Anm. 13) gerichteten These Renate Böschenstein: Die Stimme der Muse in Hölderlins Gedichten. In: Hölderlin-Jahrbuch 24 (1984/85), S. 87-112; hier S. 89f.
[22] Friedrich Hölderlin: An die Deutschen. In: F.H.: Sämtliche Werke. Frankfurter Ausgabe. Hg. von D. E. Sattler. Bd. 5: Oden II. Hg. von D. E. Sattler u. Michael Knaupp, Frankfurt a.M. 1984, S. 522-536; hier S. 533.
[23] Friedrich Hölderlin: Diotima (Leuchtest du wie vormals nieder...). In: F.H.: Frankfurter Ausgabe (Anm. 22). Bd. 2: Lieder und Hymnen. Hg. von D. E. Sattler u. Wolfram Groddeck, Frankfurt a.M. 1978, S. 296f.; hier S. 297.
[24] Curtius (Anm. 13), S. 239.

sprechend in erster Linie nicht Instanz der Inspiration, sondern Liebesobjekt. Allerdings wird die Geliebte idealisiert, ihre Schönheit wird sublimiert, und dabei liegt nichts näher als auf die göttliche Herkunft der Muse, der „Götterbotin" (V. 46), zurückzugreifen: „Von den Himmlischen dort oben, / Wo [...] / Immerheitre Schöne blüht, / Scheinst du mir herabgestiegen" (V. 41-45). Von einer früheren Fassung (III: „Lange todt und tiefverschlossen" [1796])[25] ließe sich in einem ersten Schritt ähnliches sagen. Selbst dort, wo die Metaphorik um das Bild des göttlichen Pneumas erweitert wird, ist es zunächst nur das Herz des Liebenden, das vom Anhauch berührt wird:

> Da ich noch in Kinderträumen,
> Friedlich, wie der blaue Tag,
> Unter meines Gartens Bäumen
> Auf der warmen Erde lag,
> Und in leiser Lust und Schöne
> Meines Herzens Mai begann,
> Säuselte, wie Zephirstöne,
> Diotimas Geist mich an.
> (V. 25-32)

Dann aber verbindet sich im selben Gedicht die Begeisterung des Liebenden mit der des Dichter-Ichs:

> Habe, wenn in reicher Stille,
> Wenn in einem Blik und Laut
> Seine Ruhe, seine Fülle
> Mir ihr Genius vertraut,
> Wenn der Gott, der mich begeistert,
> Mir an ihrer Stirne tagt,
> Von Bewundrung übermeistert,
> Zürnend ihr mein Nichts geklagt;
> (V. 81-88)

Es ist unübersehbar, daß hier die metaphorische Anwendung des Musischen in die ursprüngliche poetologische Bedeutung zurückkippt. Die Geliebte muß ihren göttlichen Nimbus an *den* Gott abtreten. Das Liebesobjekt, die göttlich 'Holde', wird zum *Inspirationsmedium*, Diotimas Stirn zur inspiratorischen 'Schnittstelle'. Ganz im Sinne der traditionellen Exordialtopik scheint die Muse in ihr altes Recht, dem Dichter das 'erste Wort' einzugeben, eingesetzt zu werden. Sieht man genauer hin, zeigt sich aber, daß sie wohl Voraussetzung des Dichtens ist, jedoch in einem Sinn, welcher dem ursprünglichen Gedanken diametral entgegengesetzt

---

[25] Friedrich Hölderlin: Diotima (Lange tot und tiefverschlossen...) In: F.H.: Frankfurter Ausgabe (Anm. 22). Bd. 2: Lieder und Hymnen. Hg. von D. E. Sattler u. Wolfram Groddeck, Frankfurt a.M. 1978, S. 290-293.

ist: nicht als 'Vorsängerin', sondern als *Empfängerin* seiner Klagen ist sie dem 'Sänger' unverzichtbar: „Habe [...] ihr mein Nichts geklagt". Die eigentlichen, dem Dichten auch wirklich *vorausgehenden* Voraussetzungen dürften für Hölderlin anderswo liegen. Ohne nun diese ins Zentrum zu rücken, kann immerhin soviel festgestellt werden, daß eine auffällige Verknüpfung von Exordialtopik und Naturerlebnis Hinweis auf die Erschließung neuer schöpferischer Quellen gibt. Das Gedicht „Die Muße" beginnt folgendermaßen:

> Sorglos schlummert die Brust und es ruhn die strengen Gedanken.
> Auf die Wiese geh' ich hinaus, wo das Gras aus der Wurzel
> Frisch, wie die Quelle mir keimt, wo die liebliche Lippe der Blume
> Mir sich öffnet und stum mit süßem Othem mich anhaucht.[26]

Der göttliche Anhauch wird auf die Natur übertragen und der Topos der musischen Inspiration wird erneut zum Bildspender für die *metaphorische Beschreibung* des poetologischen Problems der Inspiration. Dessen Lösung aber kann nicht (mehr) in den Händen der Musen liegen. Die am Beispiel Hölderlins kurz skizzierte Transformation des Musentopos ist der manifeste Ausdruck davon, daß die poetologischen Inhalte der an diesen Topos geknüpften Inspirationslehre fragwürdig wurden. Deutlich wird dieser Hintergrund an der Rezeptionsgeschichte von Platons *Ion*-Dialog, der 1796 in einer Übersetzung von Friedrich Leopold Graf von Stolberg erschien.[27] Goethe deutet die Übersetzung seines Freundes offenbar als Versuch, dem Inspirationsgedanken mit sokratischer Autorität Gehör zu verschaffen, und nimmt dazu Stellung in einer Rezension, die er erst 1826 in *Über Kunst und Alterthum* veröffentlichte.[28] Er sieht „Plato als Mitgenosse einer christlichen Offenbarung" vereinnahmt. Doch nicht allein an der 'Christianisierung' Platons, die in der „monstrosen Vorrede Stolberg's zu seinen Platonischen Gesprächen"[29] zum Ausdruck kommt[30], nimmt Goethe Anstoß.

---

[26] Friedrich Hölderlin: Die Muße. In: F.H.: Frankfurter Ausgabe (Anm. 22). Bd. 3: Jambische und hexametrische Formen. Hg. von D.E. Sattler u. Wolfram Groddeck, Frankfurt a.M. 1977, S. 94. – Vgl. *Menons Klagen um Diotima* mit einem fast identischen Anfang („Täglich geh ich heraus"; FA, Bd. 6, S. 169), *Die Eichbäume* („Aus den Gärten komm ich zu euch"; FA, Bd. 3, S. 53).

[27] Siehe Anm. 17.

[28] Johann Wolfgang Goethe: Plato als Mitgenosse einer christlichen Offenbarung (Im Jahre 1796 durch eine Übersetzung veranlaßt). In: Goethes Werke. Weimarer Ausgabe. Abt. I, Bd. 41.2: Weimar 1903; Nachdruck München 1987, S. 169-176.

[29] Siehe als frühestes Zeugnis von Goethes Auseinandersetzung mit Stolbergs Platon-Übersetzung Goethes Brief an Wilhelm von Humboldt vom 3.12.1795 (WA IV, 10, S. 342-344; hier S. 344).

[30] Stolberg stellt in der Vorrede zu Bd. 1 seiner dreibändigen Sammlung von Platon-Dialogen (Anm. 17) die „Uebereinstimmung [seiner Lehren] mit großen Lehren unsrer Religion" fest (S. XIf.).

Schon der bloße Gedanke an eine transzendentale Begründung der Dichtung scheint Goethe ein Dorn im Auge zu sein. Mit der für ihn typischen Neigung zur quasi-theologischen Invektive[31] glaubt er, die „falsche Lehre von Inspirationen" verdammen und gegen das Abdrucken inspirationsästhetischer Schriften seine „Zurechtweisung" aussprechen zu müssen.[32] Er bestreitet aufs Entschiedenste, Platon könne ernsthaft an die göttliche Eingebung geglaubt haben, Sokrates spreche im Dialog mit Ion durchwegs ironisch und sei nur darauf aus, die „unglaubliche Dummheit einiger Personen"[33] zu beweisen. So berechtigt Goethes Einwand ist, daß in Platons Dialogen grundsätzlich der Kotext zu berücksichtigen ist und nicht jede sokratische Äußerung isoliert schon eine philosophische Aussage darstellt, trifft sein spezifischer Einwand der Ironie nur auf den Dialog im allgemeinen, aber auf die Passage zur Inspiration eben gerade nicht zu. Außerdem sitzt er einem Irrtum auf, der bis in die Forschungsliteratur zum Musentopos kolportiert wird: Noch Walter F. Otto[34] behauptet, die Musen wären einst als poetische *Wirklichkeit* 'ernst gemeint' gewesen. Doch auch ihrer 'ursprünglichen Bedeutung' nach (d.h. in Homers und Hesiods Invokationen) – waren Musen und Eingebung nie in diesem Sinn 'ernst gemeint'. Denn eine Wirklichkeit können sie ausschließlich innerhalb des Mythos für den '*mythischen* Dichter' darstellen, also z.B. für Apollon oder Orpheus. Bezogen aber auf das Dichten *empirischer* Dichter, wäre eine solche ontologische Deutung der Musen natürlich unvereinbar mit der 'modernen', rationalen Weltanschauung, auf deren Seite sich Goethe hier schlägt. Diese Deutung ist von der Inspirationslehre aber auch gar nicht intendiert. 'Ernst gemeint' sind dort die Musen zwar durchaus, aber eben nicht als schöpferisch-poetische Wirklichkeit, sondern als Ausdruck einer poetologischen Konzeption, nämlich der Notwendigkeit einer metaphysischen Begründung und einer ontologischen Bestimmung der Dichtkunst. Wenn Goethe im Geist des 'kritischen Zeitalters' fragt: „Was braucht man, wenn man einen nicht mystificiren will, hier zu einer göttlichen Eingebung seine Zuflucht zu nehmen?"[35], so argumentiert er zwar scheinbar als Rationalist. Doch Goethes eigene Erfahrungen mit dichterischem Enthusiasmus sind hinlänglich bekannt. Er argumentiert also vom Standpunkt einer Poetik, die (im Zuge der allgemeinen Entmystifikation) für die Inspiration eine neue Ursprungsquelle suchte und – im Menschen – fand. Mit der Schmähung des alten Inspirationsgedankens und der durch Allegorisierung bewerkstelligten Lahmlegung der Musen ist noch wenig für die Frage, was denn nun 'wahre Kunst' ausmacht, gewonnen. Die Richtung, in welcher die herrschen-

---

[31] Vgl. Albrecht Schöne: Goethes Farbentheologie, München 1987.
[32] Goethe, Plato als Mitgenosse einer christlichen Offenbarung (Anm. 28), S. 174.
[33] Goethe, Plato als Mitgenosse einer christlichen Offenbarung (Anm. 28), S. 173.
[34] Walter F. Otto: Die Musen und der göttliche Ursprung des Singens und Sagens, Düsseldorf u. Köln 1955, S. 34. Siehe dazu kritisch Eike Barmeyer: Die Musen. Ein Beitrag zur Inspirationstheorie, München 1968, S. 43f.
[35] Goethe, Plato als Mitgenosse einer christlichen Offenbarung (Anm. 28), S. 173.

de Ästhetik des 18. Jhs. nach einer Antwort sucht, deutet sich in Sulzers Polemik gegen den „witzigen Kopf" schon an: Nur in der Auflehnung gegen die armselige Geschmacks-Vernünftelei und Kunsttüftelei des 'poeta doctus' kann der 'wahre Dichter' seine Bestimmung finden. Gottscheds Regelpoetik – so lautet zumindest der Vorsatz – soll außer Kraft gesetzt und ersetzt werden durch eine Poetik, die der Natur des *Psychischen* zu ihrem poetologischen Recht verhilft.[36] So ist es das Erfolgskonzept des *begeisterten Genies*, das den 'gelehrten Dichter' seinen 'Witz', Kopf und Kragen kostet. Sein Siegeszug geht in England – von Addisons *Spectator* (1711-1712) über Edward Youngs *On Original Composition* (1759) bis zu William Duffs *An Essay on Original Genius* (1767) – quer durch das Jahrhundert und schlägt sich in der deutschen Literatur der 'Sattelzeit' nieder, in Lessings *Hamburgischer Dramaturgie* (1767-1769) genauso wie in der Shakespeare-Begeisterung Gerstenbergs (1766), Goethes (1771) und Herders (1773).[37] Scheint der literarhistorische Gang den Anti-Gottschedianern auf der ganzen Linie recht zu geben, so darf gerechterweise nicht vergessen werden, daß es Gottsched mit der Begründung einer rationalen, mithin normativen Poetik nicht zuletzt darum ging, der Dichtung einen festen Platz in einer säkularisierten Welt zu erstreiten, der ihr von alleine kaum zugefallen wäre.[38] Gerade davon profitierte die Gottsched-Kritik. Denn ohne die Grundlage einer dezidierten *Selbstbestimmung* der Literatur – die in der Frühaufklärung nun einmal am effizientesten durch den Rekurs auf die Vernunft zu erreichen war – kurz: ohne Säkularisierung der Dichtung hätte wohl keine Psychologisierung der Poetik stattgefunden. Ganz abgesehen davon, daß diese Vernunft als poetisches Regulativ auch *nach* Gottsched keineswegs obsolet geworden ist.[39] Genaugenommen ging es in der literarischen Säkularisierung nicht um die Überwindung der Inspiration, sondern um zeitgemäße

---

[36] Aus psychologiehistorischer Sicht wird eine echte psychologische Begründung der Ästhetik erst mit Kants Überwindung der 'Wolff-Baumgartschen Doktrin' im radikal erkenntnistheoretischen Neuansatz von Kants *Kritik der reinen Vernunft* (1781) erreicht. (Siehe Christian G. Allesch: Geschichte der psychologischen Ästhetik. Untersuchungen zur historischen Entwicklung eines psychologischen Verständnisses ästhetischer Phänomene, Göttingen u.a. 1987, S. 195, 197 et passim.).

[37] Siehe dazu Timothy Clark: The theory of inspiration. Composition as a crisis of subjectivity in Romantic and post-Romantic writing, Manchester u. New York 1997, S. 69-71; Jochen Schmidt: Die Geschichte des Genie-Gedankens in der deutschen Literatur, Philosophie und Politik 1750-1945. Bd. 1: Von der Aufklärung bis zum Idealismus, Darmstadt 1985, S. 32, 78-80, 167-178.

[38] Siehe Hans-Georg Kemper: Deutsche Lyrik der frühen Neuzeit. Bd. 6/I: Empfindsamkeit, Tübingen 1997, S. 239f.

[39] Zwar gründen Bodmer und Breitinger die Dichtung primär „auf die verschiedene[n] Kräffte der Seele", deren wichtigste die Einbildungskraft sein soll, doch ist es (weiterhin) die „Scharffsichtigkeit des Verstandes [...] [,] welcher den Gebrauch der übrigen Kräfften der Seele bestimmet" (Von dem Einfluß und Gebrauche der Einbildungs-Krafft [...], Frankfurt a.M. u. Leipzig 1727, S. XII, XVIIf.).

Alternativen zu deren transzendental-musischer Konzeption. Eine radikal auf ästhetische Autonomie setzende Poetik war deshalb der Psychologisierung gegenüber im Nachteil und konnte (noch!) nicht das Ziel sein. Sie wäre außerdem im Beharren auf der Immanenz des Artefakts mit dem Makel des Rhetorischen und Gottschedianischen behaftet gewesen. Es zeichnet sich ab, daß die Ausgangshypothese vom großen Durchbruch der Intertextualität zu Beginn der ästhetischen Moderne sich kaum umfassend wird bestätigen lassen. Für die Entdeckung der intertextuellen Immanenz ist es hier ganz einfach zu früh. Trotzdem ist es durchaus sinnvoll zu fragen, wo allenfalls Intertextualität als inspiratorisches Moment im System einer psychologisch umgedeuteten Inspirationslehre auftritt. Die Scharnierstelle zwischen dem mythischen Modell der Inspirationslehre und dem Paradigma der psychologischen Poetik wird gebildet durch die Vorstellung des Enthusiasmus.[40] Der Enthusiasmus ist zunächst Begabung im Sinn der inspiratorischen Eingebung und wird dann zur Begabung im Sinn eines psychischen Vermögens. Trotz dieses Zusammenhangs unterscheidet sich der Enthusiasmus des *'sich Begabenden'* von dem des inspiratorisch 'Begabten' grundsätzlich: Das prometheische Genie schöpft seinen Enthusiasmus aus der dichterischen *Selbstermächtigung*[41]. Auf das sich aus dem Geniegedanken ergebende Originalitätspostulat braucht deshalb nicht zusätzlich hingewiesen zu werden, um ausschließen zu können, daß die Geniebewegung poetisches Schaffen im *fremden* Wort der Intertextualität zu begründen suchte. Zwischen Gottscheds allzu nüchternem Verständnis der Dichtung einerseits und dem Geniegedanken anderseits steht das Modell der 'Heiligen Poesie', die – ohne nur auf das Genie abzustellen – sich als 'höhere Kunst' zu bestimmen versucht. Das Programm der Heiligen Poesie hält nämlich fest an der transzendentalen Heteronomie der Dichtung (die musische Inspiration christianisierend[42]), doch beansprucht Heilige Poesie – anders als die ästhetisch gezügelte Literatur pietistischer Erbaulichkeit[43] – eine Literatur zu sein, deren Kunstwert sich nicht schon im Ausdruck der Gottesfurcht erschöpfen kann. Für den Priester-Dichter muß die Verherrlichung Gottes gleichzeitig Verherrlichung der Kunst sein: „Nein es ist nicht genung ein frommer

[40] „'Enthusiasm', in the sense of an intense passion that is unusually communicable or contagious, works as a transitional term in the shift from religious or Neoplatonic ideas of inspiration to secularized theories of 'creativity' that would ground themselves on the postulate of a shared or universal human nature." (Clark [Anm. 37], S. 68).
[41] Die Selbstermächtigung macht schon bei Shaftesbury den Dichter zum 'second Maker' neben Gott (Clark [Anm. 37], S. 69).
[42] So ersetzt z.B. Christoph Martin Wieland als junger, unter Bodmers strenger Aufsicht stehender Psalmendichter in Zürich das homerische „Sage mir, Muse" (Odyssee, I,1) durch die Invokation: „Gieb mir, o Gott! von deiner Größe zu reden!" (Empfindungen eines Christen [1757]. In: C. M. Wielands sämmtliche Werke. Supplemente. Bd. 3: Leipzig 1798, Reprint Hamburg 1984, S. 213).
[43] Zum Kunstverdikt des Pietismus s. Joachim Jacob: Heilige Poesie. Zu einem literarischen Modell bei Pyra, Klopstock und Wieland, Tübingen 1997, S. 57-60.

Mann zu seyn, / Es muß ein Dichter seyn, der sich ans Dichten waget."[44] Worin die *poetische* Herrlichkeit einer Heiligen Poesie liegen kann (und wodurch Dichtung ihren sakralen Nimbus auch als weltliche Dichtung bewahrt), läßt sich mit der schon von Boileau 1674 aufgegriffenen, in Deutschland dann durch die 1737 erstmals erschienene Übersetzung von Carl Heinrich Heineken eingeführten Schrift des Pseudo-Longinos „Über das Erhabene" bestimmen.[45] Erhabene und Heilige Poesie sind für die hier interessierende Fragestellung besonders relevant, weil sie Hervorbringungen der Säkularisierung sind und doch der vollständigen psychologischen Neutralisierung des Inspirationskonzeptes entgegenstehen. Sie lassen so zumindest potentiell Raum für die intertextuelle Fremdinspiration. Unter diesem Gesichtspunkt sollen abschließend je ein Text von Friedrich Gottlieb Klopstock und Immanuel Jacob Pyra behandelt werden, die sich als Vertreter Heiliger Poesie beide sehr direkt auf den Begriff des Erhabenen beziehen.[46] Ohne diesen Bezug wäre wohl kaum zu verstehen, weshalb das lyrische Ich in Klopstocks Ode *Auf meine Freunde*[47], nachdem es seine empfindsamen Dichter-Freunde, sieben lebende, drei tote (dem Ich in dionysischer Trunkenheit erscheinend), in 68 Strophen besungen und herbeigerufen hat, als letzten ausgerechnet Boileau nennt.

> Noch eins nur fehlt dir. Wird' uns auch Despreaux!
> Daß, wenn sie etwa zu uns vom Himmel kömmt,
> Die goldne Zeit, der Musen Hügel
> Leer vom undicht'rischen Pöbel da steh'![48]

---

[44] Pyra, Tempel der Wahren Dichtkunst (Anm. 50), S. 30.

[45] Zitiert nach der um 1740 entstandenen (unvollständigen) Übersetzung von Immanuel Jacob Pyra sind die beiden wichtigsten Quellen des Erhabenen „angeborne Beschaffenheiten der Seele": die „Hoheit des Geistes ungemein zu denken" und „heftige und gleichsam begeisterte Leidenschaften". Bemerkenswert ist, daß neben diesen *psychologischen* Quellen auch stilistische Faktoren angeführt werden. Durch dieses Insistieren auf dem „Vermögen wohl zu reden" als Grundvoraussetzung des Erhabenen bietet der Pseudo-Longinos die für das 18. Jahrhundert einmalige Chance, rhetorischen 'Witz' und genialischen Enthusiasmus miteinander zu versöhnen und den Gegensatz von Artefakt- und Inspirationspoetik zu überwinden. (Immanuel Jacob Pyra: Über das Erhabene. Mit einer Einleitung und einem Anhang mit Briefen Bodmers, Langes und Pyras. Hg. von Carsten Zelle, Frankfurt a.M. u.a. 1991, S. 43.)

[46] Siehe Pyras Pseudo-Longinos-Übersetzung (Anm. 45) und Klopstocks Schrift „Von der heiligen Poesie" (1755): „Die höhere Poesie ist ein Werk des Genie [...] Die letzten und höchsten Wirkungen der Werke des Genie sind, daß sie die ganze Seele bewegen. [...] Das ist der Schauplatz des Erhabnen." (F.G. Klopstock: Ausgewählte Werke. Hg. von Karl August Schleiden, München 1962, S. 1000.).

[47] „Auf meine Freunde" erschien erstmals 1771 in der sogenannten 'Darmstädter Sammlung' unter dem Titel „An des Dichters Freunde" (s. Anm. 48), dürfte aber schon wesentlich früher entstanden sein.

[48] Friedrich Gottlieb Klopstock: An des Dichters Freunde. In: Klopstocks Oden und Elegien (1771). Hg. von Jörg-Ulrich Fechner. Stuttgart 1974, S. 114-125; V. 269-272.

Gemeint kann hier nicht der Kunstrichter der *Art poétique* (1674) sein, der durch Anlegen seiner strengen Vernunfts- und Geschmacksregeln für 'klassische' Regularität und Ordnung zu sorgen hätte. Denn obwohl das Gedicht metrisch den geregelten Bahnen der Alkäischen Odenstrophe folgt, lassen die ersten Strophen keinen Zweifel daran, wie es zu verstehen ist: Es ist „kühn, und jugendlich ungestüm" (V. 1), soll „Frey aus der schaffenden Seele taumeln" (V. 8) und spottet folglich jedem, „der es unbegeistert, / Richterisch und philosophisch höret." (V. 19f.) Nein, gemeint ist Boileau hier als Statthalter des Sublimen. Denn nur wenn die poetisch Begeisterten im Tempel auf „der Musen Hügel" vom „undicht'rischen Pöbel" der Geistlosen, und das heißt wohl der 'Witzigen', unbehelligt bleiben, kann die verheißene 'goldne Zeit' Wirklichkeit werden. Nur so kann das Gedicht in die Apotheose der Dichtkunst gipfeln: In der letzten Strophe wird das „heilig Geschlecht" der Dichter (als Begleiter der voranschreitenden Natur!) aus der Goldenen Zeit hervorgehen. Poetologisch nicht weniger aufschlußreich ist das Erscheinen des *ersten* Freundes, der an des „Tempels Schwellen / Göttlich, mit Reben umlaubt, hereintritt." (V. 23f.) Es handelt sich um Johann Arnold Ebert, der später als Übersetzer von Edward Youngs *Night Thoughts* (1751, 1760-1771) bekannt wurde. Begrüßt wird er mit der folgenden Frage:

> Wo bleibst du, kommst du von dem begeisternden
> Pindus der Griechen? oder kommst du
> Von den unsterblichen sieben Hügeln,
>
> Wo Zeus und Flaccus neben einander,
> Mit Zeus und Flaccus, Scipio donnerte,
> Wo Maro mit dem Capitole,
> Um die Unsterblichkeit göttlich zankte?
> (V. 26-32)

Die Antwort, darf man vermuten, wird einige Verse weiter unten in Form einer dritten, aber wohl rhetorischen Frage gegeben: „Wie oder kommst du von der Britannier / Eiland herüber?" – Das dionysische Gewand täuscht, Eberts Enthusiasmus ist zumindest partiell nach der englischen Mode. Sieht man aber von dieser poetischen Herkunftsbezeichnung ab, bleibt immer noch die Frage: 'Pindus der Griechen' oder 'sieben Hügel Roms'? Diese, für sich genommen, ist von weit größerer poetologischer Tragweite als die Rolle, welche englische Einflüsse in der deutschen Poetik spielten. Sie lautet: Kommst du von den Musen oder kommst du von den römischen Dichtern. Und sie stellt der musischen Inspiration die Nachahmung der Alten ('imitatio veterum') gegenüber. Damit erhält die 'Querelle des Anciens et des Modernes' durch eine überraschende Akzentverschiebung (also etwa von der sich hier anbietenden Opposition Horaz [antik] vs. Edward Young [modern] auf die Opposition Imitation vs. Inspiration) eine Wendung, die letzten Endes das Intertextuelle als inspiratorischen Gegenpart zur mythopoetischen Museninspiration ins Spiel bringt. Da Intertextualität zwar *genea-logisch* eng mit dem Nachahmungsbegriff verwandt ist, sich *begrifflich* aber nicht darauf reduzieren läßt[49], lohnt es sich, diese Frage an einem andern Text zu vertiefen. Wie Klopstock greift auch Immanuel Jacob Pyra auf den Tempel-Topos zurück. *Tempel der Wahren Dichtkunst* heißt Pyras Verspoetik von 1737. Der Tempel steht in einem ausgedehnten Reich, beschrieben als „andres Paradies, ein himmlisches Gefilde"[50], das neben paradiesischen auch Züge des bukolischen 'locus amoenus' trägt. Beherrscht wird dieses Reich von der Wahren Dichtkunst, einer allegorischen Figur, die den Ich-Erzähler, einen modernen Psalmendichter, in ihr Reich und (im 2. Gesang) auf den Tempelberg führt, der nach dem Vorbild des Helikon ausgestattet ist: mit Palmen, Zedern und Lorbeerhain sowie mit Quellen, aus denen Milch und Honig fließen, mit singenden Chören und Harfenklang (S. 17). Erst aber hat der Psalmendichter (im 1. Gesang) den Versuchungen der falschen Dichtkunst zu widerstehen. Diese lockt mit „dem eitlen Schmuck unechter Steine", mit Schminke, Schwulst und Wollust und den Freuden eines „prächtig[en] Opernhaus[es]" (S. 7). Doch was sie den Dichter zu lehren hat, ist einzig die magere „Kunst wie man recht hurtig reimt" (S. 7). Ganz im Geist von Inspirations- und Genieästhetik will sich der Dichter damit natürlich nicht zufriedengeben und folgt der Wahren Dichtkunst. Diese führt ihn an einen Abgrund, „[e]ntsetzlich aufgesperrt" und „[v]oll Rauch und Dampf" (S. 8). Der Dichter verliert das Bewußtsein. Als er erwacht, befindet er sich schon im Reich der Wahren Dichtkunst. In Anbetracht ihrer starken Prägung durch die Topoi der antiken Inspirationslehre ist natürlich von Interesse, welche Position Pyras christliche Poetik in der 'Querelle' einnimmt. Bemerkenswerterweise gelten diesbezüglich außerhalb und innerhalb des Reichs der Wahren Dichtkunst in der Nachahmungsfrage andere Gesetze. Der 1. Gesang beginnt damit, daß der Dichter die Psalmen Davids singt, darüber in Verzückung gerät, worauf ihm die Wahre Dichtkunst erscheint (S. 5). Die 'imitatio' Davids („Diß sang ich nach") fungiert als Invokation, als Mittel der Inspiration. Die herbeigerufene Wahre Dichtkunst bestätigt diese Funktion der 'imitatio'; sie läßt neben dem Psalmisten David auch die klassischen Vorbilder zu und empfiehlt dem Dichter ausdrücklich „des Flaccus Lehren", die dem Dichter das Heiligtum der Dichtkunst aufschlössen (S. 5). Klopstocks Frage, ob Ebert sich an die Musen oder an 'Flaccus' halten soll, löst sich hier dahingehend auf, daß die Gnade der Musen gerade durch die Nachahmung des 'Flaccus' zu gewinnen ist. Und also keineswegs einfach dadurch, daß Musen *und* 'Flaccus' einfach durch Gott ersetzt würden. Nach dem Eintritt des Dichters in das christliche Reich der Heiligen Poesie gerät diese positive Bewer-

---

[49] Horaz und Vergil (oder Pindar) können für Ebert oder Klopstock vorbildhaft sein, ohne daß ihre Texte zu intertextuellen Prätexten werden. Umgekehrt können auch Texte, die nicht als vorbildhaft anerkannt würden, intertextuell benutzt werden.

[50] Der Tempel der Wahren Dichtkunst. Ein Gedicht in reimfreyen Versen von einem Mitgliede der Deutschen Gesellschafft in Halle, Halle 1737, S. 8.

tung der Nachahmung in eine Krise: Die antiken Vorbilder haben „ihr Lied durch Götzentand entweiht" (S. 15). Daraus ergibt sich für die Wahre Dichtkunst ein Dilemma, denn sie muß den 'Alten' anderseits zugestehen, „manches Christen Lied an Reinigkeit [zu] beschämen" (S. 15). Mit dem poetologischen Schlüssel-begriff gesprochen: Die Dichtung der 'Alten' ist, obschon nicht 'heilig', doch *er-haben* und kann deshalb nicht einfach verworfen werden. In Pyras Reich der wahren Dichtkunst wird dieses Dilemma durch eine äußerst komplexe, hierarchi-sierende Topographie bewältigt. An der Flanke des Tempelberges wird für Horaz sowie für Homer, Vergil, Theokrit, Euripides und Sophokles ein Schloß einge-richtet; auch im umgebenden Wald sollen nach Aussage der Wahren Dichtkunst Dichter wohnen; dagegen werden Ovid, Catull, Tibullus, Properz und Sappho, die von der Wahren Dichtkunst für „manch geiles Buler Lied" (S. 15) getadelt werden, in ein Revier verbannt, das „vom seelgen Reiche" (S. 15) durch einen Fluß abgetrennt ist, ohne wohlbemerkt ganz aus dem Reich der wahren Dicht-kunst verstoßen zu werden. Als ganz zum Schluß die Wahre Dichtkunst in einer Rede an die im Tempel versammelten geweihten Dichter-Priester (von Moses bis Gryphius) die Gesetze der Heiligen Poesie niederlegt, präsentiert sich das Nach-ahmungsproblem noch einmal von einer andern Seite:

> Ich tadle nicht, daß ihr dem Höchsten singen wolt.
> Ich tadle nur, daß ihr wolt andre singen lehren.
> Wacht nicht in eurer Brust ein himmlisch hoher Geist,
> Und hört man euren Mund nicht schön und prächtig tönen,
> Ja ist das Hertz nicht rein, und voll von GOttes Geist;
> So tragt ihr unverdient der frommen Dichter Namen.
> Euch ziert er nur mit recht, euch! denen die Natur
> Durch diesen seltnen Schatz den edlen Sinn bereichert.
> (S. 30)

Wenn es tadelnswert ist, andere singen zu lehren, dann wird die Vorbildhaftigkeit überhaupt bestritten. Aus Vorbildern werden falsche Götter, die Nachahmung wird zur poetischen Blasphemie. In einer scheinbaren Kehrtwendung werden also nun die dichterpriesterliche und die literarische Nachfolge, göttliche Inspiration und poetische Nachahmung auseinandergetrieben. Außer in 'Gottes Geist' soll es keine legitime Begründung der Dichtung geben dürfen. An diesem Punkt bezieht Pyra die extreme Gegenposition zu Platon, der durch die Unterscheidung einer primären (göttlichen) und einer sekundären (literarischen) Inspiration Nachah-mung und Inspiration miteinander verbinden kann: „Also begeistert die Muse selbst, und wenn von ihren Begeisterten andre hingerissen werden, so entsteht ein ganzer Reigen von Begeisterten."[51] Diese bei Platon vorgezeichnete Möglichkeit einer poetologischen 'Rettung' der Nachahmung innerhalb des Inspirationssy-stems wird im *Tempel der wahren Dichtkunst* verworfen. Und dennoch bleibt es

---

[51] Platon, Ion (Anm. 17), S. 338.

bei Pyra nicht beim Nachahmungsverbot. Noch einmal schlägt die 'Argumentation' nämlich um. Unter der folgenden Bedingung werden die Dichter zur Nachahmung der 'heidnischen' Vorbilder ermächtigt:

> [...] entreißt mit kluger Hand
> Den Dichtern Grichenlands und Latiens ihr Gutes;
> Doch eh ihr es de[m] HErrn auf seine[n] Altar legt;
> So heiligt erst den Raub
> (S. 32)

Was mit Entreißen und Heiligen gemeint ist, geht weit über die bloße Aneignung, die mit dem Begriff der 'aemulatio' noch einigermaßen abgedeckt wäre, hinaus. Wenn nach Luhmann mit dem Übergang zur Moderne tendenziell die Ersetzung des hierarchischen Prinzips ('Stratifikation') durch das Prinzip der Funktion verbunden ist[52], zeigt sich hier, wie dieser Übergang im Rahmen der Poetik vollzogen werden kann: Die 'Querelle des Anciens et des Modernes' wird dann definitiv überwunden, wenn das Verhältnis zwischen Dichtern und zwischen Texten nicht mehr unter dem Gesichtspunkt der Hierarchie geregelt wird, sondern Texte und Prätexte in ihrer funktionalen Interferenz erkannt werden. Wenn die Dichter sich auf eine Poetik abstützen können, die ihnen erlaubt, „ununterwürfig", wie Klopstock sagt[53], der Tradition zu begegnen, dann ist die Voraussetzung geschaffen für die Entdeckung der Intertextualität. Als Raub an der inspiratorischen Tradition kann diese einen Beitrag leisten zur funktionalen Ausdifferenzierung der Literatur.

---

[52] Luhmann, Funktion der Religion (Anm. 7), S. 229.
[53] Klopstock, Auf meine Freunde (Anm. 48), S. 12.

B) Woran erkennt man Literatur?

Stefan Matuschek (Jena):

Parmenides und Gilberte
Über philosophische und literarische Namen und Rortys Poetisierung der Kultur

Namen sind kondensierte Wunschvorstellungen. Zum Beispiel „Gilberte", der Vorname der jungen Tochter aus dem Hause Swann, dessen Klang für den Ich-Erzähler in Prousts *A la recherche du temps perdu* die von flüchtigen Eindrücken aus zu erregenden Erwartungen gespannte Projektion der ersten Liebe zusammenfaßt. „Ainsi passa près de moi ce nom de Gilberte..."[1]. Allerdings bleibt dieses Klangerlebnis traurig. Denn die akustische Gegenwart des Namens, wenn er von der Mutter und der Freundin Gilbertes gerufen wird, bedeutet für den hörenden, doch abseits stehenden Erzähler zugleich die Ferne einer für ihn unzugänglichen Person. Der Ruf des Vornamens schafft einen Klangraum sozialer Intimität, der den Außenstehenden zugleich verlockt und auf Distanz hält. So stellen es zwei Episoden im ersten Teil des Romans, *Du côté de chez Swann*, dar. Sie korrespondieren miteinander, indem die zweite Episode, das Wiedersehen an den Champs-Elysées, die Verheißung der ersten Begegnung in Combray erfüllt und durch den Namen das beim ersten Mal zu schnell entschwindende Mädchen wiedererkennen läßt. In Combray ist es die Mutter, an den Champs-Elysées die Freundin, die Gilberte ruft. Und beide Male steht der Ich-Erzähler daneben und imaginiert im Namensklang sehnsüchtig die freundschaftliche Intimität, die ihm als tatsächliche Freundschaft verwehrt bleibt. So kondensiert der Name die unerfüllten Wunschvorstellungen der ersten Liebe, bedeutet sein Klang die Berührung mit dem, was man nicht haben kann: „toute cette vie séparée de la mienne que par deux fois, condensée dans le nom de Gilberte, j'avais sentie passer si douloureusement près de moi" (P 388).

Ein anderes Beispiel: Parmenides. In Heideggers *Einführung in die Metaphysik* und in seinem Vortrag *Moira* steht dieser Name für das von der gesamten abendländischen Philosophie in Vergessenheit gebrachte und in ihrer Sprache auch nicht erinnerbare ursprüngliche Denken des Seins. Um zu sagen, was darunter zu verstehen sei, gebraucht Heidegger eindringlich wiederholend die Formulierungen das „Sagen des Parmenides" und „der Spruch des Parmenides".[2] Im Untertitel des Vortrags steht der Name als Stellenangabe: *Moira (Parmenides VIII, 34-*

[1] Marcel Proust: A la recherche du temps perdu I. Edition publiée sous la direction de Jean-Yves Tadié, Paris 1987, S. 140 (= Bibliothèque de la Pléiade 100). Alle weiteren Proust-Zitate werden im fortlaufenden Text mit der Sigle P und der Seitenzahl nachgewiesen.

[2] Vgl. Martin Heidegger: Einführung in die Metaphysik, 5., durchgesehene Aufl., Tübingen 1987, S. 74 und 108-111; Martin Heidegger: Moira (Parmenides VIII, 34-41). In: M.H.: Vorträge und Aufsätze, 8. Aufl., Stuttgart 1997, S. 223-248.

41). Dadurch aber, wie häufig der Name im Text genannt ist und wie häufig die Formel „Parmenides sagt" die entscheidenden Wendungen des Textes begleitet, wird daraus mehr. Heideggers Rede vom „Seinsgeschick", die er hier aus dem griechischen Wort *moira* ableitet, erscheint insgesamt als Weisheit, die einen Namen hat. Der Untertitel wird zum Beleg dessen, was der Titelbegriff sagen soll. Für die Erklärung des „Seinsgeschicks" bleibt die Vergegenwärtigung des Namens Parmenides die hauptsächliche Strategie, so daß sich im Namen die Wunschvorstellung einer für die moderne Wissenschaftssprache unerreichbaren Wahrheit kondensiert. Dieser Vergleich ist unsinnig, kann man einwenden, weil die Tatsache, daß hier beide Male Namen vorkommen, nur eine oberflächliche, belanglose Ähnlichkeit bleibt, wenn man sieht, welch verschiedene Funktionen sie jeweils haben. Prousts Roman zeigt die soziale Funktion des Rufnamens, inszeniert sie in der Spannung zwischen Intimität und Ausgeschlossenheit. Heidegger verwendet den Philosophennamen in gebräuchlicher Weise als Metonymie für dessen Texte. Nur um diese geht es, nicht eigentlich um den Namen Parmenides. Soll aber der Vergleich der Namen hier einen Sinn haben, muß – damit er über die Differenz von poetischem und argumentierendem Text sowie von fiktiver und historischer Figur überhaupt trägt – eine bestimmte Funktionsanalogie bestehen. Ohne sie läßt sich hier gar nichts vergleichen. Trotz oder richtiger: gerade wegen dieses möglichen Einwandes resümiert Richard Rorty seinen Vergleich von philosophischer Theorie und Literatur in dieser Gegenüberstellung von Heidegger und Proust. Denn so wird seine These pointiert und provokant: Bei Heidegger, so Rorty, haben die philosophiegeschichtlichen Namen und auch die Begriffe im Grunde die gleiche Bedeutung wie die Eigennamen bei Proust. Hier wie dort sei es eine private, idiosynkratische Affiziertheit durch Klänge. Mehr nicht. Allerdings bestehe der Unterschied, daß in Prousts Roman das Private und Idiosynkratische aufrichtig bekannt, bei Heidegger hingegen geleugnet und statt dessen als abendländisch allgemeines Schicksal ausgegeben werde. Das aber sei irrig. Vielmehr könne das, was Heidegger als philosophische Wahrheit behaupte, nur als seine persönliche Betroffenheit durch einige Namen und Begriffe der philosophischen Tradition gelten, vergleichbar der Idiosynkrasie, mit der Prousts Ich-Erzähler vom Namen Gilberte affiziert werde. Durch die Bewertung, daß der eine das nur Private seines Textes einsehe, wohingegen der andere seine privaten Lektüreempfindlichkeiten zur weltgeschichtlichen Allgemeinheit aufzublähen versuche, wird der Vergleich zur Rangordnung. So urteilt Rorty abschließend: „Heidegger failed where Proust succeeded. [...] Proust succeeded because he had no public ambitions – [Heidegger hingegen] was unable to believe that the words which meant so much to him – words like 'Aristotle', *physis*, 'Parmenides', *noein*, 'Descartes', and *substantia* – were just his own private equivalents of 'Guermantes', 'Combray', and 'Gilberte'. But that is, in fact, all they were."[3]

---

[3] Richard Rorty: Contingency, irony, and solidarity, Cambridge University Press 1989,

Die Provokation dieses Urteils, aber auch die Befriedigung, die damit dem Literaturwissenschaftler angeboten wird, sind offenkundig. Provokant ist das Mißverhältnis zwischen der Unsicherheit darüber, wie sich der angeführte Vergleich begründen läßt, und der Entschiedenheit, mit der aus diesem Vergleich eine Konsequenz gezogen wird. Rorty will sie nicht nur für Heidegger und Proust, sondern generell für das Verhältnis von philosophischer Theorie und Literatur gelten lassen. Literatur sei prinzipiell die Anerkennung und Würdigung des Privaten, philosophische Theorie dagegen dessen Verleugnung und Mißachtung durch den Anspruch auf Allgemeingültigkeit. Befriedigend – immerhin für Literaturwissenschaftler – scheint die grundsätzlich starke Funktion, in der die Literatur hier zur Basis der Philosophiekritik wird. Diese Funktion liegt im Trend, gehört zum Standard der Postmoderne. Rorty weist darauf hin und situiert sich – gut zwei Jahrzehnte nach der Diagnose des 'linguistic turn' – abermals in einer allgemeinen philosophiegeschichtlichen Wende, diesmal in einem „general turn against theory and toward narrative" (R xvi). Ebenso im Trend liegt es, daß Rorty daraus einen emphatischen Freiheitsimpuls ableitet. All seine Überlegungen, schließt die Einleitung, richten sich auf „an endless proliferating of Freedom, rather than a convergence toward an already existing Truth" (R xvi). Diese Befreiungsgeste durchzieht das ganze Buch als ein Plädoyer für die Ablösung aller theoretischen durch literarische Kultur. Die Privatisierung der philosophischen Ansprüche Heideggers zur bloßen Idiosynkrasie versteht sich exemplarisch als eine solche Befreiungstat. So könne man, wie Rorty von sich selbst gesteht, Heidegger sympathetisch lesen (als „personal litany" genommen, begegne in Heideggers Texten „an immensely sympathetic figure" R 120) und sich zugleich von den technik- und gesellschaftskritischen Ansprüchen sowie den politischen Dimensionen seiner Philosophie distanzieren. Rortys Vergleich von Proust und Heidegger ist interessant – aber, meine ich, gerade nicht durch die allgemeinen Thesen, die er exemplifizieren soll, sondern durch einen konkreten Bezug, in dem Proust zum Deutungsmuster für Heidegger werden kann. So schwach die generelle, so stark ist hier die spezielle Perspektive des Vergleichs von Literatur und Philosophie. Damit scheint mir Rortys Argumentation ein repräsentatives Beispiel dafür, daß die philosophie- und theoriekritische Verwendung der Literatur um so leistungsfähiger wird, je konkreter und spezieller, und um so schwächer, je abstrakter und allgemeiner sie ist. Anders gesagt: Die Diskussion zum Verhältnis von Literatur und Philosophie verliert, wo sie kategorial grundsätzlich wird, und sie gewinnt, wo sie ästhetisch vergegenwärtigende und begrifflich abstrahierende und argumentierende Texte zu bestimmtem Aufschluß gegenüberstellt. Gegenüber dem Wert solch konkreter Vergleichsanalysen bietet die Frage, was überhaupt Literatur im Unterschied zur Philosophie sei, nur Anlaß zu sterilen Bekenntnisanstren-

---

S. 118. Alle weiteren Zitate aus diesem Buch werden im fortlaufenden Text mit der Sigle R und der Seitenzahl nachgewiesen.

gungen. Für beide Seiten ist Rortys Heidegger – Proust Vergleich ein gutes Beispiel.

Die Funktion, die der Bezug zur Literatur in Rortys Argumentation hat, erscheint zunächst nur negativ und dient dem Zweck, Geltungsansprüche der Philosophie zu destruieren. Die Verwendung von Proust gegen Heidegger ist dafür exemplarisch. Grundsätzlich ist deshalb gegen Rorty eingewandt worden, daß sein Verständnis von Literatur nur eine konstruierte argumentative Funktionsstelle sei, die sich ohne jeden dienlichen Sachbezug zur Literatur allein aus der negativen Intention gegen die Philosophie ergebe.[4] Doch ist die Philosophiekritik nur die eine Seite von Rortys Literaturverständnis. Es gibt eine Kehrseite, die komplementär zur kritischen eine erbauliche Intention zeigt. Das hat mit Rortys Ansichten zu Privatheit und Öffentlichkeit zu tun, mit seiner Forderung, strikt zwischen Privatem und Öffentlichem zu trennen. Der eigentliche Witz dieser Forderung liegt darin, daß Rorty dabei die üblichen Zuschreibungen, was privat und was öffentlich sei, umkehrt. Philosophie und Wissenschaft erkennt er eine ausschließlich private, der Literatur eine mögliche öffentliche Bedeutung zu. Denn Philosophie und Wissenschaft seien – genau entgegen ihrem gestellten Anspruch – immer neu aus erfindungsreichem Sprachvermögen hervorgebrachte Weltbilder, die tatsächlich zu nichts anderem als zu immer neuen menschlichen Selbstentwürfen dienlich sein können. „Our own projects of self-creation" (R 118) nennt Rorty all dies, um damit sowohl allen behaupteten Welt- und Wirklichkeitsbezug von Philosophie und Wissenschaft als auch deren Allgemeingültigkeitsanspruch ganz auf private Selbstbehauptung zurückzuführen. Die kritische Intention ist hier offenkundig: Die traditionelle Philosophie soll nicht nur als unhaltbar, sondern überdies als schädlich erwiesen werden, weil sie als eine Art Imperialismus der privaten Meinung die Würde des Privaten und Individuellen mißachte. Die Erbauung ergibt sich daraus komplementär: Literatur könne gerade als das ausdrücklich Private öffentlich wirken, weil sie damit grundsätzlich für die Würde des Individuums eintrete und vor allem durch die Darstellung von Opfern, denen die Not

---

[4] Charles Eric Reeves (Deconstruction, Language, Motive: Rortian Pragmatism and the Uses of „Literature". In: The Journal of Aesthetics and Art Criticism 44,4 (1986), S. 351-356, hier S. 351) spricht im Blick auf Rortys Literaturbegriff von einer „certain terminological necessity". Es gehe nicht um Literatur, sondern nur um eine „philosophy/'x' distinction". Ebenso Michael Fischer (Redefining Philosophy as Literature: Richard Rorty's 'Defence' of Literary Culture. In: Reading Rorty. Critical Responses to *Philosophy and the Mirror of Nature* (and Beyond). Edited by Alan R. Malachowski, Oxford, Cambridge Mass. 1990, S. 233-243, hier S. 241): „Rorty's definition of literary discourse is fundamentally negative, generated by the philosophical tradition that he wants to subvert." Beide Urteile sind im Blick auf frühere Arbeiten Rortys formuliert worden, behalten aber auch für das hier von mir herangezogene Buch (vgl. Anm. 3) ihre Gültigkeit.

zwangsläufig die Sprache raube, solidaritätsstiftendes Mitgefühl errege.[5] Wie sehr in diesen Grundeinstellungen von Rortys Pragmatismus eine brüskierende Schlichtheit herrscht, ist offensichtlich. Sie ist keine Insuffizienz, sondern Programm. Auf der einen Seite die Privatisierung aller allgemeinen Theorieansprüche, auf der anderen die solidaritätsstiftende Darstellung leidender Individuen: das sind die beiden Gesichter von Rortys Pragmatismus, das theoriekritisch negative und das solidaritätszuversichtlich positive. Zwischen diesen beiden Intentionen noch nach einem anderen Verständnis von Literatur zu suchen bleibt vergeblich, und so erschöpft sich Rortys Plädoyer für eine literarische Kultur in pauschaler Anti-Theorie und einfacher Mitleidsästhetik. Auf die allgemeinen Thesen gesehen, gibt Rorty also ein Beispiel dafür, wie sich die Vorstellung von Literatur durch die anti-theoretische Freiheitsemphase banalisieren kann. In dieser Tendenz wird Literatur in Rortys Buch synonym mit Individualität, und sein Plädoyer für eine literarische Kultur läuft auf die Empfehlung hinaus, Individualität zu achten. Das ist ehrbar, solange man an menschliche Individuen denkt. Aber von fraglichem Wert, wenn man Kunstwerke wie auch philosophische und wissenschaftliche Theorien analog mit einbezieht. Denn das ist Rortys Pointe, daß wir diese genauso betrachten sollen wie menschliche Individuen. Die berühmt gewordenen Kunstwerke und Theorien wie berühmte Individuen. „Culture hero" (R 53) nennt Rorty sie. In diesem Ausdruck kombiniert er Thomas S. Kuhns wissenschaftsgeschichtliche These von der revolutionären Kraft neuer Sprach-, vor allem neuer Metaphernverwendungen („revolutionary science", vgl. R 60) mit Harold Blooms Vorstellung des „strong poet", der sein eigenes Werk nur aus dem Bruch mit seinen Vorgängern schafft und damit den Traditionsbruch zum einzigen Motor der Literaturgeschichte macht.[6] Rortys Konzept des „culture hero" faßt beides zusammen. Wissenschafts- und Literaturgeschichte erklären sich dadurch gleichermaßen als Abfolge revolutionärer neuer sprachlicher Leistungen, die zu persönlichen Heldentaten stilisiert sind. Rortys Vorstellung von einer literarischen Kultur ist also eine heroische Personalisierung der einflußreichen Werke. Die betonte solidaritätsstiftende Funktion wirkt daneben mit ihrer Mitleidsästhetik wie ein Korrektiv vor allzu viel Heroismus. Anders gesagt: Rortys Vorstellung von der Literatur teilt sich in eine heroisierende und eine mitleidige Personalisierung einzelner Werke. Wissenschaftsgeschichtlich kann man darin – bei Bloom wie bei Rorty – nach der einstigen strukturalistischen Verabschiedung des

---

[5] „So victims of cruelty, people who are suffering, do not have much in the way of language. That is why there is no such things as the 'voice of the oppressed' or the 'language of victims'. The language the victims once used is not working anymore, and they are suffering too much to put new words together. So the job of putting their situation into language is going to have to be done for them by somebody else. The liberal novelist, poet, or journalist is good at that." (R 94)

[6] Vgl. Harold Bloom: The Anxiety of Influence. A Theory of Poetry, Second Edition, New York, Oxford 1997 (zuerst 1973).

Autors nun dessen Rückkehr sehen. Im Gegenzug gegen allen textanalytischen Formalismus wird es dabei freimütig psychologisch spekulativ. Um die wissenschaftsgeschichtliche Position Rortys zu markieren, kann man sich an einen einflußreichen Aufsatz halten, in dem Rortys allgemeine Thesen zum Verhältnis von Literatur und Philosophie – wenn auch ex negativo – vorgebildet sind: an Rudolf Carnaps Aufsatz *Überwindung der Metaphysik durch logische Analyse der Sprache* von 1931. Er vertritt die These, daß die meisten Werke der Philosophie nur ein „unzulänglicher Ersatz für die Kunst" seien, da sie tatsächlich nichts anderes als ein „Lebensgefühl" ausdrücken, was sie als vorgeblich argumentierende Texte viel schlechter tun, als es die Kunst mit ihren Mitteln vermöge.[7] Die Grundlage dieses Urteils ist die neopositivistische Unterscheidung von Sätzen, die Sachverhalte darstellen und eindeutig als wahr oder falsch bewertet werden können, und sogenannten „Scheinsätzen", die zwar der „historisch-grammatischen Syntax" genügen, jedoch nach „logischer Syntax", d.h. nach Carnaps logischer Sprachanalyse „völlig sinnlos" seien.[8] Als Beispiel, wie solche „Scheinsätze" entstehen, wählt Carnap den für ihn aktuellen, doch im Verfahren für die metaphysische Tradition der Philosophie insgesamt repräsentativen Heidegger, und zwar aus Heideggers Vortrag *Was ist Metaphysik* den Übergang von der Verneinungspartikel 'nicht' zum Substantiv 'das Nichts'. Rortys entspricht insofern Carnaps Position, als auch er die philosophischen Sätze Heideggers (und wie Rorty wählt auch Carnap als weitere Beispiele Hegel und Nietzsche) als unzulängliche Ausdrücke dessen ansieht, was zulänglich nur von der Kunst, hier Prousts Roman, dargestellt werde. Wie Rorty sieht auch Carnap die Theoretiker Hegel, Nietzsche und Heidegger den Dichtern durch die „Selbsttäuschung"[9] unterlegen, mit der sie ihren eigenen Lebensgefühlsausdruck für allgemeine, realitätsbezogene Wahrheiten halten. Allerdings ist Rorty kein Neopositivist, so daß ihm Carnaps Vorstellung von wissenschaftlicher Sachverhaltsdarstellung fremd bleibt. Vielmehr folgt er der postmodernen Tendenz, keine Gattungsunterschiede zwischen wissenschaftlich argumentierenden und ästhetischen Texten anzunehmen. Damit weitet Rorty die logisch-sprachanalytische Metaphysik-Kritik auf die Wissenschaft und Philosophie aus, so daß deren Ansprüche insgesamt als Selbsttäuschungen, als unreflektierte Varianten von Literatur dastehen. Was die grundsätzliche Frage nach dem Verhältnis von Philosophie und Literatur betrifft, führt Rorty also den ersten, im besonderen für die amerikanische Philosophie maßgeblichen Ansatz logisch-sprachanalytischer Kritik aus. Allerdings kehrt er dessen Intention um, indem er genau das zur einzig relevanten Größe erklärt, was Carnap aus der wissenschaft-

---

[7] Vgl. Rudolf Carnap: Überwindung der Metaphysik durch logische Analyse der Sprache. In: Erkenntnis 2 (1931) = Annalen der Philosophie X, Leipzig 1932, S. 219-241. Die beiden Zitate S. 240 und 238.
[8] Vgl. ebd. S. 229 und 238.
[9] Ebd. S. 240.

lichen Philosophie ausschließen will: „die Haltung, in der ein Mensch lebt"[10].
Nur auf sie kommt es Rorty an, und zwar auf eine ganz bestimmte Haltung, durch
die es gelingen kann, die Zufälligkeit und Fremdbestimmtheit der eigenen historischen Position für sich selbst in den Anspruch auf Selbsterschaffung umzuwan-
deln. Genau so analogisiert Rorty Heideggers Beschreibung der abendländischen
Metaphysikgeschichte mit Prousts fiktiver Autobiographie. Wie der eine am Ende der Metaphysik so versuche der andere am Ende seines Lebens durch die eigene Beschreibung seiner Herkunft der Fremdbestimmtheit durch erinnernde
Neuschaffung seiner selbst zu entgehen. Dabei funktionieren bei dem einen die
Philosophennamen und Schlüsselbegriffe genau so wie bei dem anderen die Eigennamen seiner Mitmenschen: Hier wie dort werde deren Autorität durch eigenwillige Neubeschreibung gebannt. Proust gelinge es dadurch, daß er die früheren Autoritäten in seinem Leben erinnernd zu Mitleidenden mache, Heidegger
dadurch, daß er die überlieferten Begriffe aus ihren Argumentationskontexten
und -konventionen heraus als Klänge isoliere und eigenwillig neu assoziiere:
„Proust's effort to deprive the concept of authority of authority, by redescribing
all possible authorities as fellow sufferers, is paralleled by Heidegger's attempt
simply to hear the resonances of the words of the metaphysicians rather than to
use these words as instruments." (R 118) Rorty selbst ist bei diesem Vergleich
hauptsächlich daran interessiert, Heidegger als Exempel eines 'ironischen Theo-
retikers' („ironist theorist" R 97) vorzustellen. Darunter versteht er diejenigen
Philosophen, die alle metaphysischen Theorien so weit zu durchschauen und sich
durch diese Einsicht über sie zu erheben beanspruchen, daß mit ihnen Theorie
überhaupt zu einem definitiven Ende komme. Neben Heidegger fallen für ihn
Hegel und Nietzsche unter diese Kategorie. Der Vergleich mit Proust gilt für alle
drei. Er sieht es darauf ab, die von den Theoretikern behauptete allgemeine philo-
sophiegeschichtliche Position als genau diese 'Proustsche' Haltung und Strategie
zu interpretieren, wie man durch eigenwillige Neubeschreibung der eigenen Herkunft deren Zufälligkeit und Fremdbestimmung für sich selbst zur Selbstbestimmung wandeln könne. Spannungsvoll gesteigert wird diese Haltung dadurch, daß
sie sich dem definitiven Ende konfrontiert, daß sie im Angesicht des Todes steht.
Denn durch diese Analogie wird das Sterbebett, in dem Proust seinen Roman
vollendete, zum Symbol für den philosophiegeschichtlichen Ort Hegels, Nietzsches und Heideggers: „deathbed self-redescription" (R 99) – auf dem Totenbett
eines Menschen wie auf dem der Metaphysik. Wie sehr diese Personalisierung
und Dramatisierung Harold Blooms Deutung der Literaturgeschichte folgt, ist offenkundig. Wie dort durch die Vorstellung des „strong poet" die literarischen so
werden hier die philosophischen Werke spekulativ als psychische Situationen ihrer Autoren gedeutet. In dieser Hinsicht also führt der Heidegger – Proust Vergleich von den Texten weg zu einer typologisierenden Schriftstellerpsychologie.

---

[10] Ebd. S. 239.

In einer anderen Hinsicht aber, im Blick auf die Texte, halte ich Rortys Vergleich für aufschlußreicher und überzeugender. Die These, daß Heideggers Parmenides so wie Prousts Gilberte zu verstehen sei, erhält einen klareren Sinn, wenn man sie von der Autorpsychologie ab und einer Textanalyse zuwendet. Die bei Proust vorgeführte Bedeutung des Namens als kondensierte Wunschvorstellung kann dann als Deutungsmuster für Heideggers Verwendung des griechischen Philosophennamens dienen. In dieser Hinsicht trifft sich Rortys These mit einer Bemerkung, die Gadamer zu Heideggers philosophischem Stil gemacht hat: „Heidegger konnte immer nur in dem Namen, in der Nennkraft der Worte und ihren unausschreitbaren Irrgängen wie in Goldadern seine eigene Vision des Seins wiedererkennen"[11]. Durch den Vergleich von Parmenides und Gilberte läßt sich diese Bemerkung konkretisieren. Ist man durch Prousts Text dafür sensibilisiert, wie sich im Eigennamen Wunschvorstellungen kondensieren und affektiv vergegenwärtigen („toute cette vie séparée de la mienne que par deux fois, condensée dans le nom de Gilberte, j'avais sentie passer si douloureusement près de moi" P 388), dann kann man einen schärferen Sinn für die Bedeutung von „Parmenides" in Heideggers *Einführung in die Metaphysik* gewinnen. Exemplarisch kann man sich dabei an den kurzen Abschnitt „Sein und Werden" halten.[12] Er macht den Anfang in einer Reihe von Entgegensetzungen (es folgen „Sein und Schein", „Sein und Denken", „Sein und Sollen"), und er wird von Heidegger ausdrücklich in dieser Position als „Anfang des Fragens nach dem Sein", damit also zugleich als der eigentliche Anfang seiner Philosophie gewertet. Zur Erörterung dieser ersten Entgegensetzung hält sich Heidegger an die Stelle aus Parmenides' Hexameter-Gedicht (Frgm. 8, 1-6), in der – nach Heideggers Übersetzung – vom „Sein ohne Entstehen und ohne Verderben" die Rede ist. Wie angemessen diese Übersetzung und wie diese Parmenides-Stelle zu verstehen ist, braucht hier nicht zu interessieren. Denn Heidegger geht es hier gar nicht um den zitierten Text. Vielmehr nimmt er ihn nur zum Anlaß, um weihevoll eine uranfängliche Weisheit zu stilisieren, die den Namen Parmenides trägt. Das geht so: Eingeführt wird das Zitat mit folgendem Satz: „Weit schauend und der Aufgabe gemäß, hat Parmenides, dessen Zeit in den Übergang vom 6. ins 5. Jh. fällt, denkend-dichtend das Sein des Seienden im Gegenhalt zum Werden herausgestellt." Durch die Verbindung von archaischer Zeitangabe und prophetischer Vorausschau wird hier mit dem Namen Parmenides ein Wahrheitsanspruch gesetzt, der in der Übereinkunft von ältestem Anfang und letztgültiger Prophetie die gesamte abendländische Philosophiegeschichte wie eine Episode in Klammern setzt. Nach einem kurzen Hinweis auf das überlieferte „Lehrgedicht" folgt dann das Zitat, woran sich aber

---

[11] Hans-Georg Gadamer: Destruktion und Dekonstruktion (1985). In: H.-G. G.: Gesammelte Werke, Bd. 2, Tübingen 1986, S. 361-372, hier S. 364.
[12] Martin Heidegger: Einführung in die Metaphysik (Anm. 2), S. 73f.: „Sein und Werden". Alle weiteren Zitate aus diesem Abschnitt. Wegen dessen Kürze können Einzelnachweise entfallen.

kein Auslegungsversuch anschließt, sondern bildhafte Wichtigkeitssignale, die abermals Parmenides als Wahrheit gegen den Rest der Philosophie stellen: „Diese wenigen Worte stehen da wie griechische Standbilder der Frühzeit. Was wir vom Lehrgedicht des Parmenides noch besitzen, geht in ein dünnes Heft zusammen, das freilich ganze Bibliotheken philosophischer Literatur in der vermeintlichen Notwendigkeit ihrer Existenz widerlegt." Das Pathos dieses kontraststarken Bildes wird durch den nachfolgenden Satz noch gesteigert, der ein persönlich affektives Bekenntnis zugleich als objektiv allgemeingültige Verpflichtung ausspricht. Der Subjektsatz, der zugleich 'ich' und 'alle Einsichtigen' bedeutet, macht diese Verbindung möglich: „Wer die Maßstäbe solchen denkenden Sagens kennt, muß als Heutiger alle Lust verlieren, Bücher zu schreiben." So wird also insgesamt nicht ein Zitat erörtert, sondern mit dem Namen Parmenides ein maximaler philosophischer Anspruch rhetorisch-affektiv inszeniert. Auf diesen Anfang folgen einige Zeilen, in denen Heidegger seine Parmenides-Übersetzung wiederholend variiert und paraphrasiert. Nach der Intensität der vorangehenden Sätze und dem Maximalismus ihres Anspruchs wirkt dies kaum als dessen Einlösung, sondern eher als retardierendes Moment. Folgerichtig schließt sich daran ein erneuter stimmungshafter Höhepunkt. Heidegger weist auf die mit dem Namen Heraklit verbundene Lehre hin, die nach gängiger Meinung das genaue Gegenteil zu Parmenides bilde. Heidegger will hingegen beide gleichsetzen. Wie sehr es ihm nicht um Zitate und deren Auslegung, sondern nur darum geht, Namen als absolute Wahrheiten zu setzen, zeigt der Satz, mit dem er dies tut: „Heraklit, dem man im schroffen Gegensatz zu Parmenides die Lehre des Werdens zuschreibt, sagt in Wahrheit dasselbe wie jener. Er wäre sonst nicht einer der Größten der großen Griechen". Die figura etymologica und die dreifache Alliteration der Schlußwendung („einer der Größten der großen Griechen") sind die einzigen, affektrhetorischen Wirkungsmittel dieser Behauptung. Denn selbst auf nur einen Ansatz zu einem anderen, argumentativen Beleg wird souverän verzichtet, statt dessen aber darauf hingewiesen, daß man mit einem modernen Bewußtsein von diesem Zusammenhang nichts verstehen könne. Die letztgültige Auskunft über das Verhältnis von Sein und Werden, damit die letztgültige Auskunft über die Anfangsfrage der Philosophie bleibt konsequenterweise wieder der Name: „Freilich wurde die spätere Darstellung des Gegensatzes von Sein und Werden nie mehr so einzig in sich ruhend wie im Sagen des Parmenides." Wie sehr es Heidegger insgesamt um die griechischen Begriffe, um deren eigenwillige deutsche Übersetzung und dann um etymologisierende und paronomastische Assoziationen geht, ist bekannt. Bemerkenswert aber an diesem kurzen Abschnitt aus der *Einführung in die Metaphysik* bleibt, daß hier der bloße Name als Wahrheitsanspruch alles, was begrifflich zu sagen wäre, dominiert. Als prinzipieller Gegensatz zu diskursivem und argumentativem Sprechen soll der Name alle Diskussion und Argumentation überbieten. Insofern ist die Verwendung von „Parmenides" (und auch von „Heraklit") hier der konsequenteste Ausdruck von Heideggers Philosophie. Sie ist die radikalste Distanzierung von allem begrifflichen Denken und allen Argumentationskonventionen. Im Namen kondensiert Heidegger all die Bedeutung, mit der er sich von der Sprache der überlieferten und aktuellen Philosophie und Wissenschaft absetzen will. Und weil deshalb auch nicht mehr argumentiert werden kann, bleibt der Name als affektive Vergegenwärtigung seiner philosophischen Intentionen, seiner Wunschvorstellung vorsokratischer Weisheit. Das zitierte Textfragment selbst tritt demgegenüber deutlich zurück. Es ist hier nur der Anlaß, der den Namen ins Spiel bringt. Wie sich Heideggers Text danach ganz ohne Bezug auf die überlieferten Fragmente allein auf die Namen stützt, zeigt die Verbindung von Parmenides und Heraklit.

Affektive Vergegenwärtigung kondensierter Wunschvorstellungen: So treffen sich das Mädchen aus dem Roman und der vorsokratische Philosoph in einer Funktionsanalogie der Namen. Mit ihr ist jedoch nicht, wie Rorty es will, die bloße Privatheit zu behaupten. Trivial ist der Hinweis, daß die Bedeutung des Namens Gilberte in Prousts Roman nur auf der Figurenebene eine private Idiosynkrasie darstellt, auf der Textebene indes als ästhetische Vermittlungsleistung aus privater Beliebigkeit hinausführt. Ob ein Leser den Namen Gilberte so verstehen kann, wie die Erzählerfigur es von sich sagt, ist keine Frage des Zufalls oder der Idiosynkrasie, sondern der Romankunst. Durch deren Vermittlung hört das dargestellte Private auf, nur privat zu sein. Das ist, wie gesagt, trivial. Doch folgt daraus eine für die Bedeutung der Namen bei Proust wichtige Konsequenz. Denn der Roman eröffnet hier eine eindringliche Perspektive auf die Illusionskraft von Eigennamen. Unmittelbar vor der zweiten Gilberte-Episode breitet der Erzähler seine Reiseträume aus, die als intensive sehnsüchtige Wunschprojektionen auf eine Reihe von Städten zielen: „Je n'eus besoin pour les faire renaître que de prononcer ces noms: Balbec, Venise, Florence, dans l'intérieur desquels avait fini par s'accumuler le désir que m'avaient inspiré les lieux qu'ils désignaient." (P 380) So wie schon in diesem Satz gilt dabei insgesamt der Funktion der Namen die eigentliche Aufmerksamkeit, d.h. der gesamte Abschnitt über die Reiseträume wird zur Reflexion und Vergegenwärtigung der Städtenamen und ihrer Wirkung.[13] Der Text führt dies in einem Spannungsbogen aus, der die Realisie-

---

[13] Der dritte Teil von *Du côté de chez Swann*, der mit diesem Abschnitt beginnt, trägt den thematisch hinweisenden Titel: „Noms de pays: le nom". Zur Bedeutung der Namen bei Proust als „eine nicht konventionelle, durch subjektive Assoziationen und Bedeutungen an die eigene, individuelle Biographie gebundene Sprache", auch zum Gegensatz von Namen und Wörtern als Vertrauen und Desillusionierung gegenüber dem Anspruch auf Einzigartigkeit vgl. die kurze Zusammenfassung bei Ulrike Sprenger: Proust ABC, Leipzig 1997, Artikel: „Namen", S. 151-156, Zitat S. 151. Dort auch (S. 152f.) Hinweise auf die früheren Entwürfe, den Roman abschnittsweise in Entwicklungsphasen von einem kindlichen Bewußtsein der Namen zu einem desillusionierten der Wörter einzuteilen. Der Titel „Noms de pays: le nom" rührt noch daher. Statt der Einteilung in Entwicklungsphasen zeigt der Roman jetzt zugleich mit dem subjektiven, individuellen Bedeutungs- und Erlebnisanspruch der Namen deren ironische Desillusionierung.

rung des Wunsches zunächst in immer greifbarere Nähe und dann in irreale Ferne
rückt. Genau das zeigt er als Wirkung der Namen. Der Name, so sieht und erlebt
es der Erzähler, nehme die Fülle der Vorstellungen, die er sich durch Lektüre und
Erzählungen im voraus von einer Stadt mache, in sich auf und konzentriere sie zu
einer einzigen, die durch die Einschränkung auf wenige Besonderheiten zwar
simplifiziert („les noms ne sont pas très vastes; c'est tout au plus si je pouvais y
faire entrer deux ou trois des 'curiosités' principales de la ville" P 382), aber zugleich durch den einen Namen als reales Individuum beglaubigt werde: „Ils [ces
noms] exaltèrent l'idée que je me faisais de certains lieux de la terre, en les
faisant plus particuliers, par conséquent plus réels." (P 380) Was zuvor bloße
Vorstellung und Sehnsucht einer reich genährten Einbildungskraft ist, erlangt einen eindeutigen, d.h. inhaltlich reduzierten, aber dafür fraglos verbürgten Wirklichkeitsbezug. Das ist die Ambivalenz des Namens zwischen klischeehafter Reduktion und Realitätsanspruch. Der Erzähler vergleicht sie mit den in Ferienorten
zu kaufenden Andenken, die eine Stadt in den simpelsten Zügen vorstellen (vgl.
P 382). Damit werden die Namen nicht entwertet, sondern als subtilere Macht der
unerkannten Klischeehaftigkeit gewürdigt. Um dabei die Subtilität zu erhalten,
wird diese verborgene Wirkung der Namen nicht entlarvt, sondern vermutend nahegelegt: „Peut-être même la simplification de ces images fut-elle une des causes
de l'empire qu'elles prirent sur moi." (P 382) Zum Erlebnis wird diese Macht des
Namens, wenn der Erzähler seine Vorbereitung auf die Reise beschreibt. Obwohl
es ihm hauptsächlich auf die Architektur und die Museen, also auf das künstle-
risch-ästhetische Erlebnis der Städte ankommt, wird seine Vorfreude am intensivsten nicht durch Architektur- und Kunstreiseführer, sondern durch die Eisen-
bahnfahrpläne erregt. Dort wirkt der Name Florenz auch für den Kunstreisenden
viel suggestiver als in aller Kunstliteratur über Florenz: „Et, bien que mon exal-
tation eût pour motiv und désir de jouissances artistiques, les guides
l'entretenaient encore plus que les livres d'esthétique et, plus que les guides,
l'indicateur des chemins de fer." (P 384) Der Wunsch nach einem Genuß nährt
sich am intensivsten nicht von den Worten und Begriffen, die ihn beschreiben
könnten, sondern von dem bloßen Namen, der diesem Wunsch den Realitätsbe-
zug verbürgt und dabei doch – darin aber unerkannt – vor allem in seiner bestimmten Klischeehaftigkeit wirkt. Das sind die in Prousts Roman reflektierten
und vergegenwärtigten „lois propres" (P 380) der Eigennamen. Es sind die Gesetze, nach denen sie Wunschvorstellungen ihre Realität verheißen, aber auch
wieder entziehen können. Das ist die ironische Schlußwendung in diesem Abschnitt. Durch die im Namen „Venise" gegenwärtige „atmosphère marine" wird
der junge Ich-Erzähler durch seine intensive Vorstellungskraft so seekrank, daß
ihm auf unabsehbare Zeit jede Reise verboten bleibt (vgl. P 386). Motivisch –
Venedig und die Seekrankheit – ist das ein oberflächlicher Witz. Eine subtilere
Ironie liegt darin, wie die in langen Passagen dargestellte Wirkung der Namen
hier plötzlich ins Gegenteil umschlägt. Statt daß sie die Erfüllung der in ihnen

kondensierten Wunschvorstellungen gewähren, schieben sie sie durch schädlich übersteigerte Illusionierung ins Unbestimmte auf. Die Illusionskraft des Namens verbindet nicht mit dem, sondern hält fern von dem, was er bezeichnet. Genau diese Wirkung wird sich mit dem Namen Gilberte wiederholen. Aus dieser Perspektive des Romans läßt sich die Funktionsanalogie zwischen Gilberte und Parmenides noch um einen Schritt verlängern. Die bei Proust dargestellten „lois propres" der Namen geben Aufschluß darüber, wie bei Heidegger „Parmenides" nicht metonymisch zum Text und dessen Verständnis hin, sondern davon abführt, wie die Aufladung des Namens zum Wahrheitsanspruch die in den Namen projizierte eigene Wunschvorstellung historisch belegen soll, dabei aber tatsächlich die unter dem Namen überlieferten Fragmente zum Klischee reduziert. Schon Heidegger spricht mit einer Ironie, die allerdings nicht auf sich selbst, sondern gegen seine Kritiker gerichtet ist, von der „bereits schon sprichwörtlich gewordenen Gewaltsamkeit und Einseitigkeit des Heideggerschen Auslegungsverfahrens"[14]. Dessen einziges und immer gleiches Ziel trifft Rorty sehr genau, wenn er bemerkt, daß es Heidegger immer nur darum gehe, „that the great philosopher (or poet) whose text is being examined was anticipating *Sein und Zeit*" (R 113). Der Vergleich mit Proust läßt in diesem „Auslegungsverfahren" eindringlich die Funktion der Namen erkennen: deren Überführung von der gebräuchlichen Metonymie zur Illusion. So wie Heidegger die Namen „Parmenides" und „Heraklit" verwendet, sollen sie überreden, daß Heideggers Philosophie eine ursprüngliche Wahrheit wiedergewinne und daß es eine philosophische Position jenseits der überlieferten Sprache der Philosophie gebe. Damit werden sie zur Suggestion, die vom Verständnis der Texte, mit denen sie verbunden sind, wegführt. Mit dieser Einsicht in die Funktion der Namen ist nicht nur über Heidegger, sondern zugleich auch über Rorty Aufschluß zu gewinnen.

Denn auch Rorty gebraucht Namen im strategischen Kontrast zu aller begrifflich argumentierenden Sprache. Und auch bei ihm liegt darin das Prinzip seiner Philosophie. Wo alle begrifflich-allgemeinen Wahrheits- und Erkenntnisansprüche geleugnet werden, behalten nur die Eigennamen ihre Gültigkeit. Im Gegensatz zu Heidegger stellt sich dies bei Rorty aber nicht als pathetische Überbietung, sondern als Reduktion der traditionellen Philosophie dar. Im Ton ist sie berechnet salopp, zehrt sie von der Nonchalance, die philosophiegeschichtlichen Probleme als solche gar nicht mehr ernst zu nehmen. Diesmal aber werden sie nicht – wie in Carnaps Perspektive – als Scheinprobleme entlarvt, sondern privatisiert. Das Verfahren, mit dem dies geschieht, kann man als Umkehrung der Metonymie bezeichnen: Wo sonst der Autorname für ein Werk eintritt, bleibt nun umgekehrt von dem Anspruch eines Werkes nichts als der Eigenname, die Markierung einer Individualität. „Heidegger is thus writing about himself, his own predicament, when he claims to be writing about somebody else's - 'Europe's'." (R 114) Unter

---

[14] Heidegger, Einführung in die Metaphysik (Anm. 2), S. 134.

dieser Voraussetzung ist deshalb die Formulierung „Reading Heidegger" (R 118) bei Rorty nicht als gebräuchliche, sondern als umgekehrte Metonymie zu verstehen. Indem sie ein Werk zur Person macht, ist sie die Grundfigur in Rortys eigenem „Auslegungsverfahren", das die philosophischen und philosophiegeschichtlichen Argumente als private, durch die aktuelle Lebenssituation bedingte Selbstbeschreibung und Selbstbehauptung erweisen will. Deshalb ist es auch konsequent, daß Rorty zu Beginn seines Proust-Nietzsche-Heidegger-Kapitels statt eines Textvergleichs „a comparison of both men with Proust" (R 99) ankündigt. Der Werkbezug der Namen wird zurückgedrängt durch die Vorstellung der sich schreibend selbstbehauptenden Individuen. Daß damit ein hergebrachter Biographismus Einzug hielte, verhindern Rortys Thesen zur Dezentriertheit des Individuums. Sie lassen kein begründetes Abhängigkeitsverhältnis zwischen den Werken und anderen Lebensäußerungen eines Autors zu.[15] Die beiden „men" (R 99), die Rorty mit Proust vergleicht, die „exemplary, gigantic, unforgettable figure" (R 118), als die er Heidegger liest, beziehen sich also ausdrücklich nicht auf die realen Personen, die biographischer Forschung zugänglich wären. Rortys Metonymien sind vielmehr personifizierte Texte, Kunstfiguren, in denen sich die Textauslegung zu einer Art Psychogramm kondensiert. An einer Stelle wählt Rorty ein Wort, dessen literarhistorische und stimmungshafte Konnotationen von dem sonst saloppen Pragmatismus abstechen. Es ist das Wort 'poetisieren'. In einer Attitüde romantischer Gegenaufklärung stellt Rorty es den Begriffen Rationalisierung und Verwissenschaftlichung entgegen und bringt damit sein Plädoyer für eine literarische Kultur auf die Hoffnungsformel: „the hope that culture as a whole can be 'poeticized' rather than as the Enlightenment hope that it can be 'rationalized' or 'scientized'" (R 53). Durch die Anführungszeichen, die Rorty setzt, werden diese Kontrastbegriffe als nur noch zitathaft zu vergegenwärtigende Vorstellung aus der eigenen Überzeugung entrückt. Darin liegt eine Kunst des ironischen Theoretisierens: Große Worte werden vorgebracht und zugleich in ihrer Geltung in Frage gestellt; zudem wird durch das Vergleichsadverb „rather" die Emphase des Gegensatzes zu einer Sache der Abwägung gedämpft. So beweist Rorty ein subtiles Vermögen, traditionelle Schlagworte und deren Streitstellungen zugleich zu aktualisieren und zu ironisieren. Damit kommt er denjenigen Texten nahe, die den Ausdruck 'poetisieren' mit größtem Einfluß in Kurs gesetzt haben: den philosophisch-poetologischen Fragmenten Friedrich Schlegels und Novalis'. Anders als Rorty setzen die Frühromantiker die Poesie dabei bekanntlich nicht als Opposition gegen die Wissenschaft, sondern wollen sie als deren Aneignung und Überbietung verstehen. Mit der 'Universalpoesie' aber hat Rorty nichts zu tun. Denn in seinem Kontext bedeutet 'Poetisierung' nichts ande-

---

[15] „But if one holds the view of the self as centerless which I put forward in Chapter 2, one will be prepared to find the relation between the intellectual and the moral virtues, and the relation between a writer's books and other parts of his life, contingent." (R 111)

res als Privatisierung, die sich nach seinem grundsätzlichen Literaturverständnis in eine theoriekritisch negative und eine mitleidsästhetisch positive Intention teilt. Dennoch kann die Rückerinnerung an die Frühromantik heuristisch nützlich sein. Friedrich Schlegels und Novalis' Texte zeigen, daß die Rede von der 'Poetisierung' ihre Qualität nicht darin hat, was sie programmatisch fordert und entwirft, sondern in ihren konkreten sprachlichen Verfahren, wie sie die Poetik in eine wissenschaftlich und philosophisch weite Perspektive öffnet und dabei aus dem Bewußtsein poetisch-rhetorischer Kategorien eine Kritik der wissenschaftlichen Begriffssprache entfaltet. Deshalb ist 'Poetisierung' bei Schlegel und Novalis nicht als Postulat, sondern als eine literarische Praxis der Theoriebildung interessant. Und genau darin liegt ihr Vergleichswert für das Verständnis von Rorty. Denn auch bei ihm ist 'Poetisierung' nicht so sehr als Postulat, nicht in der zugehörigen thesenhaften Programmatik interessant, sondern vielmehr als literarische Praxis des Theoretisierens. Das zentrale Verfahren in Rortys Text, die Umkehrung der Metonymie: das ist eine konkrete Form von 'Poetisierung' – nicht gleich der Kultur insgesamt, aber doch desjenigen Teils von ihr, um den es Rorty in erster Linie geht – der Philosophie. 'Poetisch' ist Rortys Verwendung der Philosophennamen im etymologischen Sinne, weil sie Kunstfiguren schafft. 'Poetisch' ist sie aber auch in einem stimmungshaften Sinne, weil sie die Diskussion philosophischer Texte in eine affektreiche Schilderung psychischer Spannungsmomente überführt. So interpretiert Rorty Hegels, Nietzsches und Heideggers Texte, indem er persönliche Konflikte der Selbstbehauptung gegenüber der philosophischen Tradition zu vergegenwärtigen versucht. Dreimal die 'Rolle des letzten Philosophen', aber nun unter Ausblendung aller zugehörigen begriffs- und problemgeschichtlichen Perspektiven als dramatisierte Innenansicht leidender Gelehrter. Daß sie die Bücher der großen Philosophen nicht nur gelesen, sondern als Bedrohung ihrer eigenen Selbstbestimmung erlitten haben, sei ihr gemeinsames Schicksal, das sie durch je eigenwillige Neubeschreibung dieser bedrohlichen Bücher meisterten (vgl. R 97). Das ist eine eigene Art von Professoren-Poesie, deren Schlüsselmotiv aus dem Märchen stammt: Hegels, Nietzsches und Heideggers Neubeschreibungen der traditionellen Metaphysik, sagt Rorty, wolle wie der entzaubernde Name wirken, der fremde Macht breche und gefügig mache. So faßt er die drei Philosophen in seiner Typologie der 'ironischen Theoretiker' zusammen: „The ironist wants to find philosophy's secret, true, magical, name – a name whose use will make philosophy one's servant rather than one's master." (R 97) Diesen letzten Satz setzt Rorty in Parenthese. Zudem kennzeichnet er die darin vorgebrachte Vorstellung von Namenzauber als metaphysisch und deshalb irreführend („Metaphysically, and so misleadingly, put" R 97). Daß er trotzdem nicht auf sie verzichtet, daß er gegen seine antimetaphysischen und pragmatisch nüchternen Grundsätze dieses Märchenmotiv wählt, hat mit seinem Verfahren der 'Poetisierung' zu tun. Denn die Vorstellung, daß Hegel, Nietzsche und Heidegger vor ihren Bücherschränken sitzen wie die Königin vor Rumpelstilzchen, macht

Rortys Professoren-Poesie erst lebendig. Die weiteren Motive, die Rorty noch verwendet, sind eine Mischung aus pointenhaft neuen Vergleichen und Klischees, pointenhaft neu der Vergleich vom philosophisch behaupteten 'Ende der Metaphysik' mit Prousts Schriftstellerdasein auf dem Sterbebett (vgl. R 99), klischeehaft etwa die psychologisierende Verbindung Nietzsches mit seiner Figur des 'Übermenschen' (vgl. R 106) oder die Erklärung Heideggers aus seiner provinziellen Herkunft („a Schwarzwald redneck" R 111). „Les noms ne sont pas très vastes; c'est tout au plus si je pouvais y faire entrer deux ou trois des 'curiosités' principales" (P 382): Die klischeehafte Simplifizierung der Namen, deren Wirkung in Prousts Roman dargestellt wird, ist die Kehrseite von Rortys Poetisierung als Personalisierung der Philosophie. Deren kritische Absicht ist es, allgemeine Theorieansprüche auf ihren Verfassernamen zu bringen, damit sie als private Selbstbehauptung lesbar werden. Was aber an Selbstbehauptungsfiguren herauskommt, ist eine Mischung aus Klischees und gesuchten Pointen. In seiner allgemeinen Intention also ist diese Art von 'narrative turn' (vgl. R xvi) eine Befreiung zur Banalität. Denn auch das als Pointe gewählte Märchenmotiv wie auch die Analogie der „deathbed self-redescription" (R 99) sind keine kritischen Analysen, sondern eher theatralisch effektvolle Reduktionen philosophischer Diskussion. In Einzelfällen jedoch, wo es sich von der allgemeinen Intention ab einem konkreten Textvergleich zuwenden kann, wird aus der gesuchten Pointe mehr. Dann zeigt sich eine heuristische Funktion provokant verbundener, gezwungener Vergleichspaare. Parmenides und Gilberte sind so ein heuristisch provokantes Paar.

Ulrich Ernst (Wuppertal):

Der Dichter als 'Zifferant'
Zu Schnittstellen zwischen Lyrik und Kryptographie

...und weil ich ohne Ruhm zumelden / ein zimblicher Zifferant bin / und mein ge-
ringste Kunst ist / ein Brieff auff einen Faden: oder wohl gar auff ein Haar zuschreiben / den wohl kein Mensch wird außsinnen oder errathen koennen / zumah-
len auch vor laengsten wohl andere verborgene Schrifften auß*speculiert*; als die
Steganographiæ Trythenio seyn mag...
(Grimmelshausen, Continuatio IX)

Im gegenwärtigen Wissenschaftsdiskurs gewinnt das Fach Allgemeine Literaturwissenschaft zunehmend an Bedeutung, die nicht zuletzt aus einer dreifachen
Profilierung resultiert: in Methodologie, Literaturtheorie und Komparatistik. Es
versteht sich dabei von selbst, daß innerhalb dieser Trias bei konkreten For-
schungsvorhaben Schwerpunktsetzungen nötig sind, die bei den folgenden Ausführungen im Bereich der Komparatistik liegen.[1] Grundsätzlich betrachtet, ist
Komparatistik nicht auf die Literatur Europas beschränkt, wiewohl ihr durch die
europäische Einigung gegenwärtig besondere Aufgaben zuwachsen, sondern
kann auch Fragen des Kulturvergleichs aufgreifen, darüber hinaus im Rahmen einer angestrebten Interdisziplinarität das Verhältnis der Literatur zu anderen Künsten und Wissenschaften reflektieren. Vergleichende Literaturwissenschaft als
Teil der Allgemeinen Literaturwissenschaft ist in der Orientierung auf ihren Gegenstand nicht nur transnational und bedingt sogar transdisziplinär, sondern zugleich, mag es hier in der Praxis auch immer noch hapern, transepochal ausge-
richtet. Im folgenden soll versucht werden, mit Blick auf einige Autoren lateini-
scher, englischer und deutscher Gedichte die Berührungspunkte zwischen Lyrik
und Kryptographie[2] epochenübergreifend in das Gesichtsfeld zu rücken.[3] Beziehungen zwischen Gedichten und Geheimschriften lassen sich vielleicht schon bei

---

[1] Zum theoretischen Hintergrund vgl. immerhin Otto Lorenz: Chiffre. In: Reallexikon
der deutschen Literaturwissenschaft. Hg. von Klaus Weimar, Bd. I, Berlin 1997, S. 299-
301; Ernest W. B. Hess-Lüttich: Code, ebd., S. 307-310.
[2] Für Methoden und Geschichte der Kryptographie immer noch grundlegend ist das
Werk von David Kahn: The Codebreakers. The Story of Secret Writing, New York
1967. Vgl. Rudolf Kippenhahn: Verschlüsselte Botschaften. Geheimschrift, Enigma und
Chipkarte, Reinbek 1997; Friedrich L. Bauer: Entzifferte Geheimnisse. Methoden und
Maximen der Kryptologie, Berlin ²1997; Gerhard F. Strasser: Lingua Universalis.
Kryptologie und Theorie der Universalsprachen im 16. und 17. Jahrhundert, Wiesbaden
1988.
[3] Vgl. in diesem Zusammenhang auch meine demnächst erscheinende Studie: Poetische
Chiffren. Kryptographie als ästhetisches Paradigma in der europäischen Literatur. Vgl.
ebenfalls Rainer Stamm: Unlesbare Schriften und verborgene Bücher in Umberto Ecos
Roman *Il Nome della Rosa*. In: Poetica 28 (1996), S. 386-407.

den Ägyptern nachweisen, die nicht nur als Erfinder der Kryptographie gelten,[4] sondern von denen auch als Lesepuzzle konstruierte Gedichte auf Götter, sog. Kreuzworthymnen mit textpermutativer Struktur, überliefert sind.[5] Bei den Griechen, die bereits einen militärischen Zwecken dienenden Decodierungsstab, die sog. Skytale, entwickelt haben, begegnet man poetischen Chiffrierungsverfahren vor allem in der Epoche des Hellenismus, in der neben dem Figurengedicht, das z.T. komplizierte Griphostechniken verwendet, mit Verschlüsselungsformen wie Anagramm, Palindrom und Akrostichon experimentiert wird.[6] Nachdem sich bei den Römern schon Herrscher wie Caesar und Augustus bei ihrer Korrespondenz kryptographischer Methoden bedient haben, entstehen in der Kaiserzeit auch poetische Formen der Chiffrierung, einmal Kreuzwortlabyrinthe in Gestalt der *tabulae iliacae*, zum andern Gittergedichte mit steganographischen Metatexten, die am Hof Konstantins des Großen von Optatianus Porfyrius geschaffen werden.[7] Da Lyrik in ihren ältesten Ausprägungen vermutlich auf Zauberformeln und Orakelpoesie zurückgeht, deren Dunkelheit fast gattungskonstitutiv ist, verwundert es nicht, daß in der römischen Antike auch Zauberquadrate entstehen, darunter die berühmte Satorformel, die einen Text präsentiert, der in verschiedene Richtungen lesbar ist. Die für das Quadrat charakteristische Palindromform rückt das Gebilde, dem man cum grano salis Gedichtstatus zuerkennen kann, an kryptographische Traditionen heran, ohne daß sich allerdings schon bei den frühen Zeugnissen der römischen Kaiserzeit ein fester Zusammenhang dingfest machen läßt. Immerhin begegnet eine Satorformel in Geheimschrift am Ausgang des Altertums, allerdings nicht vor dem 5. Jahrhundert n. Chr., im Papyrus Vindobonensis G 40906, wo sie sechsmal (dreimal paarweise untereinander) geschrieben steht.[8] Trotz verschiedener Berührungspunkte läßt sich ein unmittelbarer Zusammenhang zwischen Kryptographie und Dichtung bei einem Autor im europäischen Kulturraum erst im Frühmittelalter nachweisen, und zwar bei Bonifatius, dem 'Apostel der Deutschen', der, in seiner Jugend als Scholaster im angelsächsischen Kloster Nursling tätig, Unterrichtsbücher in Metrik und Grammatik verfaßt und darüber hinaus höchst artifizielle mittellateinische Gedichte produziert hat, die steganographische Intexte aufweisen. So hat er im Anhang eines Briefes

---

[4] Vgl. Jan Assmann: Zur Ästhetik des Geheimnisses. Kryptographie als Kalligraphie im alten Ägypten. In: Aleida und J. Assmann (Hg.): Schleier und Schwelle, Bd. 1: Geheimnis und Öffentlichkeit, München 1997 (Archäologie der literarischen Kommunikation V), S. 313-327.

[5] Vgl. Ulrich Ernst: Carmen figuratum. Geschichte des Figurengedichts von den antiken Ursprüngen bis zum Ausgang des Mittelalters, Köln 1991, S. 12-22; vgl. H. M. Stewart: A Crossword Hymn to Mut. In: Journal of Egyptian Archaeologie 57 (1971), S. 87-104.

[6] Vgl. Ulrich Ernst, ebd., S. 50ff., 74ff.

[7] Vgl. Ulrich Ernst, ebd., S. 95ff., 388ff.

[8] Vgl. H. Harrauer: Die Sator-Formel in Geheimschrift. In: Römische Geschichte, Altertumskunde und Epigraphik. Fs. für A. Betz, Wien 1985, S. 299-301; Ulrich Ernst, ebd., S. 435.

an Nithart Verse komponiert, die den Namen des Adressaten als Akrostichon exponieren, und, orientiert am porfyrianischen Formmodell, ein christliches Gittergedicht mit einer Kreuzfigur innerhalb einer Raute konstruiert.[9] In der Tradition der von den Angelsachsen gepflegten Rätseldichtung, für die der Name des manieristischen Formkünstlers Aldhelm von Malmesbury steht, der von Umberto Eco für die Postmoderne wiederentdeckt wurde,[10] hat Bonifatius auch zwanzig 'Aenigmata' komponiert: Gedichte, die zehn Tugenden (Caritas, Fides catholica, Spes, Iustitia, Veritas, Misericordia, Patientia, Pax vere christiana, Humilitas, Virginitas) und zehn Laster (Cupiditas, Superbia, Crapula Gulae, Ebrietas, Luxoria, Invidia, Ignorantia, Vana Gloria, Iactantia, Neglegentia, Iracundia) behandeln, die stets als namenlose Sprecher fungieren; die Gedichte sind jeweils mit einem Akrostichon versehen, das die Lösung des Rätsels in Gestalt der Tugend- bzw. Lasterbezeichnung bietet. Dieses poetische Verfahren sei am Beispiel des Rätselgedichts auf die Hoffnung exemplifiziert:

> S ancta comes faustos omnes comitata perhortor
> P erpetuam meritis caelo comprendere vitam.
> E t sine me scandit nullus per culmina caeli,
> S ed tristem ac miseram post illinc facta secernunt:
> F ortunata nimis, si non mentita fuissem,
> A urea promittens starent ut ludicra mundi.
> T errigenas iugiter duco ad caelestia regna,
> U iribus ut freti tradant ad corpora poenas,
> R egmina venturi captantes aurea saecli.[11]

Das lyrische Werk des Bonifatius mit seiner Technik geheimer Botschaften, die in einem Basistext verschlüsselt sind, erscheint in einem besonderen Licht, wenn man sich vergegenwärtigt, daß sich der Autor de facto mit Kryptographie beschäftigt hat, ja als 'Experte' für eine Buchstaben durch Punkte ersetzende Geheimschrift hervorgetreten ist, wie uns Hrabanus Maurus in seinem Traktat 'De inventione linguarum' berichtet.[12] Offensichtlich kannte der Angelsachse aber

---

[9] Vgl. Ulrich Ernst, ebd., S. 160-167.

[10] Umberto Eco: Das offene Kunstwerk, Frankfurt a. M. [6]1993, S. 424f.

[11] MGH, Poet. Lat., I, S. 5. Vgl. auch die Ausgabe: Bonifatius: Aenigmata. Hg. und übers. von F. Glorie, Turnhout 1968 (CChr 133), S. 273-343.

[12] PL 112, 1584: „Genus vero huius descriptionis, tam quod supra cum punctis V et vocalibus quam subtus cum aliis vocalibus quam solitum est informatum continetur, fertur quod sanctus Bonifacius archiepiscopus ac martyr, ab Angulsaxis veniens, hoc antecessoribus nostris demonstrarit. Quod tamen non ab illo inprimis coeptum est, sed ab antiquis istius modi usus crevisse comperimus." Vgl. Bernhard Bischoff: Übersicht über die nichtdiplomatischen Geheimschriften des Mittelalters. In: B.B.: Mittelalterliche Studien, III, Stuttgart 1981, S. 124,137,140; Wilhelm Levison: England and the Continent in the Eigth Century, Oxford [2]1956, S. 292f. Die Methode der Buchstabensubstitution durch Punkte geht vermutlich auf Aeneas Tacticus (4. Jahrhundert n. Chr.) zurück; Aeneas

auch andere Verschlüsselungssysteme: So begegnet eine primär auf dem griechischen Majuskelalphabet basierende Geheimschrift des Bonifatius und seines Freundes Lul in der Wiener Handschrift der Bonifatius-Briefe (ÖNB,Cod. 751).[13] Jedenfalls finden wir in dem mittellateinischen Autor den ersten Dichter, der sich nachweislich mit Geheimschrift befaßt hat und von dem man annehmen kann, daß er auch in seinen artistischen Gedichten eine der Kryptographie analoge Konzeption verfolgt. Die Verbindung von Rätseldichtung und Geheimschrift tritt uns auch im Zusammenhang mit den 'Enigmata risibilia' in dem Cod. 205 (Karlsruhe, Bad. Lb., S. 70) vom Anfang des 10. Jahrhunderts aus dem Kloster Reichenau entgegen, unter denen sich auch eine lateinische Fassung des bekannten Rätsels vom Vogel federlos befindet. Überschrift und Lösungen sind in Geheimschrift fixiert, die sich an der Substitutionsmethode orientiert, nach der hier die Vokale durch die jeweils im Alphabet folgenden Konsonanten ersetzt werden, z.B. risibilia = rkskbklkb.[14] Im 9. Jahrhundert hat auch Hrabanus Maurus, der sich in dem schon erwähnten Traktat mit Geheimschriften beschäftigt, Gittergedichte verfaßt, die in vieler Hinsicht poetische Chiffriermethoden des spätantiken Dichters Optatianus Porfyrius übernehmen. Die in seinem 'Liber de laudibus sanctae crucis' versammelten Gedichte, allesamt Hymnen auf das heilige Kreuz, sind so gestaltet, daß ähnlich wie schon bei dem *carmen figuratum* des Bonifatius aus einem linearen Basistext Figuren in Kreuzform herausgehoben sind, die aus geometrischen Elementen, Buchstaben, Zahlzeichen, Bildern oder Bildteilen formiert sind, die jeweils Intexte aufweisen. Als Exemplum sei auf ein visuelles Gedicht verwiesen, daß die Buchstaben CRUX SALUS auf figuraler Ebene in Kreuzform anordnet, denen die Namen der neun Engelschöre als Intexte (Angeli, Arcangeli, Virtutes, Potestates, Principatus, Throni, Cherubin, Seraphin) eingeschrieben sind.[15] Das Gedicht hat somit eine komplizierte steganographische Struktur, sofern es über den linearen, aus Hexametern bestehenden Basistext als verborgene Botschaften noch zwei weitere Metatexte enthält, den aus überdimensionierten Lettern formierten figuralen Text und den aus Engelnamen bestehenden Intext, die ohne optische Markierungen, z.B. Einfassungen durch Linien, für den Leser nicht transparent wären. Trotz dieser Entschlüsselungssignale im Textkorpus selbst hat Hraban seinen Figurengedichten noch Kommentare beigegeben,

---

Tacticus. With an English Translation by the Members of The Illinois Greek Club, c. 31, §§ 30-31, London 1928, S. 170f.
[13] Bernhard Bischoff, ebd., S. 131.
[14] Vgl. Tomas Tomasek: Das deutsche Rätsel im Mittelalter, Tübingen 1994, S. 119; Deutsches Rätselbuch. Hg. von Volker Schupp, Stuttgart 1972, S. 30f., 315; Faksimile bei Georg Baesecke: Das lateinisch- althochdeutsche Reimgebet (Carmen ad Deum) und das Rätsel vom Vogel federlos, Berlin 1948, Tafel II (nach S. 32).
[15] Hrabanus Maurus: In honorem sanctae crucis. Hg. von M. Perrin, Turnhout 1997 (CCCM, C), S. 42. Vgl. Ulrich Ernst: Carmen figuratum (Anm. 5), S. 222-332, hier 262f.

in denen er die Intexte in Klarschrift aufführt. Fungierte das Satorquadrat als Indikator für den Konnex zwischen Magie, Poesie und Kryptographie, bot die Rätseldichtung des Bonifatius poetische Chiffrierungen in Formen des Aenigmas, so verfaßt Hraban religiöse Hymnen mit Verschlüsselungstechniken der Spätantike, transferiert in christliche Allegorese. Insgesamt erweist sich sein mehrfach, textuell, intextuell und ikonisch, kodierter Gedichtszyklus als System eines kunstvollen Zusammenspiels von Verrätselung und Enträtselung, Chiffrierung und Dechiffrierung.

Im Hochmittelalter hat sich Hildegard von Bingen, Autorin theologischer, visionärer und naturkundlicher Schriften, von einer mystischen Grundhaltung aus gleichfalls mit Formen der Codierung befaßt, wie nicht nur ihre kryptologischen Schriften 'Lingua ignota', ein ca. 900 Wörter umfassendes Glossar, und 'Litterae ignotae', ein Alphabet, bezeugen, sondern auch die partielle Graphie ihres Liedes 'O orchis ecclesia' in Geheimschrift.[16] Außerhalb mystischer Traditionsbahnen beschäftigt sich im Spätmittelalter auch Geoffrey Chaucer, der als 'Vater der englischen Dichtung' gilt, mit Spielarten poetischer Verschlüsselung, hat er doch neben einem nach französischer Vorlage verfaßten abecedarischen Gedicht mit mariologischer Thematik[17] eine Romanze unter dem Titel 'The Parliament of Fowls' (1382) verfaßt, die sich wegen ihrer Allusionen auf die Vermählung König Richards II. mit Kautelen zur Schlüsselliteratur zählen läßt.[18] Dieses Faktum verdiente in diesem Kontext keine weitere Aufmerksamkeit, wenn nicht Chaucer in seinem Traktat 'The Equatorie of the Planetis',[19] der sich wie seine Schrift zum Astrolabium mit einem astronomischen Instrument, nämlich dem Äquatorium[20], befaßt, sechs kürzere Passagen in Chiffren eingefügt hätte, die sogar im Autograph erhalten sind.[21] Chaucer hat sich namentlich in den Jahren 1385-1394 mit Astronomie und Astrologie befaßt und bringt gerade in Dichtungen, die in dieser Zeit entstanden sind, die Handlung mit bestimmten Planetenständen in Verbindung, so auch in dem Gedicht 'Parlament der Vögel', in dem das Geschehen am

---

[16] Vgl. Christel Meier: Hildegard von Bingen. In: Die deutsche Literatur des Mittelalters. Verfasserlexikon. Hg. von Kurt Ruh, Bd. 3, Berlin ²1981, Sp. 1274f.

[17] Geoffrey Chaucer: An A B C, in: The complete works. Hg. von Walter W. Skeat, Bd. I, Oxford ²1972, S. 261-271; William F. Friedman and Elizabeth S. Friedman: Acrostics, Anagrams, and Chaucer. In: Philological Quarterly 38 (1959), S. 1-20.

[18] Vgl. Ethel Seaton: The Parlement of Foules and Lionel of Clarence. In: Medium Aevum 25 (1957), S. 168-174.; Katherine T. Emerson: A Reply, ebd. 26 (1957), S. 107-111.

[19] Geoffrey Chaucer: The Equatorie of the Planetis. Edited from Peterhouse MS. 75. I. by Derek J. Price, Cambridge 1955, S. 75ff., 182-187 (Appendix I: Cipher passages in the Manuscript); vgl. Kahn, The Codebreakers (Anm. 2), S. 90f.

[20] Zu dem astronomischen Rechengerät zur Bestimmung von Planetenpositionen und Mondphasen vgl. O. Pedersen: Äquatorium. In: Lexikon des Mittelalters, Bd. 1, München 1980, Sp. 826.

[21] Vgl. Kahn: The Codebreakers (Anm. 2), S. 90, 354, 873.

Valentinstag spielt. Die im Altertum entstandenen Kreuzwortlabyrinthe ziehen sich durch das ganze Mittelalter hindurch und erleben ein Comeback in der Frühen Neuzeit, in der sie überaus häufig im Rahmen der Kasuallyrik Verwendung finden. Zumeist sind sie vom ersten Buchstaben der ersten Zeile oder vom Zentrum aus in verschiedenste Richtungen zu lesen, so daß der reduktive Grundtext in myriadenhafter Spiegelung erscheint. Eine handfeste Verbindung zu der Tradition der Geheimschrift ergibt sich allerdings erst mit dem kryptographischen Handbuch Herzog Augusts von Wolfenbüttel, in dem zu Anfang neben Widmungsgedichten in Form von Anagramm und Chronostichon drei dem Herzog von Johannes Honthemius dedizierte Kuben abgebildet sind, von denen der erste ein Distichon in labyrinthischen Lesestrukturen präsentiert, das unter dem Textblock in Klarschrift mit Wortsegmentierung aufgeschlüsselt wird.[22] In diesem Kompendium begegnen im Kontext mit steganographischen Verfahren, bei denen die Intexte nicht nach Art der Akrosticha und Telesticha von vornherein fest lokalisiert sind, als weitere Beispiele poetischer Verschlüsselung ein einem Bassus gewidmetes *carmen cancellatum* (Nr. XXI) des Optatianus Porfyrius mit einem Intextgitter aus gezackten Linien, die sich zu rautenförmigen Figuren fügen, denen drei Verse: „Publilius Optatianus Porfyrius haec lusi" (oben), „Omne genus metri tibi pangens optume Basse" (unten) und „Hic versus vario colore dispar" (zentriert) einbeschrieben sind,[23] sowie die Praefatio zu Hrabans 'Liber de laudibus sanctae crucis',[24] die als linearen Intext die Sphragis „Magnentius Hrabanus Maurus hoc opus fecit" enthält.[25] In der Barockzeit, in der die kryptologische Traktatliteratur aufblüht und Allusionen auf Verschlüsselungsformen in der Lyrik Platz greifen,[26] etabliert sich das *carmen steganographicum* auch formal als poetische Gattung in der neulateinischen Poetik, so in dem als Handbuch des literarischen Manierismus geltenden Kompendium des R. P. F. Paschasius à S. Johanne Evangelista 'Pöesis artificiosa' (1674), in dem der Autor als Beispiel ein Gedicht bietet, das in seiner aus verschiedenen Alphabeten bestehenden permutativen Verschlüsselungstechnik einem Verfahren folgt, das Johannes Trithemius (1462-1516), der sich auch intensiv mit Hrabanus Maurus beschäftigt hat, in seiner

---

[22] Gustavus Selenus: Cryptomenytices et Cryptographiae libri IX, Lüneburg 1624, C 4. Vgl. Jeremy Adler und Ulrich Ernst: Text als Figur. Visuelle Poesie von der Antike bis zur Moderne, Weinheim ³1990, S.148f.

[23] Publilius Optatianus Porfyrius: Carmina. Hg. von Giovanni Polara, Bd.1, Turin 1973, S. 82.

[24] Hrabanus Maurus, In honorem sanctae crucis (Anm. 15), S. 20-22.

[25] Gustavus Selenus, Cryptomenytices (Anm. 22), S.139f.

[26] Ein Exempel liefert John Cleveland, The Kings Disguise (1647). In: The Poems of John Cleveland. Edited by Brian Morris and Eleanor Withington, Oxford 1967, S. 8f. Vgl. Paul J. Korshin: Deciphering Swift's Codes. In: Proceedings of the First Münster Symposium on Jonathan Swift. Edited by Hermann J. Real and Heinz J. Vienken, München 1985.

'Steganographia'[27] beschrieben hat.[28] An diesem Fall zeigt sich die für die frühe Neuzeit symptomatische Verbindung von Kryptographie, Poesie und Ars combinatoria in der Tradition des Raimundus Lullus.[29] Für die Poetisierung der Kryptographie in der frühen Neuzeit instruktiv ist eine Blattkomposition, die dem Kölner Senator Simon Bourell im Jahr 1699 von seinem Sohn Heinrich Kaspar zugeeignet worden ist.[30] Das von Pyramiden mit aufgepflanzten flammenden Herzen flankierte Kreuzwortlabyrinth präsentiert unter dem Titel 'Carmen Votivo-Cubicum', vom Zentrum aus in verschiedenste Richtung zu lesen, den Vers: „Bourell cantabunt sæcula Patrem"; darunter befindet sich ein 'Carmen Stegano=graphicum' mit folgender Widmung: „Dona Presentata Amanter Respice, Ecce Nati Tui Emblema Metricum" (Schau liebevoll auf die dargebrachten Gaben, siehe da, ein metrisches Emblem Deines Sohnes). Die jeweils nach oben rausgerückten Anfangsbuchstaben der Wörter fügen sich zu einem Hinweis auf den Adressaten: „D: PARENTEM". Der Intext der folgenden, in zwei Spalten geschriebenen und noch zusätzlich verschlüsselten sechs Distichen lautet: „E CORDE MULTOS PRECATUR ANNOS D: SIMONI BOUREL PARENTI AMANDO HENRICUS CASPARUS BOUREL FILIUS".

Das Syndrom von Poesie und Kryptographie wird Jahrhunderte später auch bei Goethe greifbar: Nachdem er bereits als Knabe auf chiffrierte Texte gestoßen ist, wie er in 'Dichtung und Wahrheit' berichtet,[31] hat er sich nachher selbst eines erotischen Codes bedient. Berühmt sind vor allem seine seit September 1815 an die verheiratete Frankfurter Bankiersgattin Marianne von Willemer gerichteten Chiffrebriefe, die auf der deutschen Übersetzung der Werke des persischen Dichters Hafis von J. Hammer-Purgstall basieren.[32] Goethe hat in seinen 'Noten und Abhandlungen zum west-östlichen Divan' in dem Abschnitt 'Chiffer' diese

---

[27] Johannes Trithemius: Steganographia. Hoc est : Ars per occultam scripturam animi sui voluntatem absentibus aperiendi certa [...]. Praefixa est huic operi sua clavis, Frankfurt 1601. Vgl. Thomas Ernst: Schwarzweiße Magie. Der Schlüssel zum dritten Buch der *Steganographia* des Trithemius. In: Daphnis 25 (1996), S.1-205.

[28] Vgl. R.P.F. Paschasius à S. Johanne Evangelista: Pöesis arteficiosa, Würzburg 1974, S. 175-184.

[29] Zu diesem Komplex vgl. Ulrich Ernst: Permutation als Prinzip in der Lyrik. In: Poetica 24 (1992), S. 225 -269.

[30] UB Köln, Rh fol 2354,24; Nr. 192.

[31] Johann Wolfgang Goethe: Aus meinem Leben. Dichtung und Wahrheit. Hg. von Klaus-Detlef Müller, Frankfurt a.M. 1986 (Sämtliche Werke I, 14), S. 48.

[32] Johann Wolfgang Goethe: Napoleonische Zeit. Briefe, Tagebücher und Gespräche vom 10. Mai 1805 bis 6. Juni 1816, Teil II. Hg. von Rose Unterberger (Sämtliche Werke II, 7), Frankfurt a. M. 1994, S. 816f.: „Es wird vermutet, daß Goethe und Marianne von Willemer in diesen Tagen ihren Chiffren-Briefwechsel verabredet haben. Er bestand nur aus Ziffern; sie bedeuteten Band, Seite und Vers von Hamers Hafis-Ausgabe, die Goethe Marianne als Geschenk mitgebracht hatte. Einige der Briefchen sind überliefert, darunter je ein datierter von Goethe und Marianne."

„zwar wohlbekannte, aber doch immer geheimnißvolle Weise, sich in Chiffern mitzutheilen," berichtet, die dann funktioniere, „wenn nämlich zwey Personen, die ein Buch verabreden und indem sie Seiten- und Zeilenzahl zu einem Briefe verbinden, gewiß sind, daß der Empfänger mit geringen Bemühen den Sinn zusammen finden werde".[33] Goethes Aussagen über die erotischen Zwecken dienende Verschlüsselungstechnik, bei der ein Buch als Chiffrierschlüssel dient, beziehen sich auf sein 1815 entstandenes, aus Strophen zu jeweils acht Versen mit Kreuzreim bestehendes Gedicht 'Geheimschrift', das in dem 'Buch Suleika' des 'Westöstlichen Divans' erschienen ist.[34] Während der Dichter hier in der ersten Strophe auf diplomatische Chiffre-Briefe in Zusammenhang mit dem Wiener Kongreß Bezug nimmt, wird in der zweiten Strophe von einem chiffrierten Liebesbrief gesprochen, den Suleika, die diese Art Epistolographie erfunden habe, dem Dichter zukommen ließ. Auf die in dieser und der folgenden Strophe bildhaft angedeutete Übereinkunft unter den Liebenden, ein bestimmtes Buch, hier den Hafis, als Codierungsmittel zu benutzen, geht Goethe ebenfalls in den 'Noten' ein:

> Das Lied, welches wir mit der Rubrik Chiffer bezeichnet, will auf eine solche Verabredung hindeuten. Liebende werden einig Hafisens Gedichte zum Werkzeug ihres Gefühlwechsels zu legen; sie bezeichnen Seite und Zeile die ihren gegenwärtigen Zustand ausdrückt, und so entstehen zusammengeschriebene Lieder vom schönsten Ausdruck; herrliche zerstreute Stellen des unschätzbaren Dichters werden durch Leidenschaft und Gefühl verbunden, Neigung und Wahl verleihen dem Ganzen ein inneres Leben und die Entfernten finden ein tröstlichen Ergeben, indem sie ihre Trauer mit Perlen seiner Worte schmücken.[35]

Somit verbindet sich in der erotischen Botschaft die Kryptographie mit einer Art centonischer Intertextualität, ist doch der zu ermittelnde Klartext aus einem bestimmten Basistext heraus zu destillieren. In der letzten Strophe spielt der Dichter

---

[33] Johann Wolfgang Goethe: Westöstlicher Divan. Hg. von Hendrik Birus, Frankfurt a. M. 1994, Teil I und II (Sämtliche Werke I, 3/1 und 2), I, S. 213.
[34] Johann Wolfgang Goethe, ebd., S. 98f.: „Laßt euch, o Diplomaten! / Recht angelegen seyn, / Und eure Potentaten / Berathet rein und fein. / Geheimer Chiffern Sendung / Beschäftige die Welt, / Bis endlich jede Wendung / Sich selbst in's Gleiche stellt. // Mir von der Herrinn süße / Die Chiffer ist zur Hand, / Woran ich schon genieße, / Weil sie die Kunst erfand. / Es ist die Liebesfülle / Im lieblichsten Revier, / Der holde, treue Wille / Wie zwischen mir und ihr. // Von abertausend Blüten / Ist es ein bunter Strauß, / Von englischen Gemüthen / Ein vollbewohntes Haus; / Von buntesten Gefiedern / Der Himmel übersä't, / Ein klingend Meer von Liedern / Geruchvoll überweht. // Ist unbedingten Strebens / Geheime Doppelschrift, / Die in das Mark des Lebens / Wie Pfeil um Pfeile trifft. / Was ich euch offenbaret / War längst ein frommer Brauch, / Und wenn ihr es gewahret, / So schweigt und nutzt es auch." Vgl. den Kommentar von Birus, ebd., Teil II (Sämtliche Werke I, 3/2), S. 1294-1298.
[35] Goethe, ebd., I, S. 213.

mit dem Begriff 'Geheime Doppelschrift' auf den Palimpsestcharakter des numerologischen Kryptotexts an, der nur als Wegweiser zu der geheimen, aus der Hafis-Ausgabe herauszuziehenden Liebesbotschaft dient. Gleichsam zur Legitimierung dieser Camouflage verweist Goethe unter dem Stichwort „ein frommer Brauch" auf die Fertigkeit der Korankenner und Bibelfesten, sich nur mit Zahlenangaben von Suren und Versen oder entsprechenden Zitatanspielungen zu verständigen:

> Im Orient lernte man den Koran auswendig und so gaben die Suren und Verse, durch die mindeste Anspielung, ein leichtes Verständniß unter den Geübten. Das Gleiche haben wir in Deutschland erlebt, wo vor funfzig Jahren die Erziehung dahin gerichtet war, die sämmtlichen Heranwachsenden bibelfest zu machen; man lernte nicht allein bedeutende Sprüche auswendig, sondern erlangte zugleich von dem übrigen genugsame Kenntniß. Nun gab es mehrere Menschen, die eine große Fertigkeit hatten auf alles was vorkam biblische Sprüche anzuwenden und die heilige Schrift in der Conversation zu verbrauchen.[36]

Um das kryptographische Verfahren einmal an einem Beispiel zu illustrieren, sei auf zwei auf einer Goldschnitt-Visitenkarte überlieferte Chiffernbriefe verwiesen, einen von Goethe mit dem arabischen Namenszug für Suleika als Decknamen-Anrede und den Antwortbrief der Marianne von Willemer mit dem gleichen Namenszug als Unterschrift unter der Datierung auf den 18.10.1815.[37] Beide Briefe bestehen aus zwei Zahlenkolonnen, einer linken mit Seitenangaben und einer rechten mit Versangaben, jeweils aus dem ersten Band von Hammers Hafis-Übersetzung.[38] Aus den kryptischen Zahlenangaben lassen sich die entsprechenden Hafisverse ermitteln, die sich collagenartig zu neuen Texten, hier amourösen Versepisteln, fügen. Wie man resümieren kann, stehen Goethes Chifferngedichte in dem großen Zusammenhang seiner Beschäftigung mit der orientalischen Kultur, deren magische, spielerische und artistische Literaturformen, Buch-Orakel, Blumensprache, Charaden, ihn offenbar nachhaltig fasziniert haben.[39]
Der Dichter, der sich – primär wohl aus einem Interesse an der Kryptoanalyse – am intensivsten, als Journalist, Kryptologe und Erzähler (The Gold Bug, 1843), mit Formen der Geheimschrift beschäftigt hat, war wohl Edgar Allan Poe.[40] In seinem Essay 'A Few Words On Secret Writing' stellt Poe sieben verschiedene Kryptosysteme vor, als fünftes das steganographische Verfahren, mit Hilfe einer

---

[36] Goethe, ebd., I, S. 212f.
[37] Goethe, ebd., I, S. 595, 600f.; zur Kommentierung vgl. Goethe, ebd., II, S. 1734-1736, 1746f.
[38] Goethe, ebd., I, Abb. 18.
[39] Goethe, ebd., I, S. 208-212.
[40] Vgl. W. K. Wimsatt, Jr.: What Poe Knew About Cryptography. In: PMLA 58 (1943), S. 754-779; William F. Friedman: Edgar Allan Poe: Cryptographer. In: American Literature 8 (1936), S. 266-280.

Schablone einen geheimen Text als Intext in einem unauffälligen Schriftsatz zu verstecken.[41] Fragt man danach, ob und inwieweit Poes kryptographische Interessen seine Dichtung beeinflußt haben, so stößt man in seiner Lyrik z.B. auf ein 'An Acrostic' betiteltes Gedicht, das einen chiffrierten Intext aufweist.[42] Das hier vorfindliche Akrostichon ELIZABETH bezieht sich auf Poes Cousine Elisabeth Rebecca Herring, für die er das Gedicht 1829 in ihr Album schrieb; nicht intextuell, sondern durch die Namensinitialen chiffriert ist in diesen Versen der Hinweis auf die Lyrikerin und Romanautorin Letitia Elisabeth Landon (1802-1838). Ein artifizielles Kryptogramm enthält auch ein Valentins-Brief von Poe, bei dem der erste Buchstabe des ersten Verses, der zweite des zweiten, der dritte des dritten usw., diagonal hintereinander gelesen, den Namen der besungenen Dame Frances Sargent Osgood ergeben.[43] Poes lyrische Verwendung von Verschlüsselungstechniken konvergiert mit den ästhetischen Anschauungen des Autors, für die semantische Unbestimmtheit und Mehrdeutigkeit ebenso charakteristisch sind wie die Nähe zum Okkulten; durch die Verbindung von Imagination und analytischer Rationalität wirkte er entscheidend auf Baudelaire und Mallarmé und wurde zum Wegbereiter der modernen Lyrik. Ähnlich wie Poe hat sich auch Lewis Carroll intensiv mit Kryptographie beschäftigt und sogar eine eigene Chiffriertafel unter der Überschrift 'The Alphabet-Cipher'[44] entworfen; anders aber als bei dem Kryptoanalytiker Poe hat die Beschäftigung mit Kryptographie bei Carroll stark ludistische Züge, wie z.B. seine Double Acrostics dokumentieren, von denen eines hier vorgestellt sei:

Double Acrostic

Two little girls near London dwell,
More naughty than like I like to tell.
1
Upon the lawn the hoops are seen:
The balls are rolling on the green.   T ur F
2
The Thames is running deep and wide:
And boats are rowing on the tide.   R ive R

[41] Edgar Allan Poe: Einige Bemerkungen über Geheimschriften. Übers. von Richard Kruse u.a., Olten 1966 (Das gesamte Werk in zehn Bänden, Bd. 9), S. 315f.
[42] Edgar Allan Poe: Ausgewählte Werke. Bd. 3, Dichtung und Briefe. Hg. von Günter Gentsch, Frankfurt a. M. 1990, S. 88f.: "Elizabeth it is in vain you say / "Love not" – thou sayest it in so sweet a way: / In vain those words from thee or L.E.L. / Zantippe's talents had enforced so well: / Ah! if that language from thy heart arise, / Breathe it less gently forth – and veil thine eyes. / Endymion, recollect, when Luna tried / To cure his love – was cured of all beside – / His folly – pride – and passion – for he died."
[43] Edgar Allan Poe, ebd., S. 172f.
[44] Lewis Carroll: The Alphabet-Cipher. In: The complete works. With an introduction by Alexander Woollcott and the illustrations by John Tenniel, London 1989, S. 1156f.

3
The winter-time, all in a row,
The happy skaters come and go.   I   c   E
4
"Papa" they cry, "Do let us stay!"
He does not speak, but says they may.   N   o
D
5
"There is a land," he says, "my dear,
Which is too hot to skate, I fear."   A   fric   A.[45]

Das Gedicht, das aus zwei Einleitungsversen und fünf durchgezählten und wie Strophen gegeneinander abgegrenzten Reimpaaren besteht, präsentiert in der rechten Randzone den fünf Strophen jeweils zugeordnete und kommentierende Begriffe, deren Anfangs- und Endbuchstaben nach dem Modell des Akrotelestichons, jeweils deszendierend gelesen, die Namen jener zwei Mädchen ergeben, die im ersten Vers angesprochen werden: TRINA und FREDA. Besteht zwischen den Strophen und den ihnen zugewiesenen Begriffen ein Verhältnis wie zwischen Frage und Antwort oder zwischen Rätsel und Lösung, so gestaltet sich auch die Relation zwischen den Einleitungsversen und den Akrotelesticha auf der rechten Seite analog. Im Unterschied zu Poe wählte Carroll, der mit seinem Sprachspielen tiefgreifend auf die Moderne, insbesondere auf James Joyce gewirkt hat, relativ einfache kryptographische Formen, wie sie auch den Kindern geläufig sind, so z.B. auch die Spiegelschrift: In seinem Roman 'Through the Looking-Glass and what Alice found there' entdeckt Alice ein Buch, das in Spiegelschrift geschrieben ist:

> She puzzled over this for some time, but at last a bright thought struck her. 'Why, it's a Looking-glass book, of course! And, if I hold it up to a glass, the words will all go the right way again.' This was the poem that Alice read.

> Jabberwocky.

> 'Twas brillig, and the slithy toves
> Did gyre and gimble in the wabe:
> All mimsy were the borogoves,
> And the mome raths outgrabe.[46]

Durch das Erkennen der Clavis und die Entzifferung des Textes, der, weil als Nonsenspoesie doppelkodiert, für den Leser unverständlich bleibt, erhält Alice

---

[45] Lewis Carroll: Double Acrostic, ebd., S. 833.
[46] Lewis Carroll: The Annotated Alice. Alice's Adventures in Wonderland *and* Through the Looking-Glass. Illustrated by John Tenniel. With an Introduction and Notes by Martin Gardner, London 1970, S. 191.

den Schlüssel zu dem Land hinter den Spiegeln. Die Lösung des Kryptogramms ist hier zugleich die Zugangsvoraussetzung zum Betreten dieser geheimnisvollen Region. Einen kindlich-ludistischen Hintergrund hat das Interesse für Geheimsprache und Kryptographie auch bei Stefan George, hat er sich doch schon in seiner Kindheit eine eigene Sprache ausgedacht, deren Reminiszenzen noch in der letzten Strophe seines Gedichts 'Ursprünge' im 'Siebten Ring' (1907) greifbar werden:

> Doch am dem flusse im schilfpalaste
> Trieb uns der wollust erhabenster schwall:
> In einem sang den keiner erfasste
> Waren wir heischer und herrscher vom All.
>
> Süß und befeuernd wie Attikas choros
> Über die hügel und inseln klang:
> CO BESOSO PASOJE PTOROS
> CO ES ON HAMA PASOJE BOAN.[47]

So hat der Dichter während seiner Zeit in Bingen am Rhein im Alter von acht oder neun Jahren eine Geheimsprache für sich und seine Freunde entwickelt, die sich 'Imri' nannten und sich dem imaginären Königreich 'Amhara' zugehörig fühlten. Bei solchen kindlichen Phantasiespielen wurden auch pathetische Gesänge geschaffen, deren Sinn für Außenstehende unzugänglich war, wie die Verse 3f. der letzen Strophe der 'Ursprünge' andeuten. Nachdem der Dichter Griechisch gelernt hatte, schuf er für sich eine eigene gräzisierende Geheimsprache, die wie die Chöre Atticas klingen sollte (V. 5f.).[48] Über dieses in den Versen 7f. noch erhaltene esoterische Idiom, das George auch für schriftliche Aufzeichnungen verwendete, berichtet Ernst Morwitz, der mit dem Autor befreundet war, folgendes:

> Wie geheim der Dichter diese Sprache, in der er sein Leben lang Notizen niederschrieb, zu halten wünschte, habe ich selbst erfahren, als er mir einmal um 1910 eine solche Notiz zeigte – sie waren oft mit Stecknadeln an die Wand seines Zimmers geheftet – und mich fragte, ob ich ihren Sinn verstände. Da mir das Geschriebene als dem Griechischen verwandt erschien, versuchte ich von dieser Richtung her den Sinn zu erraten. Was ich hervorbrachte, musste etwas Richtiges enthalten haben, denn zu meinem Vergnügen wurde der Dichter aufgeregt, examinierte mich weiter und gab sich erst zufrieden, als meine Auslegungskunst völlig versagte.[49]

---

[47] Stefan George: Der siebente Ring, Stuttgart 1986 (Sämtliche Werke in 18 Bänden, Bd.VI/VII), S. 116f.

[48] Zu einem Entzifferungsversuch vgl. Benjamin Bennet: "Ursprünge". The Secret Language of George's *Der Siebente Ring*. In: The Germanic Review 55 (1980), S. 74-81.

[49] Ernst Morwitz: Kommentar zu dem Werk Stefan Georges, München 1960, S. 290.

Wie Moritz mitteilt, hat Robert Boehringer, der ebenfalls mit George bekannt war und ein zweibändiges Werk über ihn verfaßt hat,[50] kundgetan, daß George bis zu seinem Tod ein blaues Schulheft mit dem ersten Gesang der 'Odyssee' in Geheimsprache in einem Handkoffer aufbewahrte, das, seinem Wunsch folgend, nach seinem Tod ungelesen verbrannt wurde. Aufschlußreich ist auch Georges Hinweis auf den mystischen Ursprung der Geheimsprache, den wir ebenfalls Ernst Morwitz verdanken: "Der Dichter hat übrigens später geäussert, er habe gehört, dass Hildegard von Bingen, deren Kloster auf dem Rupertsberg bei Bingen gestanden habe, eine Geheimsprache entwickelt und verwendet habe, die der seiner "Ursprünge" ähnlich sei".[51] Hatte schon Goethe für seine lyrische Produktion das Werk eines anderen Dichters als Chiffrierschlüssel benutzt, so wird das Problem einer kontingenten und durchgängig intertextuellen Textkonstitution auch in der Moderne thematisiert: So diskutiert Robert Musil in seinem literaturtheoretischen Essay 'Literat und Literatur' das Problem des 'sinnlosen Gedichts', das er an dunklen Versen Hugo von Hofmannsthals exemplifiziert. In diesem Zusammenhang erwägt er auch eine 'kryptoanalytische' Textgenerierung aus einem Prätext, und zwar in Form eines Verfahrens, das darauf hinzielt, "über die Gedichte eines ausdrucksvollen Lyrikers, etwa Goethes, einen Chiffrenschlüssel zu legen oder auf irgend eine andere mechanische Weise bloß jedes x-te Wort oder jede x-te Zeile herauszuheben," und prognostiziert: "Man wird staunen, welche starken Halbgebilde dabei in acht von zehn Fällen zutage kommen."[52]

Geheime Botschaften spielen auch im lyrischen Werk des Nachkriegsdichters Wolfdietrich Schnurre eine große Rolle, der 1989 in Kiel verstorben ist. Schnurre war Mitbegründer der Gruppe 47, wurde 1959 in die deutsche Akademie für Sprache und Dichtung in Darmstadt gewählt und erhielt 1983 den Georg Büchner-Preis. 1956 erschienen seine seit 1945 entstandenen 'Kassiber'-Gedichte, von denen einige auch diesen Titel, eines den Titel 'Klopfzeichen', tragen.[53] Zusammen mit den Kassiber-Gedichten, die metaphorisch aus dem Gefängnis geschmuggelte Botschaften verweisen, enthält die Gedichtsausgabe von 1964 unter der Überschrift 'Formel und Dechiffrierung' auch das Gedicht 'Toter

---

[50] Robert Boehringer: Mein Bild von Stefan George, Düsseldorf 1951 (²1967).

[51] Ernst Morwitz, (Anm. 49) S. 290f.; auch Friedrich Gundolf: George, Berlin ³1930, S. 66, berichtet: "Jahrelang hatte er immer wieder sich Geheimsprachen mit eigenem Laut- und Wortschatz, eigener Grammatik und eigener Schrift ausgesonnen".

[52] Robert Musil: Literat und Literatur (1931). In: R.M.: Essays und Reden (Gesammelte Werke, Hg. von Adolf Frisé, 8), Reinbek 1978, S. 1215. Vgl. Helmut Arntzen: Musil-Kommentar sämtlicher zu Lebzeiten erschienener Schriften außer dem Roman "Der Mann ohne Eigenschaften", München 1980, S. 273.

[53] Wolfdietrich Schnurre: Kassiber. In: W.S.: Kassiber, Neue Gedichte. Formel und Dechiffrierung. Mit einem Nachwort von Walter Jens, Frankfurt a.M. 1964, S. 5-74; vgl. die Arbeit von Rainer Lambrecht: Wolfdietrich Schnurres "Kassiber". Eine systematische Interpretation, Bonn 1980.

Soldat' mit einer Selbstinterpretation. Walter Jens hat die Gedichte Schnurres, der im Zweiten Weltkrieg Soldat war, mehrfach inhaftiert wurde und zuletzt wegen eines Fluchtversuchs in eine Strafkompanie versetzt wurde, wie folgt charakterisiert:

> Die Kassiber sind ernste Gedichte, Klopfzeichen eines Mannes, der den Weg vom Ich zum Wir, von der Frage zum Imperativ zu gehen versucht. Es sind Gedanken der Einsamkeit, des Zellendunkels und der Verhörs-Angst, Selbstaussprachen an der Grenze des Zwiegesprächs, laute Monologe, Mitteilungen eines Häftlings, der Erfahrungen weitersagt, von denen er annimmt, sie könnten auch anderen förderlich sein.[54]

Schnurres poetische Gebilde, die sich durch lakonische Kürze und metaphorische Änigmatik auszeichnen, fungieren als Manifestationen eines subversiven Codes, wie ihn unter anderen Umständen und in anderer Ausprägung schon Heinrich Heine in seinen politischen 'Zeitgedichten' präferiert hat.[55] Fachbegriffe aus der Kryptographie wie Chiffre und Code dringen in der Moderne in verschiedenste Künste und Wissenschaften ein und arrivieren hier zu wichtigen Diskurselementen. Für die literaturwissenschaftliche Beschäftigung mit der modernen Lyrik wurde vor allem der Chiffrenbegriff des Existenzphilosophen Karl Jaspers wichtig, der Chiffren vornehmlich als vieldeutige Sprache der Transzendenz versteht.[56] So operiert z.B. Gottfried Benn im Rahmen seiner Dichtungstheorie pointiert mit dem Begriff der Chiffre,[57] die sich durch ihre Dunkelheit und Vieldeutigkeit nicht nur gegen die Metapher, sondern auch gegen das Symbol abgrenzt. In seinem Essay 'Probleme der Lyrik' zitiert Benn eine Selbstaussage von 1923, in der er die biologische Vorstellung von den animalischen Flimmerhaaren als Tastorganen auf die ästhetische Wahrnehmung appliziert: „Ihre Funktion ist eine spezifische, ihre Reizbemerkung scharf isoliert: sie gilt dem Wort, ganz besonders dem Substantivum, weniger dem Adjektiv, kaum der verbalen Figur. Sie gilt der Chiffre, ihrem gedruckten Bild, der schwarzen Letter, ihr allein." Er fährt dann fort: „Flimmerhaare, die tasten etwas heran, nämlich Worte, und diese her-

---

[54] Ebd., S. 140.

[55] Vgl. Werner Bellmann: Chiffrierte Botschaften. Ästhetische Kodierung und Rezeptionsvorgaben in Heines 'Zeitgedichten'. In: Heine-Jahrbuch 26 (1987), S. 54-77.

[56] Vgl. Gérard Raulet: Die Chiffre im Spannungsfeld zwischen Transzendenz und Säkularisierung. In: Dietrich Harth (Hg.): Karl Jaspers. Denken zwischen Wissenschaft, Politik und Philosophie, Stuttgart 1989, S. 21-42. Zum Codebegriff in der Semiotik vgl. Umberto Eco: Semiotik. Entwurf einer Theorie der Zeichen, München 1987, S. 76ff. Zur Beschäftigung des Autor mit der Kryptographie vgl. U. Eco: Die Suche nach der vollkommenen Sprache, München 1994, S. 135ff., 204ff.

[57] Zur Chiffre bei Benn vgl. Edgar Marsch: Die lyrische Chiffre. Ein Beitrag zur Poetik des modernen Gedichts. In: Sprachkunst 1, 1970, S. 206-240, hier S. 222ff; vgl. auch Reinhold Grimm: Gottfried Benn. Die farbliche Chiffre in der Dichtung, Nürnberg ²1962.

angetasteten Worte rinnen sofort zusammen zu einer Chiffre, einer stilistischen Figur."[58] Die blitzhaft-epiphane Sinnkonstitution des dichterischen Wortes aus Chiffren und ihre kosmische Bedeutung beschreibt die erste Strophe seines Gedicht 'Ein Wort':

> Ein Wort, ein Satz –: aus Chiffren steigen
> erkanntes Leben, jäher Sinn,
> die Sonne steht, die Sphären schweigen
> und alles ballt sich zu ihm hin.[59]

Eine moderne Form des verschlüsselten Gedichts nach dem Model des *carmen cancellatum* verwendet Hans Magnus Enzensberger unter dem Pseudonym Andreas Thalmayr: Sein unter den Oberbegriff Kryptogramm gerückktes 'Nadelgedicht' (1973) aus der Anthologie 'Das Wasserzeichen der Poesie'[60] präsentiert sich fiktiv als Basistext eines Schreibers auf einer Tafel, in dem der Leser bestimmte Buchstaben mit farbigen Stecknadeln markiert, die je nach Farbe eigene Intexte in Form von Zitaten ergeben; so z.B. rot gefärbt: „ALLE VERHÄLTNISSE GILT ES UMZUWERFEN IN DENEN DER MENSCH EIN ERNIEDRIGTES WESEN IST KARL MARX".[61] Im Inhaltsverzeichnis der Sammlung, in dem das Poem als Nr. CXV im Siebenten Hauptstück begegnet, findet sich folgende Bemerkung: „Ein genügend langes Gedicht enthält eine un-

---

[58] Gottfried Benn: Probleme der Lyrik. In: G. B.: Essays - Reden - Vorträge, Wiesbaden 1962 (Gesammelte Werke. Hg. von Dieter Wellershof, Bd. 1), S. 511.
[59] Gottfried Benn: Gedichte, Wiesbaden 1960 (Gesammelte Werke. Hg. von Dieter Wellershof, Bd. 3), S. 208.
[60] Das Wasserzeichen der Poesie oder die Kunst und das Vergnügen, Gedichte zu lesen. In Hundertvierundsechzig Spielarten. Vorgestellt von Andreas Thalmayr. Die Andere Bibliothek. Hg. von Hans Magnus Enzensberger, Nördlingen 1985, S. 350f.
[61] Zu diesem Gedicht hat Enzensberger, ebd., S. 349, eine eigene Erklärung formuliert: „Lesen und Schreiben sind Spiele, zu denen mindestens zwei gehören, ein Schreiber und ein Leser. Der Schreiber steht vor einer großen weißen Tafel und schreibt darauf ein Gedicht, und zwar so, daß sich jede Zeile seines Textes so oft wiederholt , bis die ganze Fläche, die er vor sich hat, der Breite nach mit Schriftzeichen bedeckt ist. Nun tritt der Leser, mit einer Schachtel farbiger Stecknadeln bewaffnet, vor die Tafel. Er denkt sich seinerseits etwas aus, einen Satz aus dem Stehgreif, die Anfangszeile eines Liedes, oder er sucht in seinem Kopf nach einem Zitat. Das, was er gefunden hat, schreibt er nun dem Nadelgedicht ein, und zwar dergestalt, daß er, oben links beginnend, die Buchstaben sucht, die er braucht, und sie, einem nach dem andern, mit einer roten Stecknadel bezeichnet. Hintereinander gelesen, ergeben die rot signierten Buchstaben den Text, den der Leser in das Nadelgedicht eingezeichnet hat - oder war es darin bereits verborgen, und der Leser hat ihn nur sichtbar gemacht? Dieses Spiel läßt sich wiederholen, mit roten, blauen gelben Nadeln, solange, bis dem Leser die Farben ausgehen, solange, bis die Tafel von Nadeln wimmelt."

endliche Menge von anderen Gedichten (Maximen, Freudenschreien, Behauptungen) – man muß sie nur zu finden wissen."[62]
Wie man resümieren kann, hat die Kryptographie in der Geschichte der Lyrik ihre Spuren hinterlassen, poetische Formen wie Palindrom und Anagramm generiert bzw. sich ihrer bedient, dichterische Gattungen wie z.B. das *carmen figuratum* in ihren Bann gezogen, mit dem *carmen steganographicum* sogar ein eigenes *genos* konstituiert, und in der Moderne, die, manieristische Tendenzen der Vormoderne aufgreifend,[63] wieder an Sprachmagie, Hermetismus und *stilus obscurus* anknüpft[64], wenigstens mittelbar innovative Codierungsformen und literarästhetische Reflexionen über Verschlüsselungstechniken initiiert.

---

[62] Hans Magnus Enzensberger, ebd., S. XXI.
[63] Zur Beziehung zwischen Kryptographie und Manierismus vgl. Gustav René Hocke: Manierismus in der Literatur. Sprach-Alchimie und esoterische Kombinationskunst. Beiträge zur vergleichenden europäischen Literaturgeschichte, Reinbek 1959, S. 28ff., 56. Zum Manierismus vgl. auch die Untersuchung von Rüdiger Zymner: Manierismus. Zur poetischen Artistik bei Johann Fischart, Jean Paul und Arno Schmidt, Paderborn 1995.
[64] Vgl. zu diesem Komplex die Studie von Hugo Friedrich: Die Struktur der modernen Lyrik, erweiterte Neuausgabe, Hamburg 1956.

Stefan Hohmann (Wuppertal):

Pegasus im Cyberspace – Kinetische Poesie im Internet

Schon zu Beginn der 60er Jahre hat Herbert Marshall McLuhan in einem etwas schiefen Bild vom Ende der „Gutenberg-Galaxis" gesprochen und damit das Absterben der traditionellen Buchkultur gemeint.[1] Obwohl seitdem diese Aussage von Adepten und Propheten immer wieder als Fanal eines neuen Zeitalters (der „Turing-Galaxis")[2] beschworen wurde, sind wir davon noch weit entfernt. Nach John Cayley, selbst Internet-Poet und -theoretiker,[3] hat die Internet-Literatur das Stadium der *infantia* noch nicht durchschritten.[4] Allerdings sind in den letzten Jahren verstärkt die neuen Medien in den Vordergrund getreten; zunehmend wird das Medium Internet zum Überlieferungsträger von Literatur. Was ist überhaupt Internet-Literatur? In formaler, medialer Hinsicht zunächst Literatur, die nicht in Buchform, sondern elektronisch publiziert wird. Hierin allein kann das Besondere

---

[1] Herbert Marshall McLuhan: The Gutenberg Galaxy, Toronto 1962; vgl. die deutsche Ausgabe: Herbert Marshall McLuhan: Die Gutenberg-Galaxis. Das Ende des Buchzeitalters, Düsseldorf 1968. Stellvertretend für die Rezeption vgl. Norbert Bolz: Am Ende der Gutenberg Galaxis. Die neuen Kommunikationsverhältnisse, München 1993. Vgl. zum Begriff eines neuen, virtuellen „Writing-Space" Jay David Bolter: Writing Space: The Computer, Hypertext, and the History of Writing, Hillsdale NJ 1991. Vgl. zum gegenwärtigen mediengeschichtlichen Diskussionsstand Haiko Wandhoff / Horst Wenzel: Literatur vor und nach Gutenberg: Perspektiven einer integrativen Mediengeschichte. In: Mitteilungen des Deutschen Germanistenverbandes 44/3 (1997), S. 18-29.

[2] Vgl. Volker Grassmuck: Die Turing Galaxis. Das Universal-Medium auf dem Weg zur Weltsimulation. In: Lettre International 28 (1995), S. 48-55; vgl. http://www.race.u-tokyo.ac.jp/RACE/TGM/Texts/tg.d.html. Grassmuck schlägt – bei aller Unsinnigkeit der Frage 'Wer war der Erste?' den britischen Mathematiker Alan Mathison Turing (1912-54) als Namenspatron vor, weil er 'als Erster' im mathematischen Modell der nach ihm benannten Turing-Maschine das Konzept der Universalmaschine formuliert hat. Zum theoretischen Werk vgl. Alan Turing: Intelligence Service. Ausgewählte Schriften. Hg. von Bernhard Dotzler und Friedrich Kittler, Berlin 1987. Zur offensichtlichen Wirksamkeit der Begriffsbildung vgl. Friedrich W. Block: Auf hoher Seh in der Turing-Galaxis. Visuelle Poesie und Hypermedia. In: Heinz Ludwig Arnold (Hg.): Text + Kritik. Sonderband IX (1997), S. 185-202; vgl. auch den Begriff *Dokuverse*, den Theodor Holm Nelson eingeführt hat; vgl. Heiko Idensen: Die Poesie soll von allen gemacht werden! Von literarischen Hypertexten zu virtuellen Schreibräumen der Netzwerkkultur. In: Dirk Matejowski / Friedrich Kittler (Hg.): Literatur im Informationszeitalter, Frankfurt a.M. 1996, S. 143-184, hier S. 146).

[3] Indra's Net: a cybertextual project by John Cayley (http://www.demon.co.uk/eastfield/in/).

[4] „Hypertext, as literature, is still in its infancy." So lautet der erste Satz des Beitrags von John Cayley: MaMoPo : by : PoLiOu, Machine Modulated Poetry by Potential Literary Outlaws (http://www.demon.co.uk/eastfield/in/intheory.html).

jedoch nicht liegen.[5] Vielmehr muß zu der Präsentation in einem neuen Medium auch ein neuer formaler Charakter der Literatur treten. Literatur, die mit ihren Medien experimentiert und nach neuen Formen sucht, ist experimentelle Literatur. So ist es sicherlich kein Zufall, daß gerade die experimentelle Literatur der Vergangenheit schon vielfach ihre Liebhaber im Internet gefunden hat, daß selbst Theoretiker der Konkreten Poesie[6] sich im und zum Internet äußern, so z.B. Reinhard Döhl, Mitbegründer des 'Stuttgarter Kreises' und – als Literaturwissenschaftler – einer ihrer wissenschaftlichen Begleiter.[7] Eine Reihe von Autoren aus der 'Hall of Fame' der experimentellen Literatur ist auch schon im Internet versammelt, wo sie sich auf Homepages tummeln: Raymond Queneau,[8] Georges Perec[9] und Thomas Pynchon[10] etwa. Im Bereich experimenteller Poesie finden sich u.a. Gertrude Stein[11] und, als prominentester deutschsprachiger Vertreter, Ernst Jandl.[12] Doch nicht diesen soll primär die Aufmerksamkeit gelten, deren bekannte Werke hier z.T. einen wiederholten, jetzt elektronischen 'Abdruck' erfahren, sondern denen, die mit neuen Werken produktiv das Medium nutzen. Es soll somit die Frage gestellt werden, in welcher Weise sich im neuen Medium Internet

---

[5] Vgl. Monika Schmitz-Emans: Computertext. In: Reallexikon der deutschen Literaturwissenschaft, Bd. 1 (1997), S. 317-319.

[6] Vgl. Reinhard Döhl: Poesie zum Ansehen, Bilder zum Lesen? Notwendiger Vorbericht und Hinweise zum Problem der Mischformen im 20. Jahrhundert. In: Ulrich Weisstein (Hg.): Literatur und bildende Kunst. Ein Handbuch zur Theorie und Praxis eines komparatistischen Grenzgebietes, Berlin 1992, S. 158-172; ders.: Konkrete Literatur. In: Manfred Durzak (Hg.): Die deutsche Literatur der Gegenwart, Stuttgart 1971, S. 257-284.

[7] Vgl. die Stuttgarter Homepage (http://www.s.shuttle.de/buecherei).

[8] Vgl. zu den 'Cent mille milliards de poèms' die Adresse http://www.panix.com/~todonnel/rqueneau.shtml; vgl. http://interstory.rz.uni-hamburg.de/geschichten/Queneau/queneau_8.html.

[9] Vgl. http://www2.ec-lille.fr/~book/perec/.

[10] Vgl. http://www.pomona.edu/pynchon/index.html.

[11] Vgl. http://www.sappho.com/poetry/g_stein.htm. Zu beachten ist aber vor allem das internationale Projekt 'Epitaph for Gertrude Stein' (Vgl. Reinhard Döhl: Memorial Gertrude Stein [Epitaph Gertrude Stein] von 1996, http://www.s.shuttle.de/buecherei/epistein.htm), an dem eine Reihe prominenter Autoren der internationalen Konkreten Poesie mitwirkten, u.a. Bohumila Grögerová, Josef Hiršal, Ilse und Pierre Garnier, Hiroo Kamimura. Als Initiator dieses Projekts hat Johannes Auer zu gelten (http://www.s.shuttle.de/buecherei/epitaph.htm).

[12] Vgl. die 'Jandl-Hommage' unter http://www.holarchy.com/nav/nav-jandl.htlm; Zu Gedichten von Ernst Jandl gibt es jetzt eine CD, auf der sprachspielerisch die in gedruckten Jandl-Gedichten angelegten Bewegungsmöglichkeiten in ein neues Medium überführt werden: „Visuelle Gedichte schütteln ihre Papierstarre ab und beginnen zu fließen." Vgl. Sven Stillich: Wer schafft es bis zum Zum? Neue Computerspiele aus Gedichten von Ernst Jandl. In: Süddeutsche Zeitung, 30.10.1997, S. 14. Sven Stillich war Preisträger beim ersten Internet-Wettbewerb 1996. Vgl. seine Website (http://www.provi.de/~stillich/tabula/index.htm).

auch neue Präsentationsformen von Literatur etablieren, Formen, bei denen versucht wird, die medientypischen Vorteile mit medienadäquater Nutzung zu verbinden. In der Geschichte der experimentellen Literatur, zur der vor allem lyrische Genres wie die visuelle Poesie seit der Antike, die Konkrete Poesie der Moderne oder die auf rein oralem Vortrag basierende Sound-Poetry zu rechnen sind, aber auch etwa der neue Formen ausprobierende experimentelle Roman der Moderne, ist durchgängig das Phänomen zu beobachten, daß neue Medien in besonderer Weise die Produktion experimenteller Formen der Literatur fördern, ja – nach einer Phase des Übergangs und der Eingewöhnung – die Literatur regelrecht zur Hervorbringung neuer Formen provozieren. In diesem Zusammenhang denke man etwa an die Buchdruckkunst der Frühen Neuzeit,[13] man denke aber auch an Formen wie den Textfilm, Eino Ruutsalos *abc* oder Timm Ulrichs' 3-Sekunden-Film *kino/ikon* von 1969.[14] Zahlreich sind die Vorurteile, die einer solchen Literatur entgegengebracht worden sind und werden; man denke nur an das großordinarische Verdikt von Hugo Friedrich, der die Konkrete Poesie als „Silbenschutt" abqualifiziert hatte.[15] Auch die experimentelle Literatur im Internet hat sich gegen Vorwürfe und Vorurteile zu erwehren, die letztlich aber dieselben sind, welche bereits gegen traditionelle experimentelle Literatur gerichtet waren.[16] Allerdings ist in der Tat ein gewichtiges und längst nicht immer auszuräumendes Argument gegen reine 'Internet-Literatur' als Teil der postmodernen 'Spaßkultur' das der Qualität, wie bereits Reinhard Kaiser in Zusammenhang mit der Nichtverschenkbarkeit professioneller Arbeit festgestellt hat: „Deshalb begegnet man neuerer Literatur, die sich verkaufen läßt, Texten, die ihren Verlag finden können oder schon gefunden haben, im Internet nur selten. Reichlich hingegen findet man solche literarischen Versuche, die ihren Verlag suchen, aber bisher (aus leicht nachvollziehbaren Gründen) nicht gefunden haben."[17] Solche Einwände

---

[13] Vgl. in diesem Zusammenhang Michael Giesecke: Der Buchdruck in der frühen Neuzeit. Eine historische Fallstudie über die Durchsetzung neuer Informations- und Kommunikationstechnologien, Frankfurt a.M. 1991, und die umfangreiche Diskussion, die dieses Buch ausgelöst hat.

[14] Vgl. auch Klaus-Peter Denckers Experimente mit TV-Poesie Anfang der 70er Jahre und die Experimente des Portugiesen Ernesto de Melo e Castro; vgl. hierzu Friedrich W. Block (1997), S. 201f.

[15] Vgl. Hugo Friedrich: Struktur der modernen Lyrik, Reinbek 9 1985, S. 13; vgl. Ulrich Ernst: Kanonisierung, Dekanonisierung, Rekanonisierung. Das Paradigma 'Visuelle Poesie' – Vom antiken Manierismus zur modernen Lyrik. In: Maria Moog-Grünewald (Hg.): Kanon und Theorie, Heidelberg 1997, S. 181-207.

[16] Zur Skepsis „der Hochliteratur gegenüber den elektronischen Medien" vgl. Wolfgang Frühwald: Vor uns: Die elektronische Sintflut. In: DIE ZEIT, Nr. 27, 28.6.1996, S. 38.

[17] Reinhard Kaiser: Nabokoviana, Pynchonalia und andere Schätze. Zwischen poetischen Programmierern und programmierenden Poeten: Zeitgenössische Literatur im Internet. In: Frankfurter Rundschau, 31.8.1996, S. M17. Reinhard Kaiser ist auch der Autor eines Wegweisers durch die Literatur im Internet für den unerfahrenen Benutzer.

sind ernst zu nehmen, allerdings kann eine pauschale Abqualifizierung den Literaturwissenschaftler nicht davor schützen, sich mit neuen, (noch) nicht kanonisierten Formen von Literatur wissenschaftlich auseinandersetzen zu müssen. Eine Literaturwissenschaft, die ihren Gegenstand nur in anerkannten, notgedrungen historischen Produkten einer Höhenkammliteratur begreift, sich damit neuen Entwicklungen verweigert, die immer das Produkt der Gesellschaft sind, in die Wissenschaft hineinwirken muß, droht den Anschluß zu verlieren, im Extremfall sich selbst zu marginalisieren. So stellt Ingo Schneider für die kulturwissenschaftlichen Disziplinen fest: „Sie haben sich zu fragen, welche Auswirkungen die neuen elektronischen Technologien und die durch sie initiierte gesamtgesellschaftliche Dynamik auf ihren Forschungsgegenstand – die populäre Kultur im allgemeinen und die Erzähl-, Schreib- und Lesekultur in unserem Fall – zeitigen können."[18] Bezogen auf die Literaturwissenschaft kann das nur bedeuten, daß ein Festhalten am Buchmedium, ohne sich auf die Medien der Zukunft einzulassen, mit den Worten Hermann Bausingers ein Verkommen zur reinen Reliktforschung bedeuten würde:[19] Die Internet-Literatur ist von der Literaturwissenschaft als Gegenstand zu begreifen. Ein Problem, mit dem dieser Beitrag sich konfrontiert sieht, ist hingegen die Frage: Wie können Konstrukte aus dem Medium Internet (WWW) im Printmedium Buch überhaupt textuell beschrieben werden?[20] Nach Theodor Holm Nelson, dem Schöpfer des Begriffs, ist Hypertext eben gerade nicht druckbar auf Papier; Hypertext ist danach „non-sequential writing; a body of written or pictorial material interconnected in such a complex way that it could not be presented or represented on paper." Hypertext wird verstanden als „the generic term for any text, which cannot be printed."[21] Die in den Printmedien gän-

---

Vgl. Reinhard Kaiser: Literarische Spaziergänge im Internet. Bücher und Bibliotheken online, Frankfurt a.M. 1996. Vgl. Christian Nürnberger: Wie schmecken 3000 Bits? Warum das Internet bis auf weiteres kein Geld verdienen wird. In: Süddeutsche Zeitung 14./15.3.1998, S. 17, der Marktchancen im Internet vor allem für Ware, die aus Bits und nicht aus Atomen besteht, sieht, also: „Musik, Videos, Texte, Software."

[18] Ingo Schneider: Erzählen im Internet. Aspekte kommunikativer Kultur im Zeitalter des Computers. In: Fabula 27 (1996), S. 8-27, hier S. 8.

[19] Vgl. Hermann Bausinger: Volkskultur in der technischen Welt, Stuttgart 1961 (Frankfurt a.M. ²1986), S. 39; vgl. Ingo Schneider (1996), S. 9, zu Bausingers auf die Volkskunde bezogenen Thesen.

[20] Vgl. schon Bernd Wingert: Kann man Hypertexte lesen?. In: Dirk Matejowski / Friedrich Kittler (Hg.): Literatur im Informationszeitalter, Frankfurt a.M. 1996, S. 185-218.

[21] Theodor Holm Nelson: Computer Lib/Dream Machines, Redmond 1987, S. 17. Vgl. Heiko Idensen (1996), S. 168: „Hypertext ist Sprache in Aktion, assoziatives Verknüpfen von Sprachpartikeln, Visualisieren von Ideenfragmenten, Bild-Schirm-Denken, Verzetteln, über-den-Rand-schreiben ..."; vgl. auch Heiko Idensen: Hypertext: Von utopischen Konzepten zu kollaborativen Projekten im Internet (http://www.uni-hildesheim.de/ami/kollab.html). Hypertext kommt dem nahe, was in der Literatuwissenschaft mit dem Begriff 'Intertextualität' (Julia Kristeva) gemeint ist. Deutlicher wird dies noch im Konzept der 'Architextualität' Gérard Genettes, der explizit mit dem Be-

gige Methode ist zunächst das Abdrucken von Adressen (http://www. ... usw.). Im Abbildungsbereich hat sich die photographische Wiedergabe eines Bildschirmbildes etabliert; handelt es sich um Bewegungsbilder, versucht man, wie z.B. jüngst in einer Ausgabe der amerikanischen Zeitschrift *Visible Language*, dies mit einer Reihung von Standbildern einzufangen.[22] Daß solche Lösungen nur Behelfe sein können, liegt auf der Hand. Vielleicht wäre es eine Möglichkeit, dem Buchmedium eine CD-ROM beizulegen, vielleicht wäre es eine Möglichkeit, daß die Fachzeitschriften selbst im Medium abrufbar, daß Internet-Beiträge adäquat im Medium Internet plaziert wären. Langfristig aber wird man in der wissenschaftlichen Aufarbeitung des Phänomens Literatur im Internet nicht auf die Nutzung des Mediums selbst verzichten können. Ein damit zusammenhängendes Problem ist das der Vergänglichkeit der Schrift im Medium Internet, somit ihrer Belegbarkeit in Form eines Zitates. Das, was letztendlich in Buch- oder Aufsatzform erscheint, ist möglicherweise im Netz gar nicht mehr oder in schon veränderter Form enthalten: Im online-Medium Internet gibt es keinen Redaktionsschluß. So beträgt die durchschnittliche Lebenszeit einer Internet-Seite 44 Tage.[23] Heiko Idensen spricht in diesem Kontext von einer „Poetik des Transports";[24] Klaus Peter Dencker sieht hier eine Entwicklung „vom geschlossenen Kunstwerk zum offenen Kommunikationsangebot."[25] Auch wenn hierin nicht

---

griff Hypertext arbeitet: „Es gibt kein literarisches Werk, das nicht, in einem bestimmten Maß und je nach Lektüre, an ein anderes erinnert: in diesem Sinn sind alle Werke Hypertexte." (Gérard Genette: Palimpseste. Die Literatur auf zweiter Stufe, Frankfurt a.M. 1993, S. 9; Original: Palimpsestes, Paris 1982). Daß hypertextuelle Konzepte in der modernen Literatur bereits vorgeprägt sind, ist auch schon mehrfach betont worden. Verwiesen wird neben Thomas Pynchon, Milorad Pavi ('Das Chasarische Wörterbuch') u.a. besonders auf James Joyce's *Finnegans Wake*, dessen 10. Kapitel hypertextuell angelegt erscheint; vgl. zu den diversen Projekten zu James Joyce, u.a. 'Hyperwake': http://astro.ocis.temple.edu/~callahan/hypeproj.html.

[22] Vgl. z.B. Visible Language 30,2 (1996), S. 228.

[23] Um dieser Vergänglichkeit zu begegnen, hat der Amerikaner Brewster Kahle ein Projekt initiiert, das versucht, ein Internet-Archiv zu erstellen, mit dem Ziel, das Netz so komplett wie möglich abzuspeichern; vgl. Ludwig Siegele: Ein Archivar des Netzes. In: Die ZEIT, Nr. 12, 12.3.1998, S. 73; vgl. http://www.alexa.com.

[24] Heiko Idensen (1996), S. 145. Vgl. die netzaktuelle englischsprachige Version: Poetry should be made by all. From hypertext utopias to cooperative net-projects. netculture – cultural networks (http://www.uni-hildesheim.de/ami/hypcolla/); vgl. Heiko Idensen: Hypertext als Utopie. Entwürfe postmoderner Schreibweisen und Kulturtechniken (http://www.forum.uni-kassel.de/interfiction/1995/utopie.htm); vgl. auch Heiko Idensens Projekt einer Internet-Bibliothek über visuelle Poesie (http://www.uni-hildesheim.de/ami/kollab.html), die allerdings den Blick eher verstellt als öffnet, da sie ihre Quellen nicht freilegt.

[25] Klaus-Peter Dencker: Von der Konkreten zur Visuellen Poesie – mit einem Blick in die elektronische Zukunft. In: Heinz Ludwig Arnold (Hg.): Text + Kritik. Sonderband IX (1997), S. 169-184, hier S. 169.

wirklich etwas revolutionär Neues zu konstatieren ist – Hermann Bausinger hat bereits vor über 30 Jahren vermutet, daß „Flüchtigkeit [...] ein Merkmal unserer Zeit und damit auch ihrer popularen Kultur zu sein"[26] scheint, wie auch Umberto Eco schon vor langer Zeit die Kategorie des 'Kunstwerks in Bewegung' als Teil seines Konzepts vom 'offenen Kunstwerk' erkannt hat, das durch den Rezipienten in der Rezeption in seiner originären Perspektive neu erschaffen wird[27] –, die Frage, wie die Literaturwissenschaft auf die Flüchtigkeit ihres Gegenstandes reagieren kann, mit der sich auch vorliegender Beitrag konfrontiert sieht, muß offen bleiben. Wie sieht nun Poesie im Internet aus? Gleich zu Anfang ist festzuhalten, daß in diesem Beitrag nur paradigmatisch auf einzelnes aufmerksam gemacht werden kann. Dies ist auch in den eher sporadischen Möglichkeiten des Zugriffs bedingt. Wissenschaftlich gängige Methoden, wie sie durch das Instrumentarium einer Bibliographie ermöglicht werden, versagen bei der Recherche im Internet. Die anarchische Struktur des Netzes verweigert sich einem nach Vollständigkeit strebenden Zugriff, so daß auch der Wissenschaftler als 'Surfer im Cyberspace' immer wieder von Zufallsfunden leben muß, an die er kommt, wenn er einige der gebräuchlichen Suchmaschinen im Netz aktiviert. Ausdruck dieser Problematik, gleichzeitig ein Schritt in Richtung Abhilfe, sind die Hotlinks, 'Wegweiser' auf Homepages, in denen von Vorgängern gefilterte Rechercheergebnisse gebündelt aufbereitet sind. Solche 'Webliographien' ermöglichen einen ersten Einstieg in die Thematik.[28] Was für Internet-Poesie durchweg zu konstatieren gilt, ist ihre Theoriehaftigkeit, und was dabei sofort ins Auge springt, ist ein geradezu programmatisches Anknüpfen an die literarischen Bewegungen der experimentellen Literatur, besonders der Konkreten Poesie seit den fünfziger Jahren. Theorien zu elektronischen Texten

> reformulieren bezüglich der textuellen Möglichkeiten und Auswirkungen des Computermedium ständig Positionen der modernen Avantgarden, des literarischen Experiments, insbesondere auch der visuellen Poesie. Dies gilt nicht nur in Bezug auf dezidiert literarische Texte, sondern auf jegliches Schreiben und Lesen von Hyper- und Cybertexten. Als grundsätzliche Aspekte werden u. a. die Explizierung von Räumlichkeit und Visualität, die Intermedialität, die Konzeption eines aktiven Lesers als zweiter Autor und die Selbstreflexivität im Gebrauch von Hypertexten betont – Auffassungen wie sie spezifisch für Seh-Texte (Christina Weiß) und den Umgang mit ihnen herausgestellt wurden.[29]

---

[26] Ingo Schneider (1996), S. 24.

[27] Vgl. Umberto Eco: Das offene Kunstwerk, Frankfurt a.M. 1973, S. 41ff.

[28] Vgl. z.B. die 'Selected Webliography on new Media Poetry' von Eduardo Kac (http://ekac.org/Webliolinks.html); zugleich als Anhang in Visible language, 30,2 (1996), S. 234-237. Im deutschsprachigen Bereich wären hier 'OLLi Olivers preisgekrönte Links zur Literatur' zu nennen (http://www.swbv.uni-konstanz.de/olli/).

[29] Friedrich W. Block (1997), S. 187.

Die bewußte Anknüpfung an spezifische Strömungen der literarischen Avantgarde zeigt sich auch bei schon genanntem John Cayley im Titel seines Beitrags 'MaMoPo : by : PoLiOu. Machine Modulated Poetry by Potential Literary Outlaws'.[30] „PoLiOu" ist eindeutig ein Silbenpalindrom von 'Oulipo', dem Akronym von 'Ouvroir de littérature potentielle', der 1960 in Frankreich gegründeten Dichtergruppe um Raymond Queneau und Georges Perec, in der „vornehmlich auf der Grundlage einer mathematischen Ästhetik mit literarischen Formen der Permutation experimentiert" wurde.[31] Neben diesem Rückgriff schwingt in Cayleys Selbststilisierung des *outlaw* etwas von der Nichtkanonhaftigkeit experimenteller Dichtung mit, wie sie auch für die Poesie des Internet gilt. Auch Jay David Bolter argumentiert in die genannte Richtung, wenn er festhält, daß topographisches Schreiben die Tradition des Modernismus für ein neues Medium umsetzt und anschließend fordert, daß auch die Konkrete Poesie in den Computer gehöre.[32] Internetautoren entwickeln neben Neuschöpfungen eigentlich immer bewußt poetische Formen der Tradition im neuen Medium weiter. Erleichtert werden diese Tendenzen eindeutig dadurch, daß die Konkretisten selbst, sofern noch tätig, den Weg in das neue Medium gefunden haben, wo sie produktiv weiterwirken – man denke nur an Reinhard Döhl. Auch Augusto da Campos, Veteran der Bewegung, der u.a. Mitverfasser der maßgeblichen Programmschrift des brasilianischen Konkretismus *teoria de poesia concreta* (1965) war, ist weiterhin aktiv, nun aber als Internet-Poet.[33] Dabei ist zu beachten, daß die Konkretisten ihrerseits, z.T. seit ihren Anfängen, mit Computertechnologie experimentiert haben. Max Bense etwa unternahm bereits sehr früh Versuche, mittels der Rechenmaschine Zuse Z22 Texte zu generieren.[34] Seine Beschäftigung mit maschinener-

---

[30] Vgl. Anm. 4.

[31] Ulrich Ernst: Konkrete Poesie. Innovation und Tradition. Ausstellung der Forschungsstelle 'Visuelle Poesie' in Zusammenarbeit mit der Universitätsbibliothek der Bergischen Universität – Gesamthochschule Wuppertal. Foyer der Bibliothek, 14.5.-7.6.1991, Wuppertal 1991, S. 10.

[32] Jay David Bolter (1991), S. 145; vgl. hierzu Friedrich W. Block (1997), S. 188; vgl. (http://www.lcc.gatech.edu/faculty/bolter/index.html). Vgl. auch Espen Aarseth: Cybertext: Perspectives on Ergodic Literature, Baltimore 1997.

[33] Vgl. Friedrich W. Block (1997), S. 187 und Anm. 12; vgl. p0es1e. digitale dichtkunst, Eine Ausstellung computergenerierter Gedichte. Organisiert von André Vallias in Zusammenarbeit mit Friedrich Block. Galerie am Markt Annaberg-Buchholz. 12. Sept. - 3. Okt. 1992. Beteiligt waren Arnaldo Antunes, Friedrich W. Block, Augusto de Campos, Eduardo Kac, Richard Kostelanetz, Fritz Lichtenauer, Silvestre Pestana und André Vallias. Vgl. zu Augusto de Campos http://www.ubu.com/feature_decampos_a.html.

[34] Vgl. Reinhard Döhl: Von der ZUSE Z 22 zum WWW. Helmut Kreuzer zum 70sten (http://www.s.shuttle.de/buecherei/zuse/zuse_www.htm): „Ein Charakteristikum der Stuttgarter Gruppe/Schule war sehr früh bereits ihr Interesse an einer Verbindung von künstlerischer Produktion mit neuen Medien und Aufschreibsystemen. Im Oktober/Dezemberheft 1959 der „Zeitschrift für Tendenz und Experiment", „augenblick", einem Heft, das nicht zuletzt wegen der dort publizierten „Vier Texte" Helmut Heißen-

zeugten, sogenannten 'stochastischen Texten' führte ihn zu seiner Differenzierung zwischen natürlicher und künstlicher Poesie,[35] die im Begriff der 'kybernetischen Poesie' ihren Ausdruck fand.[36] Kinetische Texte, das eigentliche Markenzeichen der Internet-Poesie, wurden schon durch den mexikanischen Nobelpreisträger Octavio Paz intendiert, der unter dem Titel *Discos visuales* im Jahre 1968 bewegliche Textscheiben konstruierte, „die das eingefahrene Ritual einer linearen Lektüre durchbrechen und den Leser durch Teilnahme am sprachschöpferischen Prozeß aus seiner passiven Rolle befreien wollen."[37] Ähnliche Anstrengungen unternahm auch Emmet Williams mit seinem Buch *sweethearts*.[38] Daß die Konkretisten ihrerseits auf historische Erzeugnisse rekurrierten, rundet das Bild einer traditionsorientierten Literatur ab. Sieht man einmal von den kabbalistischen Sprachspielen des Mittelalters ab, so setzt das Experiment der Poesie in der Frühen Neuzeit mit ihrer Mathematisierung ein. Schon die konzentrischen Textscheiben der barocken Figuralpoesie, etwa das kombinatorisch-permutative Gedicht *Coelum Carmelaeum* des Karmelitermönches Paschasius a S. Joanne Evangelista (Würzburg 1679), nötigen den Rezipienten, der als Koautor zu sehen ist, durch virtuelles Drehen der Scheiben einen jeweils neuen Vers zu generieren.[39] Der ludistische Umgang mit der Tradition, die Versuche, mit den vorhandenen Medien zu spielen bzw. diese ihren Möglichkeiten nach zu übersteigen, zeigen sich im Umgang mit auf besonders artifizieller Form basierenden Gedichtformen

---

büttels für die experimentelle Poesie der Tschechoslowakei (aber auch Brasiliens) besonders wichtig wurde, veröffentlichte Theo Lutz einen Aufsatz über mit Hilfe der Großrechenanlage ZUSE Z 22 geschriebene „Stochastische Texte", in dem er referierte, daß die „ursprünglich [...] für die Bedürfnisse der praktischen Mathematik und der rechnenden Technik" entwickelten „programmgesteuerten, elektronischen Rechenanlagen" eine „Vielfalt der Anwendungsmöglichkeiten" böten. Für die Benutzer derartiger Rechenanlagen sei „nicht entscheidend, was die Maschine" tue, „wichtig [...] allein" sei, „wie man die Funktion der Maschine" interpretiere." Vgl. Max Bense: Theorie der Texte. Eine Einführung in neuere Auffassungen und Methoden, Köln 1962, S. 143ff.
[35] Max Bense: Über natürliche und künstliche Poesie. In: Ders.: Theorie der Texte, Köln 1962, S. 143ff. Vgl. jetzt auch Max Bense: Ausgewählte Schriften. Hg. von Elisabeth Walther, 4 Bde. Stuttgart 1997.
[36] Max Bense und Reinhard Döhl: Zur Lage. In: Konkrete Poesie. Deutschsprachige Autoren. Anthologie. Hg. von Eugen Gomringer, Stuttgart 1972, S. 168; vgl. Max Bense: Aesthetica. Einführung in die neue Aesthetik, Baden-Baden ²1982, S. 69f., S. 300-302.
[37] Ulrich Ernst: Permutation als Prinzip in der Lyrik. In: Poetica 24 (1992), S. 225-269, hier S. 248 (= 1992; I).
[38] Vgl. Ulrich Ernst (1991), S. 50f.
[39] Vgl. Ulrich Ernst: Lesen als Rezeptionsakt. Textpräsentation und Textverständnis in der manieristischen Barocklyrik. In: LiLi 57/58 (1985), S. 67-94, hier S. 85ff. Kinetik des Lesens fordert auch die notwendige Rotation der Textvorlage bei einem Radgedicht, das 1666 Alexander Carolus Curtius dem holsteinischen Herzog Christian Albrecht dediziert hat; vgl. ebda., S. 79ff.

wie der Sestine und dem Sonett, welche die Konkrete Poesie zu Experimenten herausfordert haben.[40] Auch die Theoriehaftigkeit, die Tendenz zur Selbstszientifizierung, ist im Konkretismus vorgeprägt.[41] Ein Zentrum der Bemühungen, das Medium Internet für poetische Experimente fruchtbar zu machen, ist zweifellos Stuttgart, wo nicht nur in Reinhard Döhls *Apfelgedicht* von 1967, einer Ikone der Konkreten Poesie, der Wurm zu kriechen begonnen hat (http://www.s.shuttle. de/ buecherei /salon.htm), sondern wo die 'Stuttgarter Schule' selbst den Weg ins Internet gefunden hat:

> Als wir infolge dieses Symposiums begannen, die reproduktiven und produktiven Möglichkeiten des Internets zu diskutieren, lag es nahe, den Gedanken der poetischen Korrespondenz für das Internet, das Internet für ihm gemäße und mögliche poetische Vernetzungen zu nutzen, und dies in mehrfacher Hinsicht. Reproduktiv bot sich das Internet an als ein Ort, die im offiziellen Kultur- und Kunstbetrieb nur bedingt wahrgenommenen Interessen der Stuttgarter Gruppe/Schule in Erinnerung zu bringen, umso mehr, als die Arbeit mit und im Internet uns als eine logische Konsequenz unserer frühen Auseinandersetzung mit stochastischen Texten, Computergrafik, konkreter und elektronischer Musik u.a. schien. Entsprechend haben wir inzwischen angefangen, hier einschlägige (oft unveröffentlichte) Vor- und Beiträge durchzusehen und für das Internet zu redigieren.[42]

Die 'Stuttgarter Schule', ein Brennpunkt der Konkreten Poesie, zugleich mit der theoretischen Fundierung ein Paradigma für den szientifistischen Charakter dieser Dichtungsform, geht auch neue Wege in der Kinetisierung von Poesie: Das neueste Projekt ist die Realisierung eines achtsprachigen Schachgedichts, zu dessen Textsegmenten der Rezipient mittels der jeweiligen Züge der Schachfiguren gelangt. Reinhard Döhl schreibt hierzu:

> Augenblicklich arbeiten wir an einem achtsprachigen „poemchess", haben aber auch einzelne Texte zu den Spielregeln, d.h. technischen Bedingungen des Internets eingegeben, um die These zu überprüfen, daß stochastische, permutationelle („Der Tod eines Fauns"), konkrete („Das Buch Gertrud"), aleatorische („makkaronisch

---

[40] Zur Sestine vgl. Oskar Pastior: Eine kleine Kunstmaschine. 34 Sestinen, München 1994; zum Sonett vgl. z. B. Gerhard Rühm: Verbesserung eines Sonetts von Anton Wildgans durch Neumontage des Wortmaterials (1957). In: Literatur über Literatur. Eine österreichische Anthologie. Hg. von Petra Nachbaur und Sigurd Paul Scheichl, Innsbruck 1995, S. 94.

[41] Vgl. Ulrich Ernst (1992; I), S. 253; vgl. auch Ulrich Ernst: Konkrete Poesie. Rückblick auf eine Neoavantgarde. In: Gerd Labroisse und Dick van Stekelenburg (Hg.): Das Sprach-Bild als textuelle Interaktion, Amsterdam 1999, S. 273-304, hier S. 301: „Von grundlegender theoretischer Bedeutung ist die Szientifizierung der Dichtung, deren Produktion durch ein Konzept bestimmt wird, das sich durch die Leitbegriffe Methode und Experiment auszeichnet."

[42] Reinhard Döhl: Von der ZUSE Z 22 zum WWW. Helmut Kreuzer zum 70sten (http://www.s.shuttle.de/buecherei/zuse/zuse_www.htm).

für niedlich") und andere Strukturen und Traditionen die ästhetischen Spielmöglichkeiten des Internets, Hypertext, animierter Bild- und Hypertext, programmierter Text, bereits antizipieren.[43]

Auch im 'Poemchess' wird wieder ein Rückgriff auf die Tradition offensichtlich. Das Schachspiel hat Autoren schon im Mittelalter zu literarischen Experimenten inspiriert.[44] In der Moderne sind es die Vertreter des experimentellen Romans, denen das Schachspiel Vorbild für die Tektonik ihrer Werke ist; hier wären zu nennen Lewis Carroll mit seinem 1872 erschienenen Roman *Through the looking-glass and what Alice found there*, oder Georges Perec, der sich für die Erzählfolge seines Romans *La Vie mode d'emploi*[45] von der schachtheoretischen Aufgabe der „polygraphie du cavalier"[46] inspirieren ließ. Nicht zufällig war einer der Vertreter der Gruppe OULIPO, François Le Lionnais, Schachtheoretiker.[47] Die frühen, zu Beginn der neunziger Jahre entstandenen und downloadbaren 'softpoems' des Kanadiers Robert Kendall stehen noch eindeutig in der Tradition der Textfilme.[48] Seine neueren Werke, denen er die Überschrift 'softpoetry' verleiht, arbeiten kinetisch mit Geräuschen, Klängen und Sprachlauten.[49] Im 'Readme-File' seines im Jahr 1991 entstandenen 'Clue'-Programms äußert sich Kendall über Computerpoesie. Er sieht seine Arbeit in der Tradition der visuellen Poesie der letzten 2000 Jahre, betont aber im Verweis auf die Oral-Poetry auch den Inszenierungscharakter dieser Poesie und weist vor allem auf das Moment der medialen Weiterentwicklung mit Hilfe des Computers auf Basis der Tradition hin:

SoftPoetry combines advantages of poetry in both its written and oral incarnations. Exploiting the PC's facility with animation, the SoftPoem presents its text in a graphical choreography that coordinates meaning and movement. The words themselves, as they move and change on screen, become like actors in a theater piece. In

---

[43] Reinhard Döhl (http://www.s.shuttle.de/buecherei/zuse/zuse_www.htm).
[44] Vgl. hierzu Ulrich Ernst: Carmen figuratum. Geschichte des Figurengedichts von den antiken Ursprüngen bis zum Ausgang des Mittelalters, Köln 1991, bes. S. 726ff., zum Schachgedicht eines Autors visueller Poesie aus dem 14. Jhdt., Iacobus Nicholai de Dacia, oder S. 797, mit Zeugnissen aus dem indischen Kulturraum, z.B. einem Schachgedicht mit Lesewegen im Rösselsprung schon aus dem 11. Jhdt.
[45] Georges Perec: La Vie mode d'emploi, Paris 1978; übers. von Eugen Helmé: Das Leben. Gebrauchsanweisung, Reinbek 1991.
[46] Oulipo. Atlas de littérature potentielle, Paris 1988, S. 389.
[47] Vgl. hierzu Ulrich Ernst: Typen des experimentellen Romans in der europäischen und amerikanischen Gegenwartsliteratur. In: arcadia 27 (1992), S. 225-320, hier S. 303f. (= 1992; II).
[48] Vgl. „The Clue. A mini mystery in form of a softpoem" (http://www.wenet.net / ~rkendall/).
[49] Vgl. „A Life Set for Two, a hypertext poem of the mind" (http://www.eastgate. com/ catalog/q24.html); vgl. Friedrich W. Block (1997), S. 192.

fact, the graphical power of the PC can push the visual impact of the word much further than it could ever go on paper. SoftPoetry builds on the 2,000-year-old tradition of visual (or concrete) poetry, in which the meaning of the poem is enhanced by its visual appearance through unusual typography and layout. Color graphics, animation, and transition effects now augment the visual poet's repertory.

Die Verbindung von Textproduktion mit wissenschaftlicher Aufarbeitung und geschichtlicher Reflexion findet sich im 'Electronic Poetry Center' (http:wings.buffalo.edu/epc/); vergleichbar sind die Anstrengungen von 'The Electronic Labyrinth' (http://jefferson.village.virginia.edu/elab/elab.html). Um nicht dem Vorwurf Charles O. Hartmans ausgesetzt zu werden – „Talking about computer poetry is almost like talking about extraterrestrial intelligence: great speculation, no examples"[50] –, seien weitere Beispiele genannt: Seit 1996 veranstaltet das 'Magazin' der Wochenzeitung DIE ZEIT einen nun jährlichen Wettbewerb 'Literatur im Internet', an dem bereits eine Reihe von Autoren teilnahm.[51] Einer von ihnen, Olaf Koch, dessen umfangreiches *Koch-Web* nach Sven Stillich „zu den radikalsten deutschsprachigen Angeboten von Netzliteratur"[52] zu zählen ist, präsentiert im Netz seine seit den frühen neunziger Jahren entstandenen animierten Gedichte, denen er die Titel *Dynadichte* und *Gedilme* – bewußt anspielend auf Ernst Jandls Gedicht *film* von 1964 – verleiht.[53] Koch, „lyrischer Programmierer bzw. programmierender Lyriker", versteht sich als Adept der Konkretisten, vor allem Ernst Jandls und Eugen Gomringers, deren Poesie er in das neue Medium fortsetzt (http://www.well.com/user/olafkoch):

Alle Dynadichte stehen in der Tradition der Konkreten Poesie. Sie leben von Bewegung, von ihrem Spiel mit Worten, ihrer Selbstbezüglichkeit, der Tendenz, be-

[50] Charles O. Hartmann: Virtual Muse. Experiments in computer poetry, Hanover NH 1966, S. 1.
[51] Der Wettbewerb 1998, zu dem gerade mit dem Einsendeschluß 30.8. die Ausschreibungen formuliert sind, firmiert unter dem Titel *pegasus 98*. Programmatisch erscheint die Einladung an „alle, die Sprache mit den ästhetischen und technischen Mitteln des Internet verknüpfen, um neue Ausdrucksformen zu entwickeln" (http://www.zeit.de/littwett/index.html).
[52] Sven Stillich: Heraus aus den Schubladen. Hypergedichte, Live-Improvisationen und digitale Salons: Die deutsche Literaturszene hat das Internet entdeckt. In: DIE ZEIT, Nr. 8, 14.2.1997, S. 70.
[53] Ein Vorläufer Kochs ist der kanadische Autor bpNichol, der bereits im Jahr 1984 einzelne visuelle Gedichte für einen Apple-Computer programmierte; z.B. erscheint das Wort *train* am linken Bildschirmrand, um dann, horizontal 'fahrend', am linken Rand wieder zu verschwinden. Vgl. bpNichol: FIRST SCREENING, Toronto 1984; vgl. hierzu Christian Scholz: Bezüge zwischen „Lautpoesie" und „visueller Poesie". Vom „optophonetischen Gedicht" zum „Multimedia-Text" – ein historischer Abriß. In: Heinz Ludwig Arnold (Hg.): Text + Kritik. Sonderband IX (1997), S. 116-129, hier S. 128. Zu Jandls 'film' vgl. Ernst Jandl: Gesammelte Werke. Hg. von Klaus Siblewski. 3 Bde., Darmstadt 1985, 1. Bd. Gedichte 1, S. 364.

kannte Sprach(spiel)regeln zu atomisieren, und dem Staunen des Beobachters [...].
Die Idee, Dynadichte zu programmieren (ist das Programm eigentlich Teil des Gedichts?), kam mir, als ich mich 1990 sehr intensiv mit den Werken Ernst Jandls be-
schäftigte.[54]

Eine Reihe dieser Dichtungen ist über DOS-Download herunterlad- und abspiel-
bar; in Planung ist ein JAVA-Download. Kochs 'Gedichte' sind Bewegungsbilder, als 'Texte' nur druckbar als Momentaufnahme (Δt). In Anknüpfung an die
Tradition der Sound-Poetry sind einige der Poeme Kochs als Audio-files (sog.
'Wave-Dateien') abspiel- und downloadbar. Kennzeichnend für Kochs Poeme ist
das Spiel mit aus dem Druckmedium überkommenen Formen experimenteller
Poesie. Koch unterscheidet im Adtext seines Programmpakets *perform* zwischen
ursprünglich zu Papier gebrachten 'sequentiellen Dynadichten' und ausschließlich für das Computermedium erstellten 'algorithmischen Dynadichten'. Die sequentiellen Dynadichte folgen dem Zeilenprinzip: Eine Zeile erscheint nach der
anderen auf der Bildschirmfläche. In der Tradition des Cubusgedichts steht
Kochs Kreation *this performance exceeds your lifetime*. Der Cubus, ein „Kreuzwortlabyrinth, meist in quadratischer Form, mit kurzem Text, der in einer Fülle
von Leserichtungen dargeboten wird,[55] taucht bereits in der Antike unter dem
Namen der *Tabulae iliacae* auf, erfreut sich aber vor allem im Druckzeitalter Barock großer Beliebtheit.[56] Koch rekurriert auf den Cubus in seiner besonderen
Ausprägung als linear-progressive Form, bei der sich der Basistext – bei Koch
zudem nur retrograd zu lesen –, horizontal verlaufend, in jeder Zeile um einen

---

[54] Olaf Koch im Adtext seines *perform*-Programms, das den Großteil der Dynadichte
und Gedilme enthält. Vgl. auch Olaf Koch „Auf diesen Web-Seiten tummeln sich einige
Gedichte, die – vermute ich und hoffe – so vor einigen Jahrzehnten nicht entstehen
konnten. In ihrer (teilweisen) Kürze, in ihrer (teilweise) offenbaren Verschlüsselung, in
ihrem (teilweise) selbstbezüglichen und meta-ebenen Spiel und der (teilweise) freizügi-
gen Auslegung dessen, was – nein, kein Gedicht: – Schrift sei, und Sprache, ruhen sie
auf durchaus sicherem Fundament: den Traditionen. Daß sich dabei deren ältere und
neuere kreuzen, konkrete Poesie mit hergebrachtem Reimschema, Sestinen mit sam-
stäglichen Fernsehritualen, die Smileys der elektronischen Netzkultur und deren Tiefen-
schicht – die binäre Logik – mit Sonetten, verweist auf ihre Entstehungszeit, die Neunziger. Die allerdings noch ganz andere Formen von Poesie hervorbringen, die sich nicht
mehr dazu eignen, gedruckt und womöglich gebunden zu erscheinen, sondern den Mo-
nitor usurpieren und dem flackernden multimedialen Bildmatsch die grundlegende Ein-
fachheit einzelner Buchstaben entgegenstellen; als Kuckucksei; vielleicht ein letztes
Mal. Aber der Ort für Computerpoesie, Dynadichte und Gedilme ist nicht der Druck.
Genug geschwatzt. Nur eines sei noch einmal wiederholt, ganz traditionell, diesmal
Koch statt Conrady."
[55] Jeremy Adler / Ulrich Ernst: Text als Figur. Visuelle Poesie von der Antike bis zur
Moderne. Ausstellung im Zeughaus der Herzog August Bibliothek vom 1. Sept. 1987
bis 17. Apr. 1988, Weinheim [3]1990, S. 319.
[56] Vgl. J. Adler / U. Ernst ([3]1990), S. 168ff.

Buchstaben verschiebt, so daß er an jeder Stelle beliebig vertikal, aber auch wieder horizontal abknickend, weitergelesen werden kann. Die statische Blattfläche ist von Koch jedoch in Bewegung gebracht worden; immer wieder neu wird eine Cubuszeile am unteren Bildschirmrand generiert, so daß sich ein infinites Konstrukt ergibt, dessen unendliche Lesemöglichkeiten in der Tat die Lebenszeit des Lesers übersteigen: *this performance exceeds your lifetime*. Dem Zufallsprinzip in der Tradition der Würfeldichtung, die schon der Ire Dicuil im 9. Jahrhundert in seiner an Ludwig gerichteten 'Computusdichtung' erwähnt, huldigt Kochs erstes rein für den Computer kreiertes Dynadicht *maximal 10 zufälle*. Hier konstituiert sich bis zu zehnmal das Wort *zufall*, indem die einzelnen Buchstaben an immer wieder neuen Orten auf der Bildschirmoberfläche erscheinen, so daß der Leser genötigt wird, jedes immer erst neu entstehende Wort selbst zusammenzustellen. In die Tradition der Würfeltexte ordnet sich auch *neues spiel. neues glück* ein, dessen Ausgangszeile, eben *neues spiel. neues glück*, optisch unterstrichen durch Schüttelbewegungen der Buchstaben, mehrfach 'durcheinandergewürfelt' wird, bis am Ende eine offensichtlich sinnlose Buchstabenfolge übrigbleibt. Kochs Dynadicht *escaletter*, eine sich auf dem Bildschirm schräg nach oben bewegende Rolltreppe, erinnert an Ernst Jandls Schöpfungen, z.B. das Gedicht *Niagarafälle* von 1966, in dem versucht wird, mit der Anordnung des Worts *niagarafelle* auf der Blattfläche den Moment des Wasserabsturzes optisch einzufangen.[57] Bewegungsästhetik auf der Blattfläche hat z.B. auch Timm Ulrichs in seinem konkreten Poem *Ebbe und Flut* zu realisieren versucht, indem er die Wörter *ebbe* und *flut* in horizontal verlaufenen Zeilen zu- und abnehmend, einfach bis vierfach gegeneinander 'fließen' läßt.[58] Das Wissen um die eigene Tradition erweist sich in Kochs *solo für gomringer*. Die Aussage Eugen Gomringers, „bedenkt man, daß hören und sehen zwei sehr unterschiedliche vorgänge sind, indem das sehen ein vorgang mit der möglichkeit der simultaneität ist, ein lese- und sprechvorgang jedoch ein solcher mit zeitablauf",[59] aufgreifend, erscheinen jeweils einzelne Buchstaben des horizontal angeordneten Wortes *simultaneität* kurz aufblinkend an ihrem Ort auf der Bildschirmoberfläche. Auf die Technik des Lipogramms – das Vermeiden eines bestimmten Buchstabens in einem poetischen Text – rekurriert Koch in seinem Dynadicht *O3*. Die Lipogrammatik, bereits in der Antike bei Tryphiodoros (5. Jahrhundert v. Chr.) als epische Bauform bezeugt,[60] findet sich gehäuft in experimentellen Romanen der Moderne wieder: Ein frühes Beispiel

---

[57] Vgl. J. Adler / U. Ernst (³1990), S. 289f.; vgl. Ernst Jandl (1985), 1. Bd., S. 156.

[58] Vgl. Timm Ulrichs: Lesarten und Schreibweisen, Stuttgart 1968, S. 139; vgl. aber auch schon Ernst Jandl (1985), 1. Bd., S. 398, *ebbe/flut* von 1963 und im 2. Bd., S. 79, das Kinetik indentierende Gedicht *peter frißt seinen weg* von 1957.

[59] Eugen Gomringer: sprache als zugang zur realtität. In: Wendelin Schmidt-Dengler (Hg.): Ernst Jandl Materialienbuch, Darmstadt 1982, S. 139.

[60] Vgl. Alfred Liede: Dichtung als Spiel. Studien zur Unsinnspoesie an den Grenzen der Sprache. Mit einem Nachtrag *Parodie*. Hg. von Walter Pape, Berlin ²1992, S. 90-94.

bietet Franz Rittlers Roman *Die Zwillinge*[61], der, wie der Untertitel „Ein Versuch aus sechzig aufgegebenen Worten einen Roman ohne R zu schreiben" verrät, permutativ-maschinelle Textproduktion offensichtlich präfiguriert.[62] Auch Georges Perec arbeitet mit der Technik des Lipogramms. Im Bereich Konkreter Lyrik ist hier Ludwig Harig zu nennen. In der Methode, eine chemische Formel für die visuelle Poesie fruchtbar zu machen, erinnert Kochs *O3* an Vaclav Havels $E=mc^2$, bei dem die Einsteinsche Energieformel in Gestalt eines Atompilzes begegnet. Eindeutig war schon Havels visuelle Strategie, auf der Blattfläche Bewegung zu erzeugen. Ist nämlich die Formel am Explosionspunkt an der Basis des Pilzes noch intakt, lösen sich ihre Bestandteile, nach oben aufsteigend, zunehmend auf. Im Pilzkopf selbst erscheint die Formel – analog der Atomspaltung – in ihre Bestandteile gesprengt.[63] Politische Dimensionen, wie sie in der konkreten Poesie auch Claus Bremer realisierte,[64] hat Kochs *deutschland in der breite von bis* im Blick, eine komprimierte Geschichte Deutschlands von 1914 bis 1990, festgemacht an jeweils einer mit der jeweiligen Jahreszahl aufblinkenden Zeile, die in ihren Variationen die jeweilige geographisch-politische Situation nahezu ausschließlich mit dem Buchstabenmaterial des Wortes *deutschland* zu realisieren sucht.[65] Nicht ohne Witz sind z.B. die Darstellung der Jahre der Weimarer Republik graphisch gelöst, indem der Buchstabe *d* als Ostpreußen, durch den 'polnischen Korridor' getrennt, erscheint (*deutschlandl d*), oder die Jahre des Nachkriegsdeutschlands seit 1945, in denen das Wort, durch eine Virgel getrennt, die beiden deutschen Teile markiert (*deutsc/land*), die nach 1989 wieder zusammenwachsen (*deutschland*). Nur am Rande sei erwähnt, daß die militärischen Erfolge Hitlerdeutschlands im Jahr 1942 in Analogie zum Größenwahn des NS-Regimes – als Ausnahme von der Regel – mit dem Wort *atlas* versehen sind. Weitere Einwortgedichte wie *vogel*, bei dem die Randbuchstaben *vo* und *el* die Schwingenbewegungen des Vogels nachahmen und sich das Gesamtkorpus von unten nach oben aufsteigt, sich gleichsam in die Luft erhebt, wie auch *standpunktwechsel*, bei dem aus dem Buchstabenmaterial des Wortes Flamingo ein ebensolcher Vogel umrißhaft erscheint, der dann, animiert, sein Standbein wechselt, und *wurm*, bei dem mit Hilfe des Buchstabenmaterials des Wortes Wurm die ziehharmonikahaften Bewegungen eines Regenwurms nachgeahmt werden, erinnern in ihrem Buchstabenspiel stark an Konkrete Poeme vom Typ Ernst Jandl.[66]

---

[61] Wien ³1820. Hg. von Karl Riha, Heidelberg 1979.
[62] Vgl. Ulrich Ernst (1992; II), S. 251.
[63] Vgl. Ulrich Ernst (1991), S. 55f.
[64] Vgl. Claus Bremer: Texte und Kommentare. Zwei Vorträge, Steinbach 1968.
[65] Vgl. auch schon Jandls *markierung* von 1966 in: Ders. (1985), 1. Bd., S. 285, einer nach Monaten gegliederten Geschichte Deutschlands von Januar 1944 (*krieg*) bis Mai 1945 (*mai*).
[66] Vgl. z.B. Ernst Jandl (1985), 1. Bd., S. 372, das Gedicht *raupe*, das Koch auf seiner Homepage auch als Bildschirmschoner präsentiert.

Sind die genannten Beispiele trotz ihrer Kinetik herkömmlich in dem Sinne, daß sie den Leser als eindimensionalen Rezipienten fordern, so verhält sich das anders in Kochs Permutations- und Anagrammprogrammen, die den Rezipienten auffordern, selbst aktiv, d.h. zum Erzeuger von Poesie zu werden, indem er ein Wort, eine Zeile, eingibt, die dann maschinell permutiert bzw. anagrammatisiert werden: Es sind die 'leser-definierte wortpermutation' und die 'leser-definierte bustabenpermutation'. Die 'wortpermutation' wie die 'bustabenpermutation' permutieren einen vom Leserpoeten eingegebenen Satz bzw. ein Wort streng nach den Regeln der Stochastik, so daß etwa ein Fünfwortsatz bzw. ein Fünfbuchstabenwort jeweils 120 Permutationen ergeben (5! = 120). Die Tradition solcher Permutation bzw. Anagrammatik hat ihre Wurzeln bereits in der Antike und findet sich im Mittelalter in magisch-religiösem Kontext.[67] In der Frühen Neuzeit erlebt das Anagramm, offensichtlich durch das neue Medium Buchdruck motiviert, eine Renaissance.[68] Im Barockzeitalter[69] empfiehlt Georg Philipp Harsdörffer in seinen *Delitiae Mathematicae et Physicae* das Anagramm als Instrumentarium poetischer Invention.[70] In der Moderne, die hier mit Ferdinand de Saussure beginnt, sind als z.T. unter konkretistischem Einfluß stehende Anagrammatoren etwa Hans Bellmer, Unica Zürn,[71] Oskar Pastior,[72] Kurt Mautz[73] oder Georges Perec[74] zu nennen, aber auch Christian Steinbacher,[75] der darüber hinaus neben dem unter dem Namen Stefan Griebl geborenen Franzobel[76] die rezente visuell-literarische Szene in Österreich in Buchform aufbereitet hat.[77]

---

[67] Vgl. Alfred Liede (²1992), Bd. 2, S. 70-75.

[68] Vgl. Ulrich Ernst (1992; I), S. 228: „In der frühen Neuzeit überschwemmt eine Anagrammflut flächendeckend die Kasuallyrik, die sich mit Vorliebe des Namensanagramms zu enkomiastischen Zwecken bedient; auch verwenden viele prominente Dichter das Anagramm als Mittel der Pseudonymbildung; zugleich entstehen poetologische Werke zur Anagrammatik."

[69] Athanasius Kircher erstellt in seiner *Ars Magna Sciendi* (Amsterdam 1669) fakultative Berechnungen von Anagrammen; vgl. Stefan Rieger: Speichern/Merken. Die künstlichen Intelligenzen des Barock, München 1997, S. 14ff.

[70] Vgl. Ulrich Ernst (1992; I), S. 238.

[71] Unica Zürn: Hexentexte. Zehn Zeichnungen und zehn Anagramm-Texte mit einem Nachwort von Hans Bellmer, Berlin 1954.

[72] Oskar Pastior: Anagrammgedichte, München 1985.

[73] Kurt Mautz: Augentest. permutationen, typogramme, collagen, Düsseldorf 1979.

[74] Georges Perec: Alphabets, Paris 1985.

[75] Vgl. Christian Steinbacher: ana 365 gramm, Linz 1991.

[76] Vgl. Kritzikratzi. Anthologie gegenwärtiger visueller Poesie. Hg. von Franzobel, Wien 1993.

[77] Vgl. linzer notate – positionen. Hg. von Christian Steinbacher, Linz 1994. Zur österreichischen Szene gehört der 1955 geborene Siegfried Holzbauer mit seinem poetischen Internet-Konzept 'wenn worte verbalken, verfleischen die staben, die bücher zerleuchten als bilder am schirm' (http://www.geocities.com/Athens/2538/index.html).

Gerade in diesem Bereich, Anagrammatik und Permutation, ist im Internet einiges mehr zu finden, z.B. die sog. 'Anagramm-Generatoren'. Ein Anagramm-Server (Anagram server of UMEC) in 22 Sprachen von Chinesisch bis Suaheli findet sich unter http://www.tf.hut.fi/mask/ag/. Inge's Anagram Generator, immerhin dreisprachig, ist zu finden unter http://www.mi.uib.no/ ~ingeke /anagram /index_eng.html, Brendan's On-Line Anagram Generator unter http://www. mbhs.edu/~bconnell/anagrams.html. Der vorgeblich erste Anagramm-Generator in deutscher Sprache findet sich unter http://tick.informatik.uni-stuttgart. de /~ sibilluh/anagramme.html. Einige Programme, mit deren Hilfe Anagramme generiert werden können, sind auch downloadbar, z.B. unter http:// homepage. interaccess.com/~wolinsky/word.htm das Programm *Wordplay*, unter http://www.tuharburg.de/~secs2112/granagr.html das Programm *anagr15*. Beide sind für das Betriebssystem LINUX/UNIX geschrieben, laufen als 'Sparprogramme' aber auch unter DOS. Mit Eingabe des jeweiligen Programmbefehls (wordplay; anagram christianstimming) lassen sich die jeweils eingegebenen Wörter anagrammatisieren. Maschinenpoesie bieten im Netz auch sogenannte 'Reimgeneratoren'. Im deutschen Bereich ist es Günter Gehl aus Chemnitz (http://www.in-chemnitz.de/user/guenter/index.html), dessen nach eigener Einschätzung „genialer Gedichtgenerator" ('Poetron4G') nach Vorgabe des aktiven Rezipienten Gedichte generiert. *Chris Seidel's Poetry Generator* (http://zenith. berkeley.edu/seidel/poem.html) erzeugt mit dem *Heretical rhyme generator* nach Vorgabe eines einzugebenden Verses Vierzeiler, „die nicht immer unsinnig sind."[78] Neben diesen Kleinformen hat sich als Großform die Durchgestaltung einer Homepage mit hypertextuellen Filiationen etabliert, denen zumeist eine rhizomatische Struktur zugrundeliegt.[79] Offensichtlich erscheinen lyrische Konstrukte eher ungeeignet für diese Großform, hier haben sich dagegen erzählerische Formen etabliert, wie z.B. Martina Kieningers *Der Schrank. Die Schranke*, für die sie 1996 den Internet-Literaturpreis erhielt, oder Susanne Berkenhegers *Zeit für die Bombe*, prämiert 1997. Als früher Kronzeuge für diese, 'Hyperfiction' genannte Erzähltechnik begegnet immer wieder Micheal Joyce's *Afternoon* von 1987, die Geschichte eines Autounfalls aus der Sicht unterschiedlich betei-

---

[78] Reinhard Kaiser (1996), S. 87.
[79] Die Rhizom-Metapher wurde von Gilles Deleuze und Félix Guattari bereits 1976 eingeführt, festgemacht u.a. am Beispiel von William Burroughs' 'Cut-up'-Methode: „ein Text wird mit einem anderen zusammengeschnitten, wobei eine Vielzahl von Wurzeln, sogar Luftwurzeln entstehen (man könnte auch Stecklinge sagen), was eine supplementäre Dimension impliziert, die zu den jeweiligen Texten hinzutritt." Gilles Deleuze / Félix Guattari: Rhizom, Berlin 1977, S. 9f. (franz. Original: Rhizome. Introduction, Paris 1976); vgl. zum Rhizom auch Umberto Eco: Im Labyrinth der Vernunft. Texte über Kunst und Zeichen, Leipzig 1989, S. 106: „Ein Rhizom ist kein Abdruck, sondern eine offene Karte, die in all ihren Dimensionen mit etwas anderem verbunden werden kann; es kann abgebaut, umgedreht und beständig verändert werden."

ligter Personen.[80] Irrig ist jedoch Blocks These, Lyrik sei deswegen „bislang relativ selten im hypertextuellen Medium vertreten, möglicherweise, weil es eher Großformen anspricht, für die es sinnvoller anwendbar zu sein scheint, als für ein kurzes Gedicht, das in einer Lexia Platz findet und ebensogut auf einer Papierseite gedruckt sein könnte."[81] Im Bereich der Lyrik entspricht z.b. Martin Auers 'Lyrikmaschine' (http://ourworld.compuserve.com/homepages/ Poetry_Machine /autor.htm), die eine Poesie des Hypertextes bietet, der angesprochenen Struktur. Der Leser – oder Besucher – trifft hier auf Gedichte, in denen jeweils ein oder mehrere Wörter unterlinkt sind, von denen aus er auf weitere Poeme stößt, die eine neue Perspektive eröffnen. Die neugefundenen Texte sind wiederum unterlinkt, so daß von hier aus weiter 'gelesen' werden kann. Ohne es vorher erkennen zu können, wird der Leser dabei auch auf schon gelesene Texte zurückgeführt. Olaf Koch sucht in seinem Wettbewerbsbeitrag zum noch nicht abgeschlossenen Internetpreis 1998 (http://wettbewerb.ibm.zeit.de/ teilnehmer/ koch_ola /content. htm) den spielerischen Umgang mit der Großform Homepage, indem er z.B. eine Liste von 'hotlinks' erstellt hat, die den Surfer aufs Glatteis führen sollen, indem ihnen zunächst suggeriert wird, Links zu den meistgesuchten Wörtern im Internet zu finden (FAQs), um dann letztlich im 'kochweb' hängen zu bleiben und zum wohl meistgesuchten Begriff 'Sex' auf nicht mehr unterlegte Begriffe wie *lüstlink* oder *darlink* zu treffen. Eine mehrere 'Seiten' überspannende Großform stellt auch Klaus-Peter Denckers Beitrag zum Internetpreis 1997 dar, eine Sequenz, die er in Anknüpfung an Christina Weiss' Arbeit über *Sehtexte* gestaltete.[82] Der Struktur des Baumes[83] folgt das Schreibprojekt *Interstory* (http://interstory. rrz.uni-hamburg.de), zu dem sich die Initiatoren wie folgt äußern:

> Den Ursprung des Baumes bildet die Ausgangsgeschichte: zwei Personen, die über ein mögliches gemeinsames Ziel miteinander reden. Beide können sich zu diesem Ziel eher positiv oder eher negativ verhalten. Auf jede positive oder negative Antwort kann die andere ProtagonistIn wieder positiv oder negativ reagieren. An den Stellen des Baumes, an denen es eine Reaktion noch nicht gibt, kann die LeserIn zur AutorIn werden. Die Beiträge können sofort in den Baum eingehängt werden und stehen anderen LeserInnen zur Verfügung. Mit diesem Projekt wollen wir der bunten und spannenden Landschaft der interaktiven und kooperativen Erzählungen eine neue Variante hinzufügen und so auch Material gewinnen, um dem Phänomen „Interaktive Erzählungen" etwas näher zu kommen.

---

[80] Vgl. Bernd Wingert (1996), S. 209ff.

[81] Friedrich W. Block (1997), S. 190.

[82] Vgl. Klaus-Peter Dencker (http://win.bda.de/bda/int/zeit/littwett/Literatur-HTML/ Dencker/00index.htm); vgl. Christina Weiss: Sehtexte, Zirndorf 1984.

[83] Allgemein zu derartigen, *Tree-Fiction* genannten Baum-Projekten vgl. Gareth Rees: Tree-Fiction on the WWW (http://www.cl.cam.ac.uk/users/gdr11/tree-fiction.html).

In Literaturprojekten dieser Art scheinen die im Hypertext-Medium liegenden Möglichkeiten der Interaktion medienadäquat am ehesten verwirklicht, indem die Grenze zwischen Autor und Leser bewußt unterminiert wird. Die gezeigten Beispiele haben deutlich gemacht, wie sehr die kinetische Poesie des Internet von der Vorbildhaftigkeit der experimentellen Poesie der Vergangenheit, der visuellen Poesie seit der Antike und der Konkreten Poesie der Moderne, lebt. Nach der mediengeschichtlichen Klassifizierung, auf die Horst Wenzel rekurriert, steckt diese Literatur damit in der Phase, in der noch die Vorgaben des alten Mediums dominieren, bevor sich neue, von dem alten Medium unabhängige Formen entwickeln. Horst Wenzel verweist in diesem Zusammenhang auf das Gesetz, wonach „jedes neue Medium sich zunächst dem alten Medium assimiliert, es unterstützt und optimiert"[84] – man darf gespannt sein.[85] Schon die Konkrete Poesie entzog sich geradezu programmatisch als internationalistische Bewegung einer Betrachtung nur durch die Nationalphilologien.[86] Die Globalisierung ist nachgerade ein Hauptcharakteristikum des Konkretismus, worauf bereits die synchrone Genese in Europa und in Brasilien verweist, „as well as by its exponents' endevours to develop a transnational language of poetry which employs rich visuality and linguistic reduction to achieve worldwide recognition."[87] Um so mehr gilt dies für die ständig weltweit online-präsente Literatur im Internet. Es gibt keine 'nationale' Internet-Literatur, woraus zwangsläufig resultiert, daß sich dem neuen

---

[84] Horst Wenzel: Audiovisiualität im Mittelalter. In: Dirk Matejowski / Friedrich Kittler (Hg.): Literatur im Informationszeitalter, Frankfurt a.M. 1996, S. 50-70, hier S. 51. Wenzel sieht dieses Phänomen bereits beim Übergang von der Oralität zur Literalität gegeben.

[85] Zur Diskussion über Hypertext als Basis für neue Texteditionen, heraus aus der „Zwangsjacke Buch" vgl.: Dirk Hoffmann, Peter Jörgensen, Otmar Foelsche: Computer-Edition statt Buch-Edition. Notizen zu einer historisch-kritischen Edition – basierend auf dem Konzept von *hypertext* und *hypermedia*, in: editio 7 (1993), S. 211-220.

[86] So formulieren schon 1964 Max Bense und Reinhard Döhl in ihrem 'Manifest der Stuttgarter Schule' (Konkrete Poesie, 1972, S. 165) programmatisch: „Statt der Vorstellung einer Nationalpoesie hat sich die Vorstellung einer progressiven Poesie entwikkelt."

[87] Ulrich Ernst (1999), Abstract, s. 273; vgl. Klaus-Peter Dencker (1997), S. 176: „Sie [die visuelle Poesie] läßt sich nicht auf einen bestimmten Kulturbereich oder Sprachzustand eingrenzen: sie ist seit Jahrhunderten international und auf allen Kontinenten nachweisbar." Vgl. zur zeitgenössischen New Media Poetry Eduardo Kac: Introduction. In: Visible language 30,2 (1996), S. 99: „The geographic diversity of this small sample of new media poetry – from Argentina and Brazil, to the United States, and to the Netherlands, France, Portugal and the united Kingdom (via canada) – is a clear indication that this is an international phenomenon." Eduardo Kac selbst arbeitet an hologrammatischen Gedichten, die er unter dem Oberbegriff 'Holopoetry' zusammenfaßt; vgl. Holopoetry, Hypertext, Hyperpoetry (http://www.ekac.org/Holopoetry.Hypertext.html). Auch Kac lebt von der Tradition, vgl. 'Storms, 1993 - A hypertext piece based on the sefirotic tree of the Kabbalah'.

Medium und seiner sich entwickelnden 'neuen' Literatur nur eine Sprachen und überkommene Fächer übergreifende Wissenschaft stellen kann, die zugleich im theoretischen Zugriff den Blick auf die Medien richtet, eben die Allgemeine und Vergleichende Literaturwissenschaft.

C) Was macht Literatur mit dem Leser, was der Leser mit ihr?

Wolfgang Braungart (Bielefeld):

Vom Sinn der Literatur und ihrer Wissenschaft

Exkurs in die populäre Kultur: Marterln sind Bildstöcke zur Erinnerung an Verstorbene. In der Regel zeigen sie im Bild den Unglücksfall, der zum Tod führte, schildern ihn in einem kurzen Text und schließen mit einer Gebetsbitte für den Verstorbenen. Sie stehen dort, wo sich das Unglück ereignet hat. So z.B. ein Marterl, das ich bei einer Gebirgswanderung in den Südtiroler Alpen im Sommer 1998 gesehen habe. Von ihm soll zunächst die Rede sein.

Das offensichtlich von einem Laien gemalte Bild dieses Marterls stellte einen bei der Gems-Jagd verunglückten Jäger dar. Darunter war folgender Text zu lesen:

Heinrich Heiler 1927–1987

Sein Kügerl warf das Gamserl aus den Schroffen
Ihn hat vor Freud der Schlag getroffen.
Oh Wanderer
Nimm Dir Derweil
Blick auf zu Gott
Mit Weidmanns Heil.

Der Verstorbene wird in diesem Gedicht – und das ist es doch ohne Zweifel – genannt; das Unglück, das ihm widerfahren ist, wird kurz geschildert. Der erste Teil des Textes läßt sich als inscriptio verstehen; er gehört also zur pictura. Er ergänzt das gemalte Bild, das die Todesursache (Herzschlag aus übermäßiger Freude) von sich aus nicht preisgeben kann, so wie umgekehrt der Text – schon gar nicht als Gedicht – die konkrete (landschaftliche, jahreszeitliche, meteorologische usw.) Situation, in der sich das Unglück ereignet hat, kaum so prägnant und knapp vergegenwärtigen kann wie das gemalte Bild. Das Bild sorgt für die Evidenz des eher kargen Textes. So werden in diesem Fall die 'Grenzen von Malerei und Poesie' (Lessing) wechselseitig durch die jeweils andere Kunstform kompensiert.

Der zweite Teil des Gedichtes läßt sich als subscriptio zu dieser pictura verstehen. Er ist für den lesenden Wanderer, der an diesem Marterl vorbeikommt, ein Appell zur Applikation: Die Bedeutung der pictura soll er auf sich selbst hin auslegen und so sinn-voll werden lassen; das Gelesene soll im Hinblick auf das eigene Leben verstanden und in dieses eingegliedert werden.[1] Im Angesicht dieses Unglücksfalls wird der Leser auf den verwiesen, der allein den Sinn dieses

---

[1] Ich lehne mich hier an Freges Unterscheidung von Sinn und Bedeutung an. Vgl. einführend den Artikel 'Sinn/Bedeutung' von Donatus Thurnau. In: Historisches Wörterbuch der Philosophie, hg. von Joachim Ritter, Bd. 9, Darmstadt – Basel 1995, S. 808–815.

Unglücks kennt. Daß der Leser den höheren Sinn, wie wir oft ironisch sagen, nicht kennt, ist geradezu Voraussetzung dafür, daß das Unglück im Rahmen einer religiösen Weltordnung, die hier offensichtlich noch gilt, überhaupt gerechtfertigt werden kann, also für das Gelingen der Theodizee: Einer muß den Sinn des Unglücks ja kennen. Daß es den, der den verborgenen Sinn des Geschehens kennt, nicht mehr geben soll, liegt nicht im Horizont des Gedichtes. Zu Gott, das legt der Text nahe, soll der Wanderer für den Verstorbenen beten. Daß es diesen höheren Sinn gibt, ist genauso eine – für die populäre Kunstform des Marterls entscheidende – Setzung, wie die andere, ebenso naheliegende, daß es ihn nicht gibt: daß dieses Unglück sinnlos und unerklärlich bleiben könnte.

Der zweite Teil des Textes macht das ganze Marterl also zum Emblem und dabei zum Memento mori. Der Text greift damit das allegorisch-emblematische Bauprinzip[2] auf, mit dem es seit dem ästhetischen Paradigmenwechsel im 18. Jahrhundert für die Hochliteratur vorbei sein soll.[3] (Und doch tendiert Interpretation immer zur Allegorie. Sie sieht im Besonderen oft nur Illustrationen des Allgemeinen. Wieviele Interpretationen sehen in der modernen Literatur nichts anderes als Allegorien vom Entzug der Bedeutung und von den Grenzen der Sprache.)

Der lebenspraktische Sinn, den die emblematische subscriptio der Marterl-Verse deutlich macht, ist, daß dieses irdische Leben nicht alles ist. Mit dem Jägergruß 'Weidmanns *Heil*' wird also nicht nur ein Gruß-Ritual vollzogen. Der Jäger-Gruß hat auf dem Marterl eigentlich nichts zu suchen, richtet es sich doch an den „Wanderer" generell, nicht nur an den Jäger. Der Gruß ist vielmehr ganz wörtlich gemeint: Um das Heil geht es, das der verstorbene *Hei*nrich *Hei*ler schon in seinem Namen trägt und auf das auch durch Alliteration und Assonanz unüberhörbar hingewiesen wird. Mit dem Heil beginnt der Text; mit ihm schließt er. Diese Wiederholungsstruktur, grundlegend für Literatur überhaupt und besonders für Lyrik,[4] verbirgt sich, natürlich ohne beabsichtigt zu sein, auch in den Lebensdaten – *neunzehnhundertsiebenundzwanzig* bis *neunzehnhundertsiebenundachtzig* – und findet sich noch mehrfach im Gedicht selbst (so im Reim, in Gam*serl*/Küg*erl*, *Dir*/*Derweil*, *Weidmanns Heil*, außerdem und nicht zu vergessen: im konsequent durchgehaltenen Jambus).

---

[2] Vgl. Albrecht Schöne: Emblematik und Drama im Zeitalter des Barock, München ²1964.

[3] Vgl. Peter André Alt: Begriffsbilder. Studien zur literarischen Allegorie zwischen Opitz und Schiller, Tübingen 1995 (Studien zur deutschen Literatur, Bd. 131). – In der populären Literatur ist das anders; vgl. Verf. (Hg.): Bänkelsang. Texte – Bilder – Kommentare, Stuttgart 1985, bes. das Nachwort.

[4] Vgl. Jurij M. Lotman: Die Struktur des künstlerischen Textes, Frankfurt a.M. 1973 (es 582), Kap. 6, 2.

Schließlich erinnert der Text noch an die wichtige literarische Gattung der Grabschrift, mit der solche Marterlsprüche verwandt sind. Der Appellcharakter des „Oh Wanderer" entspricht dem „Steh, Leser, still" der Grabschrift.[5]

Aber was soll der zum Lesen innehaltende Wanderer denn noch bedenken über das grundsätzliche Memento mori hinaus? Vielleicht, daß es nicht angemessen ist, sich übermäßig über den gelungenen Schuß zu freuen. Hätte Heinrich Heiler sich nicht so gefreut, hätte ihn der Herzschlag womöglich nicht ereilt. Er hätte wohl nicht um der Freude willen jagen sollen. Offenbar hatte er eine falsche Auffassung vom Sinn des Jagens.

„Ich war Jäger, ist das etwa eine Schuld?", fragt ein berühmter Kollege des anonymen Autors dieses Marterl-Gedichtes. „Aufgestellt war ich als Jäger im Schwarzwald, wo es damals noch *Wölfe* gab." Um die er sich als Jäger wohl kümmern sollte, so darf man ergänzen. „Ich lauerte auf, schoß, traf, zog das Fell ab, ist das eine Schuld? Meine Arbeit wurde gesegnet. 'Der große Jäger vom Schwarzwald' hieß ich. Ist das eine Schuld?" Auch dieser Jäger, der sich hier seines Ruhmes erinnert, hat offensichtlich eine Grenze überschritten, die er nicht hätte überschreiten sollen. Und er wurde dafür bestraft, von wem auch immer („*aufgestellt* war ich"). Der Tod erscheint in dieser Geschichte vom 'Jäger Gracchus' als Tribut an die Sünde der Grenzüberschreitung und der Verfehlung der eigentlichen Lebensaufgabe. Das weiß der Jäger intuitiv wohl auch. Sonst würde er nicht zweimal rhetorisch nach seiner Schuld fragen: „Vor vielen Jahren, es müssen aber ungemein viele Jahre sein, stürzte ich im Schwarzwald – das ist in Deutschland – von einem Felsen, als ich eine *Gemse* verfolgte. Seitdem bin ich tot."[6] – Schiller hatte schon mit seiner Ballade 'Der Alpenjäger' (1804) die wilde, maßlose, selbstzweckhafte Jagdlust, die kein Mitleid mit der „zitternden Gazelle"

---

[5] Dazu Wulf Segebrecht: Steh, Leser, still! Prolegomena zu einer situationsbezogenen Poetik der Lyrik, entwickelt am Beispiel von poetischen Grabschriften und Grabschriftenvorschlägen in Leichencarmina des 17. und 18. Jahrhunderts. In: Deutsche Vierteljahrsschrift 52, 1978, S. 430–468; Georg Braungart: Barocke Grabschriften. Zu Begriff und Typologie. In: Hans Feger (Hg.): Studien zur Literatur des 17. Jahrhunderts. Gedenkschrift für Gerhard Spellerberg (1937-1996), Chloe Bd. 27, S. 425-487. Als Überblick über die Gattung: Rudolf M. Kloos: Einführung in die Epigraphik des Mittelalters und der frühen Neuzeit, Darmstadt 1980, bes. S. 70ff.

[6] Franz Kafka: Der Jäger Gracchus. In: Ders.: Beschreibung eines Kampfes. Novellen, Skizzen, Aphorismen. Aus dem Nachlaß, Frankfurt a.M. 1976 (Gesammelte Werke, hg. von Max Brod), S. 78 u. 77; Hervorhebungen von mir.

kennt[7] – „Mit des Jammers stummen Blicken / Fleht sie zu dem harten Mann, / Fleht umsonst"[8] –, überaus deutlich bewertet.

Die Gemse, die Heinrich Heiler und Kafkas Jäger Gracchus zum Verhängnis wurde, bevölkert zahllose Wildschütz- und Jagdgeschichten. Sie findet sich in vielen populären Überlieferungen und war im Volksglauben und in der Volksmedizin wichtig.[9] Nicht jedes Alpentier konnte zu so großer Bedeutung in der Jagdkultur und der sie begleitenden Literatur kommen. Die Freiheit, Leichtigkeit und scheinbare Mühelosigkeit, mit der sich die Gemse in den Felsen bewegt und die es schwer macht, sie zu erlegen, ließ sie zu einer Provokation für den Menschen werden. So weit hat es das Murmeltier nicht gebracht. An ihm interessierte vor allem das Fett.

Dafür, daß Kafka die Gemse in seine Geschichte aufgenommen hat,[10] dürfte es allerdings noch einen anderen, sehr naheliegenden Bezug geben: Im ersten Abschnitt des 'anderen Tanzliedes' von Nietzsches 'Zarathustra' finden sich zwei für Kafkas Erzählung auch in ihren Konnotationen wichtige Motive (Kahn und Gemse): „In dein Auge", heißt es dort zu Beginn, „schaute ich jüngst, o Leben: Gold sah ich in deinem Nacht-Auge blinken, – mein Herz stand still vor dieser Wollust: / – einen goldenen Kahn sah ich blinken auf nächtigen Gewässern, einen *sinkenden, trinkenden*, wieder winkenden goldenen Schaukel-Kahn!" Nietzsches Zitat aus Goethes Ballade 'Der König von/in Thule' – siehe die Hervorhebung – ist deutlich und auch motiviert: Der Becher ist bei Goethe Symbol der Liebe und der Fülle des Lebens. An das Leben richtet Zarathustra dann die Frage: „Das ist ein Tanz über Stock und Stein: ich bin der Jäger – willst du mein Hund oder meine Gemse sein?"[11]

---

[7] Die Gazelle hat sich bei Schiller vermutlich des Reimes wegen in die Alpen verirrt und weil sich mit ihr, stärker noch als bei der ihr nur sprachästhetisch verwandten Gemse (Gemse/*Gams* – *Gaz*elle), Eleganz, Grazie, Schönheit einerseits und Natürlichkeit andererseits besonders eindrucksvoll verbinden. Die Gazelle paßt also noch besser zu Schillers Ästhetik als die Gemse.

[8] Friedrich Schiller: Sämtliche Werke. Erster Band. Gedichte. Dramen I, Darmstadt 1987, S. 389 f.

[9] Handwörterbuch des deutschen Aberglaubens. Hg. von Hanns Bächtold-Stäubli unter Mitwirkung von Eduard Hoffmann-Krayer, Repr. Berlin – New York 1987, Bd. 3, Sp. 629 ff.

[10] 'Gemse' und 'Gracchus' sind auch phonetisch aufeinander bezogen: durch die Alliteration und die Zweisilbigkeit; das ist kaum ein Zufall, wenn man an die grundsätzliche Bedeutung der poetischen Namengebung bei Kafka denkt. Vgl. etwa: Bernd Stiegler: Die Aufgabe des Namens. Untersuchungen zur Funktion der Eigennamen in der Literatur des zwanzigsten Jahrhunderts, München 1994, zu Kafka S. 297 ff. Zur Gemse im Kontext anderer Kafkascher Tiere vgl. Jianming Zhou: Tiere in der Literatur. Eine komparatistische Untersuchung der Funktion von Tierfiguren bei Franz Kafka und Pu Songling, Tübingen 1996 (Untersuchungen zur deutschen Literaturgeschichte, Bd. 82).

[11] Friedrich Nietzsche: Werke. Hg. von Karl Schlechta, Frankfurt/M. – Berlin – Wien 1976, Bd. II, S. 470 u. 471.

Goethe, Schiller, Nietzsche, Kafka: so wäre also der anonyme Autor der Marterl-Verse plötzlich in eine illustre literarische Nachbarschaft geraten. Ist das Gedicht tatsächlich in derartige intertextuelle Bezüge verwoben? Oder wäre nicht vielmehr das, was ich hier vorgeführt habe, ein Musterbeispiel für den in der Literaturtheorie der Gegenwart so heftig gescholtenen Furor der Interpretation, die den literarischen Text hermeneutischer Willkür ausliefert?[12] Ganz nach dem Spruch des alten Goethe: „Im Auslegen seid frisch und munter! / Legt ihr's nicht aus, so legt was unter."[13]

Was habe ich mit dem Text eigentlich gemacht? Zunächst einmal habe ich mir selbst eine Grenzüberschreitung zur populären Literatur und Kultur geleistet. Das sozialgeschichtliche Forschungsparadigma, das die Literaturwissenschaft der späteren sechziger und der siebziger Jahre geprägt hat, hat zwar einen weiten Literaturbegriff entwickelt, dabei aber die Analyse ästhetischer Strukturen eher zurückgestellt zugunsten der sozialer Funktionszusammenhänge. Inzwischen sind die Grenzen wieder enger gezogen, was man vielleicht als Hinweis auf die fortschreitende innerkulturelle Differenzierung nehmen kann, die auch die Wissenschaften nicht ausspart. Am ehesten noch hat heute die populäre Kultur im Medium des Films Zugang zur Literaturwissenschaft. Dadurch werden die Chancen für die Literaturwissenschaft aber nicht gerade größer, mehr über elementare Strukturen und Bedeutungen des Ästhetischen zu erfahren.

Ich habe sodann auf einige ästhetische Details des Textes hingewiesen, die man *analytisch* wahrnehmen kann oder auch nicht, die aber dennoch für die *ästhetische Erfahrung* dieses Gedichtes wichtig sind und auf einer 'präsentativen' Ebene auch verstanden werden.[14] Dieses Gedicht ist ästhetisch reguliert und elaboriert; es bezieht sich auf eine ästhetische Tradition. Durch seine erfahrbare ästhetische Reguliertheit erscheint es bedeutsam. Darin gibt es keinen *grundsätzlichen* Unterschied zu zwei der schönsten und sensibelsten Memento-Mori-Gedichten der neueren deutschen Literatur, zu Goethes 'Wanderers Nachtlied' und Mörikes 'Ein Tännlein grünet wo', die doch noch ästhetischen Trost spenden, wo sie keinen metaphysischen mehr spenden können. Zwei Beispiele im übrigen für das, was ich als ästhetischen Sinn bezeichnen möchte.

---

[12] Didaktisch geschickt führt Axel Spree in zwei Artikeln 'Interpretation' bzw. 'Kritik der Interpretation' in die jüngere Diskussion um die Interpretation ein. In: Thomas Eicher/Volker Wiemann (Hg.): Arbeitsbuch: Literaturwissenschaft, Paderborn – München – Wien – Zürich 1996, S. 167–183 und S. 185–215. – Vgl. auch Terry Eagleton: Einführung in die Literaturtheorie, Stuttgart 1988 (SM 246).

[13] Goethes Werke. Hg. von Erich Trunz (Hamburger Ausgabe). Bd. 1, München [12]1981, S. 152.

[14] Ich beziehe mich damit auf die Kategorie der 'präsentativen Symbolik', die Susanne Langer im Anschluß an Cassirer entwickelt hat und deren mögliche Bedeutung für die Literaturwissenschaft m. E. geprüft werden müßte. – Susanne K. Langer: Philosophie auf neuem Wege. Das Symbol im Denken, im Ritus und in der Kunst, Frankfurt a.M. 1987 (zuerst 1942; Fischer Taschenbuch Wissenschaft 7344).

Mag sein, daß man damit dem Autor der Marterl-Verse zuviel Ehre gibt. Aber auch die sprachliche Handlung, die dieses Gedicht darstellt (und dies gilt grundsätzlich für jede sprachliche Äußerung), wird verstanden; und in ihrer „Appellstruktur"[15] zielt sie selbst darauf. Das Gesagte verbleibt nicht mehr im Besitz des Autors, sobald es in eine Sprach-Kultur entlassen wird. Die Assoziationskette, die das Marterl-Gedicht veranlaßt hat, war im Rahmen unserer Kultur nicht völlig beliebig und zufällig. Sie zeigt, wie ein Autor die Herrschaft über seinen Text verlieren kann, wenn er ihn einer kulturellen Ordnung überläßt. Mit der Durchsetzung der Literalität und der Entwicklung entsprechender Medien und neuer literarischer Kommunikations- und Distributionsformen wurde das literarische Werk auch der Verfügungsgewalt des Autors mehr und mehr entzogen. Das war eine Herausforderung für ein Verständnis vom Autor als individuellem, originellem Urheber, wie es sich im 18. Jahrhundert entwickelt und durchgesetzt hat.[16]

Jede sprachlich-literarische Äußerung läßt sich auch, mehr oder weniger, auf die einer Sprachgemeinschaft gemeinsame Sprache und Kultur ein; sie partizipiert an ihnen. Sie bekommt von dieser Sprache und Kultur Bedeutungen zugewiesen und wird in diesem Kontext – mehr oder weniger gut – verstanden, ob das ein Autor nun will oder nicht. Als sprachliche Äußerung wird sie nie überhaupt nicht verstanden, höchstens sehr schlecht oder unzureichend. Mit jeder sprachlichen Äußerung vergesellschaftet sich ein Autor im Rahmen einer Kultur. Jede sprachliche Äußerung, nicht nur die poetische, ist darum notwendig individuell und allgemein.[17] Es gibt keine bloße Privat-Sprache, die, sozusagen, nur dem Autor gehörte. Das wäre ein Widerspruch in sich.

Jeder Text, nicht nur der literarische, wird in jeder neuen Lektüre neu realisiert. Seit der romantischen Ästhetik und bis hin zur modernen Rezeptionsästhetik und Hermeneutik ist dieser notwendig kreative Akt des Lesers, der den Text konstituiert, immer wieder hervorgehoben worden. In der Lektüre realisiert ein Leser auch den Sinn, den der Text für ihn selbst und in seinem kulturellen Horizont hat. Der anonyme Autor des Marterl-Gedichtes kann nicht kontrollieren, ob mir als Leser der Tod Heinrich Heilers besonders nahegeht, z.B. weil auch in meinem eigenen Bekanntenkreis ein mir besonders wichtiger Mensch am „Schlag" verstorben ist. Oder weil ich mich für Wildschütz- und Jagdgeschichten interessiere. Oder für Sterbe- und Todesrituale und für Rituale überhaupt. Die in der post-

---

[15] Wolfgang Iser: Die Appellstruktur der Texte. Unbestimmtheit als Wirkungsbedingung literarischer Prosa, Konstanz ³1972. - Der appellative Charakter des Marterls resultiert freilich gerade nicht aus seiner Unbestimmtheit.

[16] Zu juristisch-ästhetischen Aspekten, die sich aus einem modernen Verständnis von Autorschaft ergeben, vgl. Heinrich Bosse: Autorschaft ist Werkherrschaft. Über die Entstehung des Urheberrechts aus dem Geist der Goethezeit, Paderborn – München – Wien – Zürich 1981.

[17] Vgl. Manfred Frank: Das individuelle Allgemeine. Textstrukturierung und -interpretation nach Schleiermacher, Frankfurt a.M. 1977.

strukturalistischen Literaturtheorie so sehr problematisierte Kategorie des Autors,[18] verstanden weniger als biographisch faßbare Person denn als heuristisches Konstrukt und Konzept, kann deshalb zum Korrektiv werden für die mögliche Willkür des Interpreten. Die Grenze zu spüren zwischen sensibler, einläßlicher Interpretation und interpretatorischer Willkür stellt sich in jeder Interpretation neu als hermeneutische Aufgabe. Mit den Bezügen auf Kafka, Nietzsche, Schiller habe ich sie wohl überschritten und den Text auf einen bloßen Anlaß für literarisch-kulturelle Assoziationen reduziert. Berührt sind damit Fragen einer Ethik der Interpretation: Was darf ich an einem Text noch deuten, ohne ihm Gewalt anzutun und ohne das Subjekt, das sich in ihm artikuliert, in meiner Deutung zum Verschwinden zu bringen? Diese in der Diskussion um Interkulturalität zentrale Frage ist auch für die diachrone Interkulturalität der Geschichte und Kultur, aus der Autor und Interpret selbst kommen, wichtig.

Begreift man literarische Äußerungen – wie sprachliche Äußerungen überhaupt – als sprachliche Handlungen, so kommt man ohne die Kategorie der Intention nicht aus. Die ästhetische Gestalt der Marterl-Verse, die ich ein wenig zu skizzieren versucht habe, weist sie als sinnvoll strukturiert und intentional aus. Ihre Intention ist offensichtlich nicht, als ein ästhetisch komplexes, literarisches Kunstwerk zu erscheinen, das 'viel zu denken gibt' (Kant). Das Marterl ist vielmehr Gebrauchskunst und als solche Element eines Rituals, mit dem der Tod als das Ereignis im Leben, das das menschliche Begreifen seit jeher am stärksten herausfordert, gestaltet und bewältigt werden soll.[19] Wären die Marterl-Verse und das ganze Marterl jedoch nicht besonders ästhetisch strukturiert, könnten sie dies nicht leisten. Das Marterl erinnert an den elementaren Sinn und die elementaren Funktionen, die Literatur und Kunst haben, die ästhetische Gestaltung überhaupt hat. Mit 'Sinn' meine ich also weniger positive (weltanschauliche, metaphysische) Sinngebung, mit der das Marterl sich ja eher zurückhält, denn der Verweis auf den obersten Sinngeber fällt doch ziemlich karg aus, sondern symbolische Bearbeitung und Bewältigung durch Sprachfindung und Gestaltung. Also kein Sprachlos-Werden und Verstummen in der Konfrontation mit dem Tod.[20]

Nun könnte man einwenden, daß es doch ein fundamentaler Unterschied sei, ob es sich um triviale Gebrauchskunst handle, die in traditional orientierten Milieus oder Gesellschaften noch ihren Platz haben mag, oder um große, autonome Kunst, die mit Sinngebung oder gar Sinnstiftung 'nichts im Sinn' habe. 'Sinn'

---

[18] Vgl. Spree (wie Anm. 12), S. 205 ff., und den Artikel 'Einführende Grundbegriffe der Textanalyse' von Volker Wiemann im selben Band, S. 13–52, bes. S. 36 ff.

[19] Zu diesem Zusammenhang von 'Ritual und Literatur' und zum folgenden vgl. meinen Versuch gleichen Titels, Tübingen 1996.

[20] Vgl. Alfred Lorenzer: Sprachzerstörung und Rekonstruktion. Vorarbeiten zu einer Metatheorie der Psychoanalyse, Frankfurt a.M. 1973 (es 572).

gehört deshalb zu den literaturwissenschaftlichen Tabu-Begriffen.[21] In der Geschichtswissenschaft ist das anders.[22] Aber 'Sinn' läßt sich offener verstehen. Sinn ist auch das, was sich handelnd, im Vollzug, als *ästhetische* Ordnungs- und Strukturierungsleistung erfahren läßt, als etwas, was – in lebensweltlichen und kulturellen Zusammenhängen – *gemacht*, nicht nur vorgefunden wird und was sich in der ästhetischen Erfahrung neu konstituiert. Solche ästhetischen Sinnkonstitutionen und -erfahrungen beschränken sich nicht auf das Feld der großen Kunst. Sie sind ein entscheidendes Merkmal *jeder* kulturellen Äußerung und Handlung. Auf dem Gebiet großer Kunst werden sie nur in ganz besonderer Weise möglich.

Literaturwissenschaft und Kulturwissenschaft[23]: Kultur beginnt dort, wo sich Menschen – darstellend, handelnd, hervorbringend – zu sich selbst stellen, wo sie zu sich selbst, *zu ihrem Dasein als Menschen* in ein Verhältnis treten. Dafür ein Beispiel: Es ist ein fundamentaler Unterschied, ob ein Lebewesen nach seinem Tod einfach liegenbleibt, wo es gerade gestorben ist, und seine Artgenossen nur weiterziehen, ohne von diesem Tod Notiz zu nehmen. Oder ob eine Gemeinschaft in irgendeiner Form auf diesen Tod reagiert, und sei es nur, daß ein paar Körner Sand über den Gestorbenen gestreut werden. Oder sei es eben, daß in einem differenzierten, regulierten, ästhetisch elaborierten Ritual von ihm Abschied genommen wird und man ihn der 'Welt', der er nun angehören wird, übergibt.[24] – Sehr viele kulturelle Äußerungen und Handlungen haben sich um diese beiden übergroßen Herausforderungen für unser Verstehen entwickelt: um Liebe und Tod. Seit jeher sind dies auch die großen Themen von Literatur: Liebe und Tod.

---

[21] So verzeichnet z. B. das von Ulfert Ricklefs hg. dreibändige Fischer Lexikon Literatur, Frankfurt a.M. 1996, den Begriff überhaupt nicht, auch nicht den verwandten, aber weniger verdächtigen der 'Bedeutung'.

[22] Zum Beispiel hat sich 1994/95 eine Forschungsgruppe am Zentrum für interdisziplinäre Forschung der Universität Bielefeld mit dem Thema 'Historische Sinnbildung. Interdisziplinäre Untersuchungen zur Struktur, Logik und Funktion des Geschichtsbewußtseins im interkulturellen Vergleich' befaßt; vgl. etwa Klaus E. Müller/Jörn Rüsen (Hg.): Historische Sinnbildung. Problemstellungen, Zeitkonzepte, Wahrnehmungshorizonte, Darstellungsstrategien, Reinbek bei Hamburg 1997 (re 55584); dort bes. die einleitenden Aufsätze von Jörn Rüsen (Was heißt Sinn der Geschichte, S. 17–47) und Jörn Stückrath ('Der Sinn der Geschichte'. Eine moderne Wortverbindung und Vorstellung? S. 48–78, vor allem S. 53 ff.: Die Vieldeutigkeit des Sinn-Begriffs). – Weitere Ergebnisse der Forschungsgruppe sind soeben veröffentlicht worden (Frankfurt 1998; stw 1402–1405).

[23] Im folgenden nehme ich Überlegungen zu einem literatur- und kulturwissenschaftlichen Forschungskolleg auf, die ich an der Fakultät für Linguistik und Literaturwissenschaft der Universität Bielefeld vorgetragen habe.

[24] Ich verdanke dieses Beispiel Hermann Timm, der es im Mai 1997 in Halle/Saale bei einer von Alfred Schäfer und Michael Wimmer geleiteten interdisziplinären Tagung zum Ritual verwendet hat. Die Beiträge zu dieser Tagung sind 1998 erschienen.

Ein Buch wie Paul Kerstens erschütternde Erzählung 'Der alltägliche Tod meines Vaters'[25] läßt sich als literarische Inszenierung eines Trauerrituals verstehen (das könnte man an den ästhetischen Formen im einzelnen zeigen), das erinnernd das Sterben des Vaters an einer schweren Krebs-Erkrankung wiederholt und symbolisch bearbeitet.[26]

Mit allen seinen kulturellen Äußerungen und Handlungen, nicht nur mit denen, die in unserer Kultur einen besonders prominenten Platz einnehmen, mit Kunst und Literatur, tritt der Mensch zu sich selbst also in ein Verhältnis. Insofern hat Kultur immer ein reflexives Moment.[27] Kultur ist nicht einfach nur die von Menschen gemachte Welt. In diesem Verhältnis zu sich selbst stellt der Mensch etwas dar und stellt sich auch selbst dar. Er zeigt in seinen kulturellen Äußerungen zugleich immer, was sie für ihn sind.

Wenn der Mensch so zu sich selbst in ein Verhältnis tritt, artikuliert er sich also immer expressiv (oder emotiv) und kommunikativ bzw. symbolisch zugleich. Diese Aspekte kultureller Handlungen können jeweils unterschiedlich stark ausgeprägt sein; sie lassen sich aber nicht gegeneinander ausspielen. Kulturelle Äußerungen und Handlungen sagen in ihrer Gestaltung immer auch etwas darüber aus, wie wichtig und bedeutsam sie für denjenigen sind, der sie hervorbringt oder sich mit ihnen umgibt. Die Marterl-Verse lauteten eben nicht nur: 'Hier starb Heinrich Heiler bei der Gams-Jagd. Vergiß nicht, Wanderer, daß du auch sterben mußt, und besinne dich rechtzeitig auf deinen Gott!' (Und selbst solche einfachen Sätze in Prosa würde der lesende Wanderer als Aufforderung zum Innehalten – im doppelten Sinn – begreifen.)

Kulturelle Handlungen sind damit notwendig auch – in einem weiteren Sinn des Wortes – 'ästhetisch': darstellend, gestaltend, zeigend und also 'aisthetisch' erfahrbar. Clifford Geertz hat in einer berühmten und wirkungsvollen Definition Kultur als das vom Menschen „selbstgesponnene Bedeutungsgewebe" bestimmt, das „interpretierend" im Hinblick auf seine „Bedeutungen" zu untersuchen sei.[28] Diese Bestimmung ist nicht unproblematisch. Sie semiotisiert Kultur und versteht

---

[25] Köln 1978.

[26] Strukturell verwandt, wenngleich stärker auf die erinnernde Wiederholung des Lebens der Mutter hin angelegt: Karl-Heinz Ott: Ins Offene. Roman, Salzburg und Wien 1998. Den Hinweis auf diesen Roman verdanke ich Manfred Koch.

[27] Vgl. auch Uwe C. Steiner: „Können die Kulturwissenschaften eine neue moralische Funktion beanspruchen?" Eine Bestandsaufnahme. In: Deutsche Vierteljahrsschrift für Literaturwissenschaft und Geistesgeschichte 71, 1997, S. 5–38, hier bes. S. 10: „'Kultur' soll [...] die Gesamtheit zivilisatorischer Entitäten und Prozesse bezeichnen, insofern sie reflexiv vergegenwärtigt werden." Dieser Begriff der Reflexion als Merkmal von Kultur scheint mir jedoch zu eng; er steuert doch wieder geradewegs auf die 'höhere Kultur' zu, die gegenüber der schnöden Zivilisation privilegiert ist, weil sie diese reflektiert, also durchschaut.

[28] Clifford Geertz: Dichte Beschreibung. Beiträge zum Verstehen kultureller Systeme, Frankfurt a.M. ²1991, S. 9.

sie generell als *Text*. Aber Kultur ist nicht nur Text; Kultur ist auch Praxis.[29] In seinen 'Bemerkungen zum balinesischen Hahnenkampf' hat Geertz dieses Verständnis von Kultur als Text auch explizit formuliert.[30] Texte können und sollen jedoch gelesen werden. Dafür sind sie da. Die Text-Metapher teleologisiert also Kultur auf die Kulturtechnik des Lesens hin (mit all ihren Implikationen). Doch man 'liest' eine Landschaft, man 'liest' Architektur, das Design von Autos oder Mode nicht wie man ein Buch liest. Die Text-Metapher impliziert bestimmte, an Texten gewonnene und erprobte Interpretationsverfahren. Und sie impliziert in ihrer Universalisierung ein problematisches Konzept von Bedeutung. Bedeutungen gibt es nicht losgelöst von den Gegenständen und Zeichen, an denen wir sie verstehen, und sie lassen sich auch nicht einfach in unterschiedliche semiotische Systeme transponieren. Etwas auf andere Weise sagen, heißt immer auch etwas anderes sagen. Das Verstehen kultureller Äußerungen ist abhängig von den Formen, in denen sie sich darstellen. Es macht bekanntlich einen Unterschied, ob ich einen Text vorgetragen bekomme, auf dem Theater gespielt sehe oder selbst lese. Eine Jugendgruppe, die ihren Zusammenhalt durch präsentativ-symbolische Formen nach außen zeigt und sich so zugleich unterscheiden will, tut etwas anderes als die Gruppe avantgardistischer Künstler, die dafür die Form des Manifestes wählt.

Wie bedeutsam eine kulturelle Äußerung für uns erscheint, wie sehr sie uns auffällt und welchen Sinn wir mit ihr verbinden, hängt von den Graden ihrer ästhetischen Elaboriertheit und Komplexität ab, von der Art und Weise ihrer ästhetischen und sozialen Inszenierung.[31] Das ist kein verkappter Nietzscheanismus, daß die Welt nur ästhetisch gerechtfertigt sei. Nietzsches rätselhafter Satz ist melancholisch getönt. Er unterstellt, daß die Welt überhaupt gerechtfertigt werden muß und metaphysisch nicht mehr gerechtfertigt werden kann; und er reduziert das Ästhetische letztlich auf seine kompensatorische Funktion. Aber genau das heißt

---

[29] So, energisch, Kaspar Maase 1998 bei einem von Christine Göttler und mir geleiteten Bielefelder Kolloquium 'Manier und Manierismus', dessen Ergebnisse 1999 im Niemeyer Verlag, Tübingen, erscheinen werden. – Hingewiesen sei auf Kaspar Maases Arbeit 'Grenzenloses Vergnügen. Der Aufstieg der Massenkultur 1850 –1970', Frankfurt a.M. 1997 (Fischer Taschenbuch 60143), die auch die Ästhetik der Massenkultur ernstnimmt.
[30] Geertz, Dichte Beschreibung (wie Anm. 28), S. 253 ff. – Kritisch zu diesem Verständnis von Kultur als Text etwa: Carsten Lenk: Kultur als Text. Überlegungen zu einer Interpretationsfigur. In: Renate Glaser/Matthias Luserke (Hg.): Literaturwissenschaft – Kulturwissenschaft. Positionen, Themen, Perspektiven, Opladen 1996, S. 116–128.
[31] Auf die Bedeutung der Kategorien des Theatralen und des Inszenatorischen hat kürzlich Erika Fischer-Lichte aufmerksam gemacht: Theater als kulturelles Modell. In: Ludwig Jäger (Hg.): Germanistik: Disziplinäre Identität und kulturelle Leistung. Vorträge des deutschen Germanistentages 1994, Weinheim 1995, S. 164–184.

die Welt *ästhetisieren* und das Ästhetische damit unterbestimmen. Denn als kulturelle Welt ist unsere Welt immer ästhetisch.[32]

Auch so, ästhetisch in einem weiteren Sinne, differenziert sich eine Kultur, gliedern sich Teilbereiche aus, werden auch soziale Unterschiede markiert.[33] Das ist im kulturellen Teilsystem der Literatur nicht viel anders als in anderen Bereichen des sozialen und kulturellen Lebens. Es ist hier wie dort gar nicht so leicht, die ästhetische Anmutung angemessen zu beschreiben und zu deuten. Was läßt die 'Physiognomie' eines Autos aggressiv erscheinen? Welchen 'Sinn' hat ein martialischer Heckspoiler, und woran liegt es, daß er so martialisch aussieht? Wie funktioniert ein Werbespruch ästhetisch? Besteht man darauf, daß die ästhetische Wahrnehmung doch einen Einstellungswechsel voraussetze, der beim Kunstwerk, wolle man ihm gerecht werden, fordere, daß man es *als Kunstwerk* betrachte, so löst man eine ästhetische Funktion von möglichen anderen ab. Aber ist das möglich? Wir 'verstehen' auch die ästhetische Erscheinung eines Gegenstandes, eines Textes, eines Bildes – gewiß: mehr oder weniger gut – und gliedern diese verstehende Wahrnehmung immer in unseren Horizont ein. Etwas ist schön immer *für* jemanden. Das ästhetische Urteil ist unhintergehbar subjektiv. Auch die ästhetische Funktion ist kommunikativ; und sie ist kein Privileg großer Kunst. Ich kann auch einen Apfel im Hinblick darauf anschauen, ob er mir gefällt. Zugleich wird sich diese Erfahrung aber kaum lösen lassen von dem Versprechen, das von der Schönheit des Apfels ausgeht, er werde auch gut schmecken. Die tatsächlich unsagbare Schönheit von Schuberts Musik, die zur Zustimmung nötigt, ohne unbedingt 'viel zu denken zu geben' (Kant), wie wir es von großer Kunst doch zu verlangen pflegen, läßt sich nicht lösen von der 'Gebärde des Trostes' (Adorno), die auch von großer Kunst ausgehen kann – wie bei Goethes und Mörikes Memento-Mori-Gedichten.

So zu perspektivieren verlangt einen weiten Begriff des Ästhetischen. Zwar haben sich Literatur und Kunst seit dem 18. Jahrhundert zu selbständigen und selbstreflexiven kulturellen Teilsystemen ausdifferenziert. Deshalb verfällt bis heute jede Inanspruchnahme von Literatur und Kunst, die sich nicht an die Spielregeln hält, die das hochritualisierte System von Literatur/Kunst vorgibt, dem Verdikt des Banausischen oder Dilettantischen. Aber es fragt sich doch, ob man die skizzierte elementare Bedeutung des Ästhetischen – auch im ausdifferenzier-

---

[32] Ich halte deshalb die Rede von einer Ästhetisierung des Alltags und der Lebenswelt, die in unseren postmodernen Zeiten zu beobachten sei, für problematisch, weil die Lebenswelt (wie immer man die Kategorie genauer bestimmt) zum sinnhaften Gefüge für uns entscheidend dadurch wird, *wie sie uns erscheint.* Die Lebenswelt ist immer ästhetisch. Man könnte deshalb allenfalls sagen, die Bedeutung ihrer ästhetischen Anmutung nehme in der Gegenwartskultur zu (wovon ich nicht einmal überzeugt bin).

[33] Grundlegend dazu sind die Untersuchungen Pierre Bourdieus, u.a.: Zur Soziologie der symbolischen Formen, Frankfurt a.M. 1974; Die feinen Unterschiede. Kritik der gesellschaftlichen Urteilskraft, Frankfurt a.M. 1984.

ten System Literatur/Kunst selbst – wirklich erfaßt, wenn man in der Theoriebildung und in der historischen Forschung die Ausdifferenzierung des Systems Literatur/Kunst weiter nur reproduziert. Warum sich das Teilsystem Literatur und Kunst ausdifferenziert hat und warum wir sie als ausdifferenzierte haben wollen, ist eine andere und selbst klärungsbedürftige Frage. Zum Beispiel könnte es sein, daß auch säkularisierte Kulturen nicht ohne ein Heiliges auskommen; sie nennen es nur nicht so. Ein kulturwissenschaftliches Verständnis von Literaturwissenschaft kann und muß offener fragen. Das Ästhetische hat, wie angedeutet, unhintergehbar einen 'Sitz im Leben', ob uns das gefällt oder nicht. Jedes Studium von Todesanzeigen, die, je nach kultureller Ambition und sozialer Schicht, immer noch gerne auf den passenden Hölderlin-, Nietzsche- oder Rilke-Vers zurückgreifen, belehrt uns darüber.

Wenn die kulturwissenschaftliche Neuorientierung der alten Geisteswissenschaften sinnvoll sein soll, dann muß sie zu einer neuen, intensiven Beschäftigung mit Sinn und Bedeutung des Ästhetischen führen. Das könnte das Bindeglied für eine nicht nur postulierte und additiv bleibende Interdisziplinarität sein. Die Geschichtswissenschaft kann im Rahmen historischer Methodologie kaum wirklich beschreiben, warum ein Gebäude *modern* wirkt; die Soziologie kann mit ihren disziplinären Mitteln die archaische Ästhetik der Schlachtgesänge von Fußballfans nicht genau bestimmen. Wie aber die ästhetischen Rituale der Fußballfans *sozial* funktionieren und welchen *sozialen Sinn* sie schaffen, müssen sich die Literatur- und Kunstwissenschaften von den Sozialwissenschaften sagen lassen.

In den aktuellen Diskussionen um eine kulturwissenschaftliche Neuorientierung der Geisteswissenschaften und also auch der Literaturwissenschaft ist bislang kaum ernsthaft und systematisch diskutiert worden, welche spezifische Bedeutung das Ästhetische für bestimmte kulturelle Konstellationen und Prozesse haben kann und welchen Forschungsbeitrag deshalb die Disziplinen leisten können, die sich traditionellerweise mit Struktur und Geschichte des Ästhetischen befassen: die Literatur- und Kunstwissenschaften. Der relativ unklare und offene Kulturbegriff,[34] aus dem ein ebenso unscharfer Begriff von Kulturwissenschaft resultiert, birgt Chancen und Gefahren zugleich. Gefahren deshalb, weil einem unklaren Leitbegriff von Kultur eine Integrationskraft zugemutet werden könnte, die ihm nicht zukommt und die deshalb vielleicht nur zu einer kulturgeschichtlichen Erforschung von 'Partialgeschichten' führt (Kulturgeschichte des Wassers, des Feuers, des Essens usw.), deren 'Sinn' gar nicht zu bestreiten ist. Chancen aber könnten darin liegen, daß der Blick stärker auf neue systematische Fragen der Literatur- und Kunstwissenschaften gelenkt wird. Es hat seinen 'Sinn', daß Kategorien wie Rhythmus, Katharsis, Mimesis, Fiktion seit der Antike im Zentrum poetologischer Diskussion stehen. Sie sind so gut ästhetische Grundbegriffe

---

[34] Carl-Friedrich Geyer: Einführung in die Philsophie der Kultur, Darmstadt 1994, bes. S. 6 ff.; Klaus P. Hansen: Kultur und Kulturwissenschaft, Tübingen – Basel 1995 (UTB 1846).

wie sie Begriffe des sozialen Lebens sind.[35] Sozialisationsprozesse sind immer
auch mimetisch. Zeitverläufe versuchen wir zu rhythmisieren, sonst halten wir sie
nicht lange aus und finden uns in ihnen nicht gut zurecht; wir haben schließlich
auch 'innere Uhren'. Kathartische Momente hat jedes Fußballspiel. Fiktionsbil-
dung ist konstitutiv für viele Kinderspiele; als symbolisches Probehandeln ist sie
für viele Situationen lebenswichtig – usw. Diese poetisch-sozialen Grundbegriffe
erinnern uns an die elementare Bedeutung des Ästhetischen, die auch die Literaturwissenschaft ernstnehmen muß.

---

[35] Vgl. dazu Verf., Ritual und Literatur (wie Anm. 19), bes. Kap. IV.

Bernhard F. Scholz (Groningen):

'Das Bild wird für den Leib, die Schrifft für die Seele eines Sinn-Bildes geachtet'
Zur Rekonstruktion einer frühmodernen poetologischen Metapher

Folgt man der Darstellung in William S. Heckschers und Karl-August Wirths magistralem Lemma 'Emblem, Emblembuch' im *Reallexikon zur deutschen Kunstgeschichte*, so gehört das Emblem „zu den Kunstformen, die durch die *Vereinigung von Wort und Bild zu einem in sich geschlossenen allegorischen Gebilde* gekennzeichnet sind." In ihm ist „die für die Kunst des 16. und 17. Jahrhundert bezeichnende *Annäherung von Wort und Bild* – das Ernstnehmen des *„ut pictura poesis"* – am folgerichtigsten vollzogen worden. Der Terminus 'Emblem' bezeichnet folglich einen „Sachbegriff, der, an die antike Wortbedeutung anknüpfend, auf den *synthetischen Charakter der Kunstform aus den scheinbar unvereinbaren Elementen Wort und Bild* hinweist und ausschließlich eine besondere Form *bildlich-literärer Gestaltungen* bezeichnet." Etwas später wird schließlich das Verhältnis von Wort und Bild im Emblem funktional bestimmt: „Man hat es beim E. demnach mit einer *Vereinigung vom Wort des Lemma mit dem Bild der Icon zu einem Rätsel* zu tun, dessen Auflösung durch das Epigramm ermöglicht wird."[1]

Daß mit derartigen einander zum Teil ergänzenden, zum Teil überschneidenden, zum Teil aber auch widersprechenden Umschreibungen der für das Emblem charakteristische Sachverhalt einer Beziehung von Wort und Bild anvisiert wird, läßt sich kaum bestreiten. Dagegen bleibt undeutlich, was es mit dieser Beziehung im einzelnen auf sich hat. Denn was genau soll man sich unter einer 'Vereinigung von Wort und Bild zu einem in sich geschlossenen allegorischen Gebilde' vorstellen? Soll es sich bei diesem Gebilde um ein mit typographischen Mitteln perzeptuell geschlossenes Ganzes aus Wort und Bild, mit der Eigenschaft der von der Gestaltpsychologie beschriebenen 'guten Gestalt' handeln, dem dann zusätzlich das Prädikat 'allegorisch' zukommt? Oder soll die Geschlossenheit des fraglichen Gebildes primär konzeptueller Art sein, nämlich eine Folge der mit der Hilfe einer allegorischen Auslegung des Bildes durch das Wort bewirkten Verknüpfung beider, wobei eine eventuelle perzeptuelle Geschlossenenheit des Gebildes von eher untergeordneter Bedeutung wäre? Oder sollte es vielleicht das Emblem auszeichnen, daß hier, wie vielleicht bei keiner anderen Wort-Bild-Gattung, die perzeptuelle und die konzeptuelle Möglichkeit des Zusammenschließens von Wort und Bild zu einem Ganzen miteinander kombiniert

---

[1] William S. Heckscher, Karl-August Wirth: Lemma 'Emblem, Emblembuch'. In: Reallexikon zur deutschen Kunstgeschichte. Bd. V. Stuttgart, 1959, Sp. 85-228, Zitate Sp. 85, 88 und 95. Hervorhebungen von B.F.S.

wird?[2] Was soll dann aber angesichts der recht plausiblen These von der Vereinigung von Wort und Bild zu einem perzeptuell wie konzeptuell geschlossenen Gebilde der Hinweis auf den 'synthetischen Charakter der Kunstform aus den scheinbar unvereinbaren Elementen Wort und Bild'? War die perzeptuelle bzw. die konzeptuelle Vereinbarkeit von Wort und Bild nicht gerade die Voraussetzung dafür, daß es im Emblem zu einem geschlossenen Gebilde kommen konnte? Weshalb nun der ausdrückliche Hinweis auf die 'scheinbare Unvereinbarkeit' der Elemente des in perzeptueller wie konzeptueller Hinsicht erfolgreich zu bewerkstelligenden geschlossenen Ganzen? Die zueinander nicht so recht passen wollenden Bestimmungen des Emblems als 'Vereinigung von Wort und Bild zu einem in sich geschlossenen allegorisch geschlossenen Gebilde' und als 'synthetische Kunstform aus den scheinbar unvereinbaren Elementen Wort und Bild' sind Reflexe, so ist zu vermuten, zweier verschiedener historischer Epochen des Redens über das Verhältnis von Wort und Bild im allgemeinen. Die Rede von der Vereinigung beider zu einem Ganzen könnte ein später Reflex frühmoderner theoretischer wie praktischer Bestrebungen sein, unter dem aus der horazischen *Ars Poetica* stammenden „*ut pictura poesis*" die Gemeinsamkeiten von Wort und Bild herauszustreichen.[3] Bestrebungen dieser Art, daneben auch das gleichermaßen theoretische wie praktische Interesse der Humanisten an der Hieroglyphik, sind bekanntlich mit verantwortlich für die schier unglaubliche Produktivität der Emblematik in der 2. Hälfte des 16. und im 17. Jahrhundert[4] Dagegen dürfte die Rede vom Emblem als einer synthetischen Kunstform aus den scheinbar unvereinbaren Elementen Wort und Bild ein Reflex des ganz anders gearteten Redens über das Verhältnis von Wort und Bild sein, das mit Lessings *Laokoon* (1766) einsetzte. Die epochale Bedeutung der dort versuchten Bestimmung der 'Grenzen der Malerei und Poesie', so der Untertitel von Lessings Buch, besteht ja darin, anhand einer Analyse der unterschiedlichen zeitlichen wie räumlichen Verhältnisse sprachlichen und bildlichen Darstellens erstmals die Aufmerksamkeit auf die medialen Unterschiede von Wort und Bild gerichtet zu haben. In der hiermit problematisierten und schließlich abgelösten ältere Tradition des „*ut pictura poesis*" hatte der Nachdruck gerade auf der Wort und Bild gemeinsamen *historia* gelegen, und Unterschiede in den zeitlichen und räumlichen Verhältnissen hatten

[2] Zur Unterscheidung der perzeptuellen und der konzeptuellen Geschlossenheit im Emblem siehe Verf.: From Illustrated Epigram to Emblem: the Canonizination of a Typographical Arrangement. In: W. Speed Hill (Hg.): New Ways of Looking at Old Texts. Papers of the Renaissance English Text Society, 1985-1991, Binghamton, New York 1993, S. 149-157. Medieval and Renaissance Texts and Studies, Volume 107.
[3] Siehe hierzu noch immer Rensselaer W. Lee: Ut pictura poesis. The Humanistic Theory of Painting, New York 1967.
[4] Zur Rolle der Renaissance-Hieroglyphik für die Entwicklung der Emblematik siehe immer noch Ludwig Volkmann: Bilderschriften der Renaissance. Hieroglyphik und Emblematik in ihren Beziehungen und Fortwirkungen, Leipzig 1923. Reprint Nieuwkoop 1969.

bekanntlich gerade keine Rolle gespielt. So gesehen verdiente die Formulierung 'Vereinigung von Wort und Bild zu einem in sich geschlossenen allegorischen Gebilde' wegen ihrer größeren Nähe zum zeitgenössischen Reden über Embleme den Vorzug vor der Formulierung 'synthetische Kunstform aus den scheinbar unvereinbaren Elementen Wort und Bild', die, wenn sie denn, wie zu vermuten ist, auf das seit dem späten 18. Jahrhundert dominante Verhältnis von Wort und Bild zurückverweist, wohl nicht zufällig aus der Periode des Niedergangs der Emblematik stammt. Es wäre aber voreilig, anzunehmen, daß mit der Rede von der 'Vereinigung von Wort und Bild zu einem in sich geschlossenen allegorischen Gebilde' auch wirklich das Verständnis des Verhältnisses von Wort und Bild getroffen wäre, das der emblematischen Produktion der Renaissance und des Barock wie dem diese Produktion anleitenden und beurteilenden Reden zugrundelag, und das seinen Niederschlag in poetologischen Traktaten und Vorworten zu Emblembüchern fand. Daß es sich bei dieser Formulierung bestenfalls um einen modernen Reflex dieses Verständnisses handelt, nicht aber um dessen historisch adäquate Rekonstruktion, zeigt sich an der dem Denken der Renaissance und des Barock fremden und vermutlich auch unverständlichen Vorstellung von einem ursprünglichen Getrenntsein und einer erst im Emblem als Kunstwerk zustandegebrachten Vereinigung von Wort und Bild. Das Nach-Lessingsche Reden über das Verhältnis von Wort und Bild mit seinem Insistieren auf der Differenz beider, hat hier eine ältere Sichtweise gewissermaßen infiltriert und deformiert, die sich das Verhältnis von Wort und Bild im Emblem zwar ausdrücklich zum Problem machte, aber gerade nicht unter der Beschreibung einer Vereinigung zweier ursprünglich getrennter Elemente, und erst recht nicht unter der Beschreibung einer Synthese zweier scheinbar miteinander unvereinbarer Elemente. Will man diese ältere Sichtweise des Verhältnisses von Wort und Bild im Emblem in Augenschein nehmen, so muß man den Versuch unternehmen, zu begreifen, was es mit einer topischen Formulierung auf sich hat, die seit der Mitte des 16. Jahrhundert die emblematische Produktion begleitet und anleitet, und die offensichtlich noch in der Mitte des 18. Jahrhundert genügend erklärende Kraft hatte um im Zedlerschen *Universal-Lexikon* gleich zu Anfang des Lemmas 'Sinnbild' verwendet werden zu können. Ein Sinnbild, so liest man bei Zedler,

[...] ist ein Gemählde, welches in einem Bilde, und wenig beygesetzten Worten, einen verborgenen Sinn erweiset, welcher zu ferneren Nachdencken veranlasset. *Das Bild wird für den Leib, die Schrifft für die Seele eines Sinn-Bildes geachtet,* weil jenes mancherley und offt widerwärtige [d.i. 'widersprüchliche'] Deutungen haben kan, die aber durch die Überschrifft oder das Beywort unterscheiden und beschräncket werden. *Der Grund beruhet auf einer Gleichheit, die zwischen dem Bilde und dem vorgebildeten Sinn gefunden wird,* und werden die Sinn-Bilder vor die besten gehalten, die das Bild ohne die Abschrifft, und dieses ohne jenes nicht kann verstanden werden.[5]

Soweit ich sehe, hat Albrecht Schöne das Verdienst, als erster die neuere Emblemforschung auf die Bedeutung dieses Topos der Impresen- und Emblemtheorie für das Verständnis von Wort und Bild im Emblem hingewiesen zu haben.[6] Die Rede von Seele und Leib im Emblem, so erläutert Schöne unter Verweisung auf den *locus classicus* dieses poetologischen Topos in Paolo Giovios *Dialogo dell'imprese militari et amorose* (Rom 1555) und dessen Übernahme durch Harsdörffer, Schottel und Zedler,

> legt es nahe, *res significans* und *significatio* [des Emblems] in jener festen Beziehung zueinander zu denken, die zwischen Leib und Seele herrscht, alle Deutung durch *inscriptio* und *subscriptio* entsprechend als Erfassung eines vorgegebenen und unauswechselbaren Sinngehalts zu verstehen.[7]

Schöne löst also den Topos von der Seele und dem Leib des Emblems als proportionale Metapher auf: *res significans* und *significatio* im Emblem verhalten sich wie Leib und Seele, wobei das mit dem Relationsprädikat 'feste Beziehung [...] zwischen Leib und Seele' angezogene Theologumenon das die Proportionalität ermöglichende *tertium comparationis* liefert, welches zur Bestimmung des Verhältnisses der Substitute '*res significans*' und '*significati*' dient. Die dieser Darstellung zugrundeliegende Annahme, es handele sich bei der Rede von der Seele und dem Leib des Emblems um einen terminologischen Behelf, an dessen Stelle zur gegebenen Zeit im Blick auf den darzustellenden Gegenstand definierte Begriffe treten sollten, ist sicher insofern richtig, als ja auch Zedler und andere Autoren wie selbstverständlich den Versuch einer Auflösung dieser Rede als proportionale Metapher unternehmen. Es fragt sich jedoch, ob die Rede von der Seele und dem Leib *nur* als terminologischer Behelf gedacht war und ob der Topos 'Seele und Leib des Emblems' am Eingang eines lexikalischen Lemmas wie dasjenige im Zedlerschen *Universal-Lexikon* darüber hinaus nicht vielleicht noch eine andere kommunikative Rolle spielen sollte. Ebenfalls einer Revision bedürftig erscheint mir die von Schöne bei der Auflösung des Topos als proportionale Metapher unternommene Ersetzung von 'Leib' durch '*res significans*' und 'Seele' durch '*significatio*' und damit die Beziehung dieser Metapher auf die Seman-

---

[5] Johann Heinrich Zedler: Grosses vollständiges Universal-Lexikon aller Wissenschaften und Künste [...], Leipzig/Halle 1743, Bd. 37, Sp. 1690. Faksimile Graz 1962. Hervorhebungen von B.F.S.
[6] Albrecht Schöne: Emblematik und Drama im Zeitalter des Barock, 2. Aufl., München 1968. Im Lemma 'Emblem, Emblembuch' von Heckscher und Wirth, Sp. 87, findet sich ein Zitat der Stelle aus Zedlers Lemma, aber nur zum Zwecke der Illustration der synonymen Verwendung von 'Emblema', 'Symbolum' und 'Devise'.
[7] Albrecht Schöne: Emblematik und Drama im Zeitalter des Barock, S. 22f.

tik des Emblems. Problematisch erscheint mir schließlich auch das Schöne vorge-schlagene *tertium comparationis* 'feste Beziehung [...], die zwischen Leib und Seele herrscht', das die Auflösung des Topos als proportionale Metapher ermög-licht. Ein Blick auf die durch Schöne ebenfalls angezogenen Auflösungen der Metapher bei Harsdörffer, Schottel und Zedler, denen mühelos zahlreiche weitere hinzugefügt werden könnten, macht darauf aufmerksam, daß dort nicht nur ande-re Substitute für 'Leib' und 'Seele' sondern, wichtiger noch, andere, die Propor-tionalität ermöglichende, *tertia comparationis* genannt werden. So wird nach Zedlers oben zitierter Formulierung

> das Bild für den Leib, die Schrifft für die Seele eines Sinn-Bildes geachtet, weil je-nes mancherley und offt widerwärtige Deutungen haben kan, die aber durch die Uberschrifft oder das Beywort unterschieden und beschräncket werden.[8]

Bei Zedler sind es also nicht die bei Schöne von jeglichem Hinweis auf mediale Verankerungen gereinigten *res significans* und *significatio* die zu 'Leib' und 'Seele' in eine proportionale Beziehung gesetzt werden, sondern 'Bild' und 'Schrifft', also schon an der Textoberfläche des Emblems perzeptuell unter-scheidbare, weil medial unterschiedene Entitäten, und das *tertium comparationis* ist nicht eine – in der aristotelischen wie der christlichen Theologie übrigens wohl kaum nachweisbare – 'feste Beziehung' von Leib und Seele, sondern ein im mit 'weil' beginnenden Nebensatz zwar nicht ausdrücklich genanntes, aber zum explizit genannten Verhältnis der Substitute 'Schrifft' und 'Bild' offenbar analog gedachtes Verhältnis der Bildspender Leib und Seele. Daß an einer derart hervor-gehobenen Stelle wie dem Anfang eines enzyklopädischen Lemmas das einschlä-gige Verhältnis von Leib und Seele, in dem ja das *tertium comparationis* der pro-portionalen Metapher begründet liegt, nicht genannt wird, sondern nur dessen im Rahmen der Auflösung der Metapher als proportionaler erschlossenes Substitut, ist bemerkenswert. Zedler, so hat es den Anschein, kann in der Mitte des 18. Jahrhunderts noch darauf vertrauen, daß der intendierte Leser dieses Lemmas selbst in der Lage ist, das einschlägige Theologumenon bzw. Philosophem anzu-ziehen, dessen für den Bildempfänger relevantes Substitut der Nebensatz formu-liert. Wollte man diese auffällige Unvollständigkeit der Auflösung der Metapher 'Leib und Seele' als proportionale Metapher bei Zedler eigens formulieren, so könnte man vielleicht sagen: wie durch die 'Schrifft' als 'Uberschrifft' oder als 'Beywort' 'mancherley und offt widerwärtige Deutungen' des Bildes 'unter-schieden und beschräncket werden', so leistet die Seele etwas für den Leib – was aber im vorliegenden kommunikativen Zusammenhang anscheinend nicht aus-drücklich genannt zu werden braucht. Wenn Zedler in der Mitte des 18. Jahrhun-derts die für die Auflösung des Topos von Leib und Seele im Emblem relevanten,

---

[8] Hervorhebung von B.F.S.

mit den Begriffen von Leib und Seele verbundenen Prädikate anscheinend nicht eigens zu nennen brauchte, so darf es nicht überraschen, wenn man feststellt, daß fast hundert Jahre vor ihm Justus Georg Schottel in seinen Ausführungen zum Sinnbild, die als zusammenfassende Wiedergabe der Auffassungen seiner deutschen Zeitgenossen verstanden werden können, offenbar ebenfalls keinen Anlaß sieht, die einschlägigen Prädikate des als Bildspender der proportionalen Metapher fungierenden Verhältnisses von Leib und Seele ausdrücklich zu nennen:

Ein Sinnbild aber / oder das vollstendige Wesen eines Sinnbildes / erfodert dessen Leib und Seele: der Leib des Sinnbildes / als etwas schönes / ansehnliches und eusserliches / bestehet in einem Bilde oder Gemählde / welches auff dasselbe / was darunter angedeutet und verborgen wird / das ist / auf seine Sinn muß deuten. Solcher Leib des Sinnbildes muß kennlich / merklich und eines schönen ansehens sein / und darin bestehen / daß aus den Geschichten / aus eigenschaften der Tugend oder Lastere / aus Gewohnheit der Menschen / aus Natur der Thiere / aus Wirkung unbeseelter dinge / und Summa aus dem natürlichen Wesen etwas erwehlet und zum leiblichen Bilde vorgestellt werde.[...] Die Seele des Sinnbildes / welche gleichsam den Leib redend machet / besteht in worten / nemlich in des Sinnbildes Deutspruche und dessen Auslegung. Der Deutspruch des Sinnbildes ist die kurtze Uberschrift / dadurch als durch einen kurtzen Spruch angedeutet wird des Bildes Sinn.[...] Die Auslegung des Sinnbildes vermag nach belieben des Erfinders / und erheischender Nohtdurft in unterschiedlichen Versen bestehen / zum wenigsten in einem Reimschlusse. Dieses ists / was recht zu einem Sinnbilde gehöret [...] Ein völliges Sinnbild muß / wie gesagt / seinen Leib und Seel / das ist sein eusserliches Bild und deutlichen Denkspruch haben.[9]

Auch bei Schottel also die Auflösung der Metapher 'Seele und Leib im Sinnbild' als proportionale Metapher, auch hier wieder, im Einklang mit der zeitgenössischen Poetik, die Ersetzung von 'Seele' und 'Leib' durch die medial verankerten und medial differenzierten Elemente 'Deutspruch' bzw. ''Denkspruch' als 'Uberschrift' für 'Seele', und 'Bild' oder 'Gemählde'für 'Leib'. Und auch hier wieder zwar die ausdrückliche Nennung der Leistung des Deut- bzw. Denkspruches im Rahmen des 'vollstendigen Wesens' des Sinnbildes im Blick auf dessen Bild, nämlich die der Auslegung des Bildes, und damit die Identifikation des Verhältnisses von Deutspruch und Bild als dasjenige eines Auslegendem zu einem Auszulegendem, aber auch hier kein Wort über das Verhältnis von Seele und Leib, das die Interpretation des Verhältnisses von Denkspruch und Bild als das von Auslegendem und Auszulegendem zu plausibilieren hat, und als dessen Substitut im Rahmen der Auflösung der Rede von Seele und Leib im Emblem als proportionale Metapher das Verhältnis von Auslegendem und Auszulegendem zu sehen

---

[9] Justus Georg Schottelius: Ausführliche Arbeit von der Teutschen HauptSprache (1663). Hg. v. Wolfgang Hecht, Tübingen 1967, II. Teil, S. 1106. Deutsche Neudrucke, Reihe Barock, Bd. 12.

ist. Kennzeichnend für derartige Auflösungen der Metapher 'Leib und Seele' im Sinnbild bzw. Emblem als proportionale Metapher ist also einerseits die ausdrückliche Nennung der im Emblem mit Seele und Leib korrespondierenden medial unterschiedenen Elemente. Auch das *tertium comparationis* wird ausdrücklich genannt, aber nur in der aufgelösten Form, in der es direkt auf die beiden Bildempfänger, also auf Wort und Bild, bezogen werden kann, nicht aber in der Form in der es auf die Bildspender, also auf 'Seele' und 'Leib' bezogen werden könnte. Oben wurde bei einem ersten Versuch, dieses merkwürdige Faktum zu erklären, gesagt, es erübrigte sich anscheinend für Zedler und erst recht für Schottel aus kommunikativen Gründen, das einschlägige aristotelische oder christliche Theologumenon bzw. Philosophem als solches ausdrücklich zu nennen. Die Tatsache, daß Schöne die als proportionale Metapher verstandene Metapher 'Leib und Seele' ganz auflöst, und das als Bildspender für das Verhältnis von Bild und Wort dienende Verhältnis von Leib und Seele als 'festes Verhältnis' bestimmt, wäre dann vielleicht als ein der Intention nach richtiger, in der Ausführung dagegen ('feste Verbindung') problematischer Versuch zu verstehen, eine seit dem 18. Jahrhundert entstandene philosophische bzw. theologische Wissenslücke dadurch zu schließen, daß man das einschlägige, nun aber nicht mehr jedermann vertraute Philosophem bzw. Theologumenon über das Verhältnis von Leib und Seele ausdrücklich nennt. Dies würde jedoch die Annahme voraussetzen, daß auch Schottel und Zedler die Metapher von 'Leib und Seele' als proportionale Metapher verstanden wissen wollten, und nur als solche. Dann wäre aber zu klären, weshalb die Metapher 'Leib und Seele' auch dann noch tradiert, um nicht zu sagen: mitgeschleppt wird, nachdem 'Schrifft' bzw. 'Deutspruch' als Substitute für 'Seele' und 'Bild' bzw. 'Gemählde', oft auch 'Figur', als Substitut für 'Leib' genannt und auch das Verhältnis von 'Schrifft' und 'Bild' bzw. 'Figur' nicht-metaphorisch als 'Auslegung' bezeichnet ist. Will man die rekurrente Verwendung der Metapher im Kontext von Darstellungen des Emblems bzw. Sinnbilds jedoch nicht als epistemisch überflüssiges Element eines auch für enzyklopädische Lemmata vielleicht noch obligatorischen rhetorisches Ornatus abtun müssen,[10] so muß man einen Weg finden, die dann irgendwie als 'Mehrwert' zu sehende Anwesenheit der Metapher zu bestimmen. Und in diesem Zusammenhang müßte sich dann auch eine Antwort auf die Frage finden lassen, ob das kon-

---

[10] Zu einer programmatische Zurückweisung der Verwendung rhetorischer Tropen in wissenschaftlichen Texten kommt es im 17. Jahrhundert zunächst nur auf dem Gebiet der Naturwissenschaften, und zwar im Zusammenhang der Gründung der Royal Society of London for the Improving of Natural Knowledge in den Sechziger Jahren des 17. Jahrhundert. Deren erster Historiker, Thomas Sprat, bestimmte in seiner *History of the Royal Society for the improving of Natural Knowledge* (London 1667) ausdrücklich die sprachlichen Normen für in die *Proceedings* der Society aufzunehmende naturwissenschaftliche Arbeiten. Siehe auch Margery Purver: The Royal Society. Concept and Creation, London 1967.

sequente Stillschweigen über das einschlägige Verhältnis von Seele und Leib wie oben vorgeschlagen nur historisch zu erklären ist, oder ob es vielleicht für die Art und Weise, in der hier über Sinnbilder geredet wird, konstitutiv ist. Die offensichtlich bis ins 18. Jahrhundert unproblematische unvollständige Auflösung der Metapher 'Leib und Seele' als proportionale Metapher, und ihr Beibehalten trotz der inzwischen gefundenen nicht-metaphorischen Prädikate für das Verhältnis von Bild und Wort im Emblem legt es nahe, die Verwendung der Metapher in diesem Kontext nicht nur als vorläufigen Behelf für einen in der poetologischen Fachsprache noch nicht verfügbaren Begriff aufzufassen, der, wenn der entsprechende Begriff einmal gefunden ist, beiseite geschoben werden kann. Ich möchte nun die These vertreten, die Metapher 'Leib und Seele' im Emblem sei deshalb beibehalten worden, weil sie, unabhängig von ihrer jederzeit möglichen und, wie wir gesehen haben, auch tatsächlich durchgeführten Auflösung als proportionale Metapher, die Möglichkeit einer Anbindung des poetologischen Redens über das Emblem an den dominanten theoretischen Diskurs bot, und damit auch die Möglichkeit, die Beschreibungs- und Erklärungsmittel dieses Diskurses auf die sich rasch entwickelnde, von der am klassischen Kanon orientierten Poetik der Renaissance und des Barock zunächst aber nur mit Mühe zu erfassenden Emblematik anzuwenden.[11] Auffallend ist nämlich, daß die Metapher 'Leib und Seele' nicht nur in Zusammenhängen verwendet wird, in denen es um die Darstellung des Auslegungsverhältnisses von Wort und Bild im Emblem geht, und in denen, wie bei Schottel und Zedler, die Metapher das konstatierte Verhältnis gewissermaßen unter Verweisung auf das als bekannt unterstellte Verhältnis von Seele und Leib plausibiliert. Die Metapher 'Leib und Seele' wird ebenfalls verwendet, wenn der Versuch unternommen wird, das Emblem im Sinne der Aristoteles zugeschriebenen Lehre von den vier Ursachen *per causas* zu erklären, und sie kommt schließlich auch dann zum Einsatz, wenn dasjenige geklärt werden soll, was man heutzutage als das zum Emblem und zur Imprese passende 'Bildverständnis' bezeichnen würde. In beiden Kontexten wird die Metapher 'Leib und Seele' auf höchst unterschiedliche Weise aufgelöst, und zwar sowohl was die jeweiligen Substitute für die Bildspender 'Leib' und 'Seele' angeht, als auch die Beziehung der Substitute zueinander. Im Falle ihrer Verwendung im Rahmen einer *demonstratio per causas*, handelt es sich um die Substitute *'causa materiali"* für 'Leib' und *'causa formalis'* für Seele, und um das Verhältnis beider Ursachen zueinander als Subsitut für das Verhältnis von Leib und Seele. Im Falle der Klä-

[11] Zu frühen Versuchen der Klassifizierung des Emblems im Rahmen der Genrepoetik siehe Verf.: Emblematik: Entstehung und Erscheinungsweisen. In: Ulrich Weisstein (Hg.): Literatur und bildende Kunst. Ein Handbuch zur Theorie und Praxis eines komparatistischen Grenzgebietes, Berlin 1992, S.113-137. Zur Bedeutung der zeitgenössischen Gattungstheorie für die literarische Produktion und deren Beurteilung siehe Rosalie L. Colie: The Ressources of Kind: Genre-Theory in the Renaissance, Berkeley, Calif. 1973.

rung des der Imprese und dem Emblem angemessenen Bildverständnisses dagegen sind die Substitute für 'Leib' und 'Seele' wieder 'Wort und Bild', nun aber nicht unter dem Gesichtspunkt ihrer exegetischen Beziehung zueinander betrachtet, sondern unter dem Gesichtspunkt des ontologischen Status des bildlich und bedrifflich Dargestellten. Für beide Arten der Verwendung zunächst ein exemplarisches Beispiel.

Paolo Giovio hat, wie Dieter Sulzer in seinen von der Emblemforschung in der Nachfolge Schönes zu Unrecht vernachlässigten Studien zu den Impresen- und Emblemtraktaten des 16. und 17. Jahrhundert betont, „seine berühmten fünf Grundregeln [einer vollkommenen der Impresa] nur kurz aufgezählt, ohne sie weitläufig zu kommentieren oder zu begründen."[12] Unter diesen fünf Regeln – Giovio selbst spricht von '*conditioni*' – steht die Regel für ein ausgewogenes Verhältnis von Wort und Bild wohl nicht zufällig an erster Stelle: „*Prima guista proportione d'anima & di corpo*".[13] An der Auslegung dieser auf den ersten Blick kryptischen Regel sollten sich die Geister scheiden; die Frage ist aber, ob man die Intensität der Diskussion von Giovios erster Regel mit Sulzer als „Akademismus mit seiner zum Selbstzweck gewordenen Systematisierungsmanier" abtun soll, oder ob nicht eine andere Beschreibung der Sache angemessener wäre.[14] Einigen der Teilnehmer an dieser Diskussion, darunter Henri Estienne, bot sich im Anschluß an Giovios Regel jedenfalls die Möglichkeit, zunächst für die Imprese und dann auch für das Emblem eine *demonstratio per causas* zu erstellen, d.h. beide Gattungen so zu analysieren, wie dies dem herrschenden Wissenschaftverständnis entsprach. Dabei wurde Giovios Regel als Beschreibung mit Hilfe theoretischer Begriffe aufgefaßt, deren Explikationen im Traktat *De anima* des Aristoteles zu finden und von der Scholastik in Form des Diktums '*anima forma corporis*' überliefert waren.[15] Die einschlägige Stelle in *De anima* lautet folgendermaßen:

> Daher ist wohl jeder natürliche Körper, der am Leben teilhat, ein Wesen (Substanz), und zwar im Sinne eines zusammengesetzten Wesens. Da er aber ein sogearteter Körper ist, – denn er besitzt Leben – , dürfte der Körper nicht Seele sein;

---

[12] Dieter Sulzer: Interpretationen, wie in Anm. 11, S. 117.
[13] Paolo Giovio: Dialogo dell'Imprese Militari et Amorose [...], Con un Ragiamento di Messer Lodovico Domenichi, nel medesimo sogetto, Venedig 1556, S. 6.
[14] Eine Gesamtdarstellung der Impresen- und Emblemtraktate des 16. und 17. Jahrhundert auf der Basis einer gründlichen Kenntnis der zeitgenössischen zeichentheoretischen Positionen ist immer noch ein Desideratum. Zum Folgenden siehe auch Robert Klein: La théorie de l'expression figurée dans let traités italiens sur les *imprese*, 1555-1612, In: R.L.: La Forme et l'intellibile, Paris 1970, S. 125-150; Dieter Sulzer: Interpretationen ausgewählter Impresentraktate. In: D.S.: Traktate zur Emblematik. Studien zu einer Geschichte der Emblemtheorien, St. Ingbert 1992, S. 109-219.
[15] Zur scholastischen Überlieferung der aristotelischen Unterscheidung von Leib und Seele siehe Josef de Vries: Grundbegriffe der Scholastik, Darmstadt 1983, S. 41ff., 63ff.

denn der Körper gehört nicht zu dem, was von einem Zugrundeliegenden 'Substrat ausgesagt wird', sondern ist vielmehr Zugrundeliegendes und Materie 'selbst'. Notwendig also muß die Seele ein Wesen als Form(ursache) eines natürlichen Körpers sein, der in Möglichkeit Leben hat.[16]

Mit der Gleichsetzung von 'Seele' mit 'Form' und von 'Körper' mit 'Materie' bot diese Stelle die Möglichkeit des Schritts von Giovios erster Regel zu einer Definition im Sinne einer *demonstratio per causas*. Der Analogieschluß, der dabei zur Anwendung kam, lautete etwa folgermaßen: wenn die Seele die Form des lebendigen Körpers ist, dann ist die Seele einer Impresa deren formale Ursache (*causa formalis*); und wenn die Seele deren formale Ursache ist, dann ist deren Körper (Leib) dessen materiale Ursache (*causa materialis*). Nachdem in dieser Weise zwei der 'Aristotelischen' Ursachen des Emblems identifiziert waren, war es nur noch ein kleiner Schritt, um auch noch die beiden übrigen Ursachen zu bestimmen, d.h. die *causa finalis* und die *causa efficiens*. In Henri Estiennes *L'Art de faire les Devises* (Paris 1645) lautet die ganz offensichtlich auf Aristoteles *De Anima* zurückgreifende Bestimmung der Imprese im Anschluß an Giovios erste Regel wie folgt:[17]

> La Devise comme un subjet composé d'un corps et d'une ame, doit avoir ses causes essentielles: la materielle n'est autre chose que la figure des corps, ou les instruments des choses qui se mettent dans la devise. La cause formelle qui luy donne la vie, sont les ressemblances ou comparaisons, lesquelles pour exprimer la pensée de l'Autheur, se rencontrent dans les proporietez naturelles ou artificielles de la figure.[18]

Daß die Imprese auf Grund dieser Gleichsetzung von 'Seele' und formaler und 'Körper' und materialer Ursache – abweichend von Aristoteles' eigener Darstellung der Tragödie als Artefakt – in Analogie zu einem Lebewesen gesehen werden muß, wird für Estienne offensichtlich nicht zum Problem. Entscheidend ist nur die Möglichkeit einer Kausalanalyse, die sich mit dieser Gleichsetzung eröffnet. Daß dabei 'die Figur des Leibes' zur *causa materialis* und 'die Ähnlichkeiten und Vergleichungen, sie, um den Gedanken des Autor zum Ausdruck zu bringen, in den natürlichen und künstlichen Eigenschaften der Figur zusammentreffen' zur *causa formalis* erklärt wird, ist insofern interessant, als damit, ganz im Einklang mit *De anima*, das Auslegen des Bilds durch das Wort als 'beseelen', 'Leben ge-

---

[16] Aristoteles: Über die Seele, 412a 3ff. Übersetzt v. Willy Theiler u. Horst Seidl. In: Philosophische Schriften, Darmstadt 1995, Bd. 6, S. 28.

[17] Henri Estienne beruft sich bei seiner Bestimmung der Imprese ausdrücklich auf Giovio und dessen italienische Nachfolger: „Nostre guide sera Paul Giove, qui a le premier entrepris ce voyage. Le Rucelli, le Palazzi, le Contile, l'Ammirato et les autres Italiens, les matelots que ie consulteray pus souuent ent ceste navigation." (S. 69f.)

[18] Henri Estienne: L'Art de faire les Devises, Paris 1645, S. 127f.

ben' ('donner la vie') verstanden wird, also gerade nicht als ein semantisches sondern als ein ontologisches Verhältnis. Vor diesem Hintergrund bekäme wohl auch Schottels oben zitierter Satz von der „Seele des Sinnbildes, welche gleichsam den Leib redend machet" einen gehörigen (aristotelischen) Sinn. Die *causa finalis*, welche die Antwort auf die Frage 'zu welchem Zweck?' geben muß, bestimmt Estienne als „la signification ou la comparaison souzentenduë, par l'entremise de laquelle nous exprimons plus clairement [...] une conception d'esprit," bzw. „l'esprit ou l'intendement disposé a cognoistre les rapports, les similitudes, & conformitez qui se rencontrent dans les choses figurées [...]. Als *causa efficiens* wird nur ganz kurz „la pensée de l'Auteur" identifiziert.[19] Eine gründliche Darstellung von Henri Estiennes *demonstratio per causas* müßte auf die Frage eingehen, weshalb hier die '*ressemblances ou comparaisons*' zur *causa formalis* erklärt werden und dem sprachlich verfaßten Motto allenfalls die untergeordnete Rolle einer *causa instrumentalis* zugebilligt wird. Für unseren Zusammenhang reicht es, gezeigt zu haben, daß Giovios erste Regel, wenn man sie auf Aristoteles *De anima* bezog, für Estienne, wie für andere Theoretiker der Imprese und des Emblems auch, die Möglichkeit einer Definition in Form einer Kausalanalyse beider Gattungen eröffnete.

Initiierte so Giovios erste Regel von der *guista proportione d'anima & di corpo* die Möglichkeit einer Kausalanalyse im Sinne der vier aristotelischen *causae* von Imprese und Emblem, bei der, wie wir gesehen haben 'Seele' auf die *causa formalis* und 'Leib' auf die *causa materialis* der jeweiligen Gattung verweist, so initiierte seine fünfte Regel, welche die Unterscheidung von Leib und Seele wieder aufnimmt, eine Diskussion des Imprese und Emblem angemessenen Bildverständnisses. Diese fünfte und längste Regel lautet bei Giovio wie folgt:

> Quinta richiede il motto, che è l'anima des corpo, & vuole essere communemente d'vna lingua diuersa dall'Idioma di colui, che fà l'impresa, perche il sentimento sia alquanto più coperto: vuole anco essere breue, ma non tanto, che si faccia dubbioso; di sorte che di due ò tre parole quadra benißimo, eccetto se fusse in forma di verso, ò intero ò spezzato; Et per dichiarare queste conditioni, diremo, che la sopradetto anima & corpo s'intende per il motto, ò per il sogetto; & si stima che mancando ò il sogetto all'anima, ò l'anima la sogetto, l'impresa non riesca perfetta.[20]

Das hier angeschnittene Problem der für die Wahrnehmung einer Impresa nötigen Zeit wird in dieser Formulierung Giovios allein auf die Seele der Impresa, also auf ihr Motto bezogen: die für die Imprese nach Meinung Giovios obligate Kürze ist in diesem Falle dadurch zu erreichen, daß man die Länge des Mottos auf zwei oder drei Worte beschränkt. Wie aber stand es mit der für das 'Lesen' des Bildes nötigen Zeit? Würde ein im Sinne von Giovios fünfter Regel kurzes Motto zu ei-

---

[19] Henri Estienne: L'Art de faire les Devises. S.127ff.
[20] Paolo Giovio: Dialogo dell'Imprese Militari et Amorose, S.6.

nem Bild passen, dessen Betrachtung einen größeren Zeitaufwand erforderte? Ist 'Kürze' nicht auch schon darum vom Bild zu fordern, damit die von der ersten Regel geforderte *giusta proportione d'anima et di corporo* erhalten bliebe? Überlegungen dieser Art waren es vermutlich, die im 16. und 17. Jahrhundert, wieder im Anschluß an Giovios Unterscheidung von Seele und Leib in der Imprese zu weitverzweigten Diskussionen darüber führten, wie die bildliche Komponente der Imprese zu gestalten sei, damit sowohl das Gebot der Proportionalität von Leib und Seele, wie auch das der 'Kürze' der Kombination von Wort und Bild eingehalten werden konnte. Aus der ersten Hälfte des 17. Jahrhunderts, d.h. wie Estiennes Trakat aus der Zeit, in der die Diskussion über Imprese und Imprese zu einem gewissen Abschluß gekommen war, stammt ein nicht datierter Brief des schottischen Humanisten William Drummond of Hawthornden (1585-1649) an den Earl of Perth, in welchem Drummond für diesen eine Imprese identifiziert und in diesem Zusammenhang auch auf die hier interessierende Frage nach der optimalen 'Länge' bzw. 'Kürze' von Texten dieser Gattung eingeht.[21] Eine Imprese, so Drummond, „is a Demonstration and Manifestation of some notable and excellent Thought of him that conceived it, and useth it." Ein Emblem dagegen dient „for Demonstration of some general Thing, and for a general Rule, and teaching Precept to every one." Hieran schließt sich die in zahlreichen Impresen- und Emblemtraktaten in der Nachfolge Paolo Giovios anzutreffende, und nun von Drummond wie selbstverständlich vorgetragene Feststellung an, daß „the Figures in the *Emblems* may be One, Two or Many; but in *Impresa's*, if the essential Figures be more than Two, they lose their Grace."[22] Weshalb beim Emblem eine unbegrenzte Anzahl, bei der Imprese dagegen höchstens zwei „essential figures" erlaubt sind, erläutert Drummond anhand des Gebrauchs der letzteren bei Turnieren, wo es darauf ankomme, diese auch noch im Gewühle des Wettkampfes zu erkennen. Für unsere Frage nach dem einschlägigen Bildverständnis wichtiger sind Drummonds Ausführungen zur Art und Weise, wie man feststellen könne, ob es sich im gegebenen Fall tatsächlich um zwei oder mehr „essential Figures" handele. Diese beziehen sich nun gar nicht, wie man nach dem Hinweis auf die Erkennbarkeit von Impresen mitten im Wettstreit vielleicht erwarten sollte, auf das Zählen des Gesehenen sondern auf das Zählen des unter Begriffe Subsumierten:

The Two Figures are Two *in genere* or *in specie*, not *in individuo*, [...]; though there be many Stars and one Comet, the Stars being one *in specie*, make but one Figu-

---

[21] Drummonds Brief ist unter dem Titel „A Short Discourse upon Impresa's and Anagrams" abgedruckt in William Drummond of Hawthornden: The Works, Edinburgh 1711, S. 228-229; Reprint Hildesheim 1970 (Anglistica & Americana, Bd. 60).
[22] Drummond: „A Short Discourse", S. 228.

Bernhard F. Scholz

re; so Two Swans and one Eagle, the two Swans make but one Figure, being of one species, and the Eagle the other.[23]

Der Vorschlag, beim Betrachten des 'Leibs' der Imprese und des Emblems die *genera* bzw. *species* zu zählen, unter welche die dargestellten Gegenstände subsumiert werden können, und nicht die Gegenstände *in individuo*, hat weitreichende Folgen für das Verständnis der Textkonstitution in der Imprese und im Emblem, denen hier im einzelnen nicht nachgegangen werden kann.[24] In unserem Zusammenhang interessiert nur, daß damit ein Bildverständnis nahegelegt wird, bei dem die dargestellten Gegenstände nicht als Zeichen auf reale Gegenstände der Lebenswelt verweisen, sondern als Repräsentanten oder Inskriptionen abstrakter Begriffe (*genera*, *species*) aufzufassen sind. Diese Respräsentanten von Begriffen bezeichnet Drummond als „essential figures". Es wäre also falsch, im Blick auf den bildlich realisierten Teil der Imprese und des Emblems von einem Bild zusprechen, welches der Darstellung eines Sichtbaren dient, das es dann mit Hilfe des sprachlich verfaßten Teils des bi-medialen Textes auszulegen gilt. Vielmehr ist der 'Leib' der Imprese bzw. des Emblems als Inbegriff der „essential figures" zu verstehen, mittels deren der Versuch des Sichtbarmachens eines als solches Unsichtbaren aber doch sprachlich Benennbaren, nämlich des Begriffs unternommen wird.[25] Damit wird die für das moderne Bildbewußtsein so wichtige die Rolle der Bildoberfläche als der Ausdrucksebene, mit deren Hilfe bestimmte Inhalte im Rahmen bestimmter Darstellungskonventionen abgebildet werden, gewissermaßen übersprungen: das zu Imprese und Emblem passende Bildverständnis setzt genaugenommen gleich bei der Inhaltsebene an, und gliedert das dort Vorgefundene hinsichtlich seiner Gattungs- bzw. Spezieszugehörigkeit als „essential figures". Die perzeptuell wahrnehmbare Bildoberfläche enthält allenfalls an bestimmten Attributen erkennbare Chiffren für die „essential figures". Aber nicht einmal das wird gesagt: worum es geht ist offenbar der dargestellte Begriff, nicht die abgebildete Sache. Hieraus erklärt sich wohl auch der Nachdruck, mit dem Drummond auf der Unterscheidbarkeit im Sinne von Subsumierbarkeit der an der Bildoberfläche zu sehenden Einzelheiten besteht:

---

[23] Drummond: „A Short Discourse", S. 228.
[24] Eine ausführliche Darstellung bietet Verf.: „The Brevity of Pictures. Sixteenth and Seventeenth Century Views on Counting the Figures in Impresas and Emblems." In: Heinrich F. Plett: Renaissance-Poetik. Renaissance Poetics, Berlin/New York 1994, S. 315-337.
[25] Carsten-Peter Warncke hat in einer Studie mit dem Titel Sprechende Bilder - sichtbare Worte. Das Bildverständnis in der frühen Neuzeit, Wiesbaden 1987, im Kapitel über das Emblem (III.2, S. 161-192) gegen Schönes Auffassung von der ideellen Priorität der *pictura* zurecht auf der ideellen Priorität des Begriffes bestanden, allerdings ohne hierfür aus den einschlägigen Poetiken eine Begründung zu liefern.

In the Figures [...] we may not put in any Thing obscured, and which cannot be understood: Things never seen in that Country, as strange Trees of *India*, and Beasts of *Arabia*: And of our own County, Things which cannot be decerned from others; as Fowls like to others, or Herbs and Flowers, which resemble others.[26]

Sowohl das „cannot be understood" wie auch das „cannot be decerned" ist dabei zu ergänzen durch 'hinsichtlich ihres Zugehörigkeit zu einem *genus* oder einer *species.*'

Nimmt man die drei oben vorgestellten Weisen der Verwendung der Metapher 'Leib und Seele' in der Impresen- und Emblempoetik zusammen, so ergibt sich folgendes Bild: ein und dieselbe Metapher wird auf höchst unterschiedliche Manieren ausgelegt, und zwar einmal mit Blick auf die Frage der Auslegung des Bildes durch das Wort, dann mit Blick auf die kausale Analyse des aus Wort und Bild bestehenden Ganzen, und schließlich mit Blick auf die Frage nach dem ontologischen Status der *res pictae*, und der diesem Status angemessenen Wahrnehmung. Zwar bleibt in allen drei Fällen der Bezugspunkt der Auflösung der Metapher das Emblem und/oder die Imprese. Aber es sind jeweils andere Teilgebiete der Emblem- und Impresentheorie, die mit Hilfe der Metapher 'Leib und Seele' anvisiert werden. Die Metapher stellt im Blick auf diese Teilgebiete sozusagen den gemeinsamen Fluchtpunkt der Überlegungen dar, der die Teilgebiete zusammenhält, und sie ist, wenn ich richtig sehe, das einzige verfügbare Mittel diese Teilgebiete zusammenzuhalten. Was sich nämlich in der Emblem- und Impresentheorie nicht findet, ist etwas, was man heutzutage unter wissenschaftssystematischen Gesichtspunkten wohl erwarten würde, nämlich Versuche, die Teilgebiete als Teilgebiete einer ganzen Theorie begrifflich zu unifizieren. Dies leistet hier nur die Metapher 'Leib und Seele', die damit gewissermaßen eine metatheoretische Funktion bekommt. Sie reiht das Emblem und die Imprese unter diejenige Gruppe von Objekten ein, die mit Hilfe der für die jeweiligen Teilgebiete entwickelten Beschreibungsmittel analysiert werden können, d.h. der für die exegetische, die kausale und die ontologische Analyse bereitliegenden Beschreibungsmittel. Diese meta-theoretische Funktion der Metapher 'Leib und Seele' ist aber nicht als Ersatz für die auf der Ebene der Teilgebiete nicht oder kaum durchgeführte begriffliche Unifizierung zu verstehen. Vielmehr entspricht sie genau der Art und Weise, wie im Rahmen der *Topica Universalis* ein zu anlysierender Gegenstand entlang der durch diese Topik identifizierten *loci* geführt wird, die ihrerseits auch kaum begrifflich unifiziert sind.[27] Wie ein Blick auf die Topiken und Dialektiken des 16. und 17. Jahrhundert zeigen würde, entspricht in der Tat die Auflösung der Metapher 'Leib und Seele' im Blick auf exegetische, kau-

---

[26] Drummond: „A Short Discourse", S. 228.
[27] Zu Struktur und Funktion der *Topica universalis* siehe Wilhelm Schmidt-Biggemann: Topica Universalis. Eine Modellgeschichte humanistischer und barocker Wissenschaft, Hamburg 1983.

sale und ontologische Fragestellungen jeweils einem anderen *locus*, und zwar
dem der *adiacentia*, dem der *causae* und dem des *genus* und der *species*.[28] Wenn
man die meta-theoretische Funktion der Metapher 'Leib und Seele' durch eine
andere Metapher erläutern wollte, könnte man vielleicht sagen, diese Metapher
sei die Hand, welche die Gattung des Emblems bzw. der Imprese an den *loci* der
Topica Universalis entlangführe, und die den Rechtgrund für die an den einzelnen *loci* zu unternehmenden Analysen bereit halte. Eine derartige meta-
theoretische Funktion im Rahmen einer Wissenschaftsauffassung, die das autonome Subjekt des Wissenschaftlers noch nicht kennt,[29] kann, wenn sie, wie im
vorliegenden Falle, von einer Metapher übernommen wird, offensichtlich nur von
einer Metapher von großer Dignität übernommen werden. Die besitzt aber die
Metapher 'Leib und Seele' mit ihrem bis auf Aristoteles *De Anima* und deren
christliche Auslegung durch Thomas Aquinas zurückgehenden Stammbaum bis
ins 18. Jahrhundert in ausgezeichneter Weise. Ob diese Dignität des Topos 'Leib
und Seele des Emblems' und ihre daraus fließende meta-theoretische Funktion
bei ihrer Verwendung als nur partiell aufgelöste proportionale Metapher bei
Schottel und eventuell auch noch bei Zedler tatsächlich in Anschlag zu bringen
ist, ist damit natürlich noch nicht schlüssig bewiesen. Erst die immer noch aus-
stehende wissenschaftstheoretische – also nicht nur, wie üblich, paraphrasierende
– Aufarbeitung der Emblempoetik des 16. bis 18. Jahrhundert könnte eine Antwort auf diese Frage bieten.[30]

---

[28] Eine Darstellung dieser *loci* bietet z.B. Rudolf Agricola: De inventione dialectica libri
tres (1539), hg., übers. u. kommentiert v. Lothar Mundt, Tübingen 1992.
[29] Zum Fehlen des autonomen Subjekts des Wissenschaftlers in der topisch angelegten
Poetik der Renaissance und des Barock siehe Verf.: Alciato als *emblematum pater et
princeps*: zur Rekonstruktion des frühmodernen Autorbegriffs. In: Fotis Jannidis, Gerhard Lauer, Matias Martínez u. Simone Winko (Hg.): Rückkehr des Autors. Zur Erneue-
rung eines umstrittenen Begriffs, Tübingen 1999 (Studien und Texte zur Sozialgeschichte der Literatur), S. 281-310.
[30] Daß die aristotelische und, in deren Folge, die topische Explikation der Leib-Seele-
Metapher noch im 17. Jahrhundert Zum Gemeingut der Gebildeten gehörte, zeigt z.B.
das Lemma 'Anima' in Rudolph Glocenius' 'Lexicon Philosophicum' (Frankfurt 1613
und Marburg 1615), dem 'Eisler' des 17. und noch des 18. Jhs.. Dessen Eingangssatz
lautet: „Anima 1. est forma corporis animati. 2. est ipsa vita. 3. est halitus vel ventus."

Achim Hölter (Münster):

Bibliomorphie und Anthropomorphie
Ein Doppelmotiv des literarischen Selbstbezugs

Der Titel dieses Beitrags[1] erhält seinen spezifischen Sinn durch das „und", durch die Verbindung von Buch- und Menschengestaltigkeit, und dadurch, daß es um den Tausch dieser Gestalten geht: Menschen werden Bücher und umgekehrt, ein literarisches Doppelmotiv also, das zudem die Selbstbezüglichkeit von Literatur repräsentiert[2] (als explizites „Sprechen des Buches vom Buch"[3]) und als Thema verwandt ist mit dem der *Bücherschlacht.*[4] Elementarformen der Übergängigkeit zwischen *Mensch* und Buch sind zunächst Biographien. Sie „sind" im übertragenen und besonders kompletten Sinn der beschriebene Mensch, bei Selbstbiographien zusätzlich der Autor. Daß ein Titel *eine* Person bezeichnet, ist auch sonst häufig:[5] „Faust", „Athalie", „Wilhelm Tell".Die literarische Onomastik spiegelt die Analogie, wenn Romanfiguren Namen erhalten, die Textträger bezeichnen oder entsprechende Assoziationen wecken. Das kann plump geschehen wie bei Herrn *Bibli*, den man noch kennenlernen wird, naturalistisch wie bei dem Journalisten Klaus *Buch* in Martin Walsers *Ein fliehendes Pferd* (1978), bei Robert Menasses Romanfigur *Roman* Gilanian (*Trilogie der Entgeisterung* 1988-95), oder subtil fremdsprachig wie bei Miss *Bordereau* (Fräulein „Inventarliste") in Henry James' Novelle *The Aspern Papers*. Die Analogie kann in einem Detail liegen, das beiden Vergleichspartnern gemeinsam ist. Jean Paul entwarf eine satirische „Kleiderordnung für sämtliche einwohnende Bücher unsers Landes", in der er den „Kleiderluxus" anprangert:

> Geistliche, andächtige Werke, die sonst im bescheidnen Priester-Ornat und Trauermantel einherwandelten, kleiden sich wie Gecken nach englischem Schnitt und tragen Tressen und reden doch von Gott. – Juristen-Kinder gingen sonst wie die Schweine, nämlich in deren Leder, oder auch in Schafskleidern [...] Es sind die alten Folianten gar nicht mehr, ob sie gleich ihre Sprache reden. Die Ärzte gehen in

---

[1] Stark gekürzte Fassung eines Vortragsskripts vom April 1995.

[2] Vgl. Manfred Weidhorn: Art. „Literature within Literature". In: Jean-Charles Seigneuret (Hg.): Dictionary of Literary Themes and Motifs. L-Z, New York/ Westport/ London 1988, S. 780-789.

[3] Siehe auch Joachim Kalka (Hg.): Die argen Bücher. Geschichten für vorwitzige Leser, Frankfurt a.M. 1991, S. 219.

[4] Vgl. Achim Hölter: Die Bücherschlacht. Ein satirisches Konzept in der europäischen Literatur, Bielefeld 1995, S. 28-42, auch S. 100-102.

[5] Werner Bergengruen: Titulus, Zürich 1960, S. 20-27.

Marmor anstatt wie sonst in Halbtrauer – [...] Die sogenannten Monatsschriften haben zwar nichts an sich als die Haut, tätowieren sich aber diese bunt [...][6]

Dieser Ansatz hebt die Diskrepanz von Botschaft und Verpackung, von Innen und Außen hervor. Umgekehrt in Oscar Wildes *The Picture of Dorian Gray* (1891), wo der Aphoristiker Lord Henry Wotton über eine Dame bemerkt: „when she is in a very smart gown she looks like an édition de luxe of a bad French novel."[7] Und Ulrich Holbein betrachtet in *Warum ich meine Bücher nach Farben sortiere* Parallelen und Unterschiede zwischen dem Habit von Büchern und Menschen: „Wenn schon nicht mein Aussehen, so konnte ich mir wenigstens meine Umschlaggestaltung selber aussuchen [...], im Gegensatz zum Buch". Und: „Ziehe ich mein knallgelbes Freizeithemd aus, kommt darunter eine wesentlich unaufdringlichere Farbe zum Vorschein, ein hautfarbener Einband, der sich nicht weiter abpellen läßt, ohne daß mein Text Schaden leidet."[8] Der Weg zur Doppelbödigkeit ist wohl automatisch gewiesen. Jedenfalls klagt F. Th. Vischers Held: „O großer Buchbinder Weltgeist, warum hast du mich zu fein eingebunden!"[9] Und schon ein berühmter Drucker systematisierte die Analogie in dem gläubigen Hintersinn seiner selbstentworfenen Grabinschrift:

The Body of/ B[enjamin] Franklin,/ Printer;/ Like the Cover of an Old Book,/ Its contents torn out,/ And stript of its Lettering and Gilding,/ Lies here, Food for Worms,/ But the Work shall not be wholly lost:/ For it will, as he believ'd, appear once more,/ In a new & more perfect Edition,/ Corrected and amended/ By the Author.[10]

Seit dem Spätmittelalter werden in Initialen Menschenleiber eingebaut.[11] Der Mensch wird von der Schrift geradezu gefressen, vergewaltigt, zurechtgebogen. Auch in einigen Figurengedichten oder figuralen Schriftflächen[12] werden menschliche Konturen ausgefüllt durch Handschrift oder gedruckte Lettern.

---

[6] Jean Paul: Werke in drei Bänden. Hg. v. Norbert Miller. 2. Bd., München 1969, S. 711f. Vgl. Klaus Schöffling: Geschichten vom Buch. Eine Sammlung, Frankfurt a.M. 1985, S. 362-364.

[7] Oscar Wilde: Complete Works. With an introd. by Vyvyan Holland, London/ Glasgow 1948, S. 136.

[8] In: Von Büchern & Menschen, Frankfurt a.M. 1992, S. 147-159, hier: S. 157.

[9] Friedrich Theodor Vischer: Auch Einer. Eine Reisebekanntschaft. 6. Aufl. 2. Bd., Stuttgart u.a. 1893, S. 350.

[10] The Autobiography of Benjamin Franklin, ed. by Leonard W. Labaree u.a. New Haven/ London 1964, S. 44. Vgl. István Ráth-Végh: Die Komödie des Buches, a. d. Ungar. übertr. v. Erika Szell. 3. Aufl. Leipzig/ Weimar 1984, S. 205.

[11] Vgl. Massin: La lettre et l'image. La figuration dans l'alphabet latin du huitieme siecle a nos jours. Préface de Raymond Queneau, Paris 1973, S. 19-154.

[12] Jeremy Adler/Ulrich Ernst: Text als Figur. Visuelle Poesie von der Antike bis zur Moderne, Wolfenbüttel 1987, S. 184, 198, 203, 217.

Schon dieser groteske Umgang der *litterae* mit ihrem *auctor* ist eine frühe Abbildung der These von der Umkehrung der Machtverhältnisse zuungunsten des Menschen. Technisch ist die Verwandlung in ein Buch mit seiner rechteckigen Gestalt und seinem glatten Papier eine umgekehrte Groteske – mit grotesker Funktion. Roland Barthes verkündete denn auch tiefsinnig, der Text habe „eine menschliche Form", er sei „eine Figur, ein Anagramm des Körpers".[13]

Metaphern und ihre Erweiterung: Die „Analogisierung von Menschen und Büchern"[14] beginnt aber schon in der bildlichen Sprache, der zufolge Verse, Manuskripte, Texte, „Dichter", verstümmelt werden durch Philologen, Zensoren und Bearbeiter. Das Als Ob des Vergleichs ist besonders weit verbreitet in der Vermenschlichung einzelner Qualitäten. Man denke an die vorwurfsvoll blickenden Bücher[15] oder an den Topos des Buchs als „Freund".[16] Klaas Huizing in seinem *Buchtrinker* (1994) zitiert Johann Georg Hamann: „Der Titel ist mir das Gesicht und die Vorrede der Kopf, bei denen ich mich immer am längsten aufhalte und beinahe physiognomisiere". Pseudoselbstkritisch fragt Huizing: „Haben Bücher und Reden Gesichter, oder ist die Rede vom Gesicht eines Buches nur eine sehr durchsichtige Projektionsmetapher von Schreiberlingen?"[17] Nun betont Pierre Brunel, daß der Mythos der *Metamorphose* zunächst in einer bloßen *Metapher* wurzelt.[18] Was in dieser implizit bleibt – „reden wie ein Buch", „verschlossen sein wie ein Buch mit sieben Siegeln" (nach Apk 5,1) –, wird durch Rhetorik auf den Weg zum Expliziten gebracht[19], den die Metamorphose zu Ende geht.[20] Umgekehrt wurde auch herausgestellt, daß bestimmte Verwandlungen ihrerseits neue metaphorische Bedeutung freisetzen, daß etwa die Gregor Samsas in ein Unge-

---

[13] Vgl. Klaas Huizing: Der Buchtrinker. Zwei Romane und neun Teppiche, 3. Aufl. München 1994, S. 83.

[14] Monika Schmitz-Emans: Vom Leben und Scheinleben der Bücher. Das Buch als Objekt bei Jean Paul. In: Jahrbuch der Jean Paul-Gesellschaft 28 (1993), S. 17-46, hier: S. 46.

[15] Z.B. Karin Struck: Die Mutter. Roman, Frankfurt a.M. 1978, S. 101: „Die Bücher stehen in den Regalen, und sie denkt, die Bücher glotzen sie mit Stielaugen an."

[16] Horst Kliemann (Hg.): Stundenbuch für Letternfreunde. Besinnliches und Spitziges über Schreiber und Schrift, Leser und Buch, Dortmund 1984, S. 30-34.

[17] Huizing, S. 82. Vgl. Schmitz-Emans, S. 44f.

[18] Pierre Brunel: Le mythe de la métamorphose, Paris: Armand Colin 1974, S. 25.

[19] Vgl. Heinrich Manns „Die Vollendung des Königs Henri Quatre" (Reinbek 1964, S. 360): „Dann setzte der Mann seine Rede fort, gelassen wie ein Buch. [...] Das Buch fuhr fort [...]." oder Henry James' „The Two Faces", worin eine „allwissende" Dame mit einem Lexikon verglichen wird, „das sich ganz von selbst an der richtigen Stelle öffnete" (Erzählungen, Frankfurt a.M./ Berlin/ Wien 1983, S. 453 u. 458).

[20] Brunel, S. 27f.; Tzvetan Todorov: Introduction à la littérature phantastique, Paris: Seuil 1970, S. 119; vgl. Francis Berthelot: La métamorphose généralisée. Du poème mythologique à la science-fiction, Paris: Nathan 1993, S. 29.

ziefer für alle möglichen Facetten von Erniedrigung (z.B. Gogols Verselbständigung einer Nase für Kastration) stehen kann.

Poetik der Metamorphose: Erstaunlicherweise existierte lange keine Poetik der Metamorphose. Das hat, vielleicht angeregt durch Morphing-Techniken am Computer, erst Francis Berthelot zu ändern versucht, der eine typische strukturale Analyse vornimmt und das Schema einer Metamorphose-Erzählung aus vier Elementen komponiert, die er als „sujet", „agent", „processus" und „produit" klassizifiziert, also: Wer oder was wird einer Transformation unterzogen? Wer oder was löst diese aus? Wie läuft sie ab? Was ist das Ergebnis?[21] Grundsätzlich verfahren Metamorphose-Erzählungen entweder ätiologisch, erklären in Sagen die Entstehung von Naturmerkwürdigkeiten, oder sie setzen den hypothetischen Fall, ein Mensch mutiere zu etwas Fremdem und erkunden mit Hilfe der Phantasie die Folgen.[22] Die wichtigsten Varianten sind Gestalt- oder Substanzwechsel, Verlust bzw. Wiedergewinn der Mobilität (meist als Versteinerungen[23]oder Belebungen). Ein weiterer Faktor ist die Bewertung der Metamorphose – wird sie als Bestrafung[24] erlitten oder als Erlösung gewollt? –[25] und dafür wieder die Frage, ob das verwunschene Wesen wie Gregor Samsa sein vorheriges Bewußtsein behält.[26] Typisch für Verwandlungsgeschichten ist nämlich die Sehnsucht nach einer Rückkehr ins „normale" Leben. Die Verwandlung gehört poetologisch zum Wunderbaren, ist also Gattungsbedingung des Epos, auch in der heroisch-komischen Spielart. Hier liegt der Nexus zum satirischen Konzept Bücher-schlacht. Gewährsleute sind natürlich für die Verwandlung von Göttern Homer, für die bildkräftige Ekphrasis von Metamorphosen Ovid. Beide imitiert Swift, bei dem die Göttin „criticism" den jungen Wotton verführt, indem sie die Gestalt des Bibliothekars Bentley *als Buch* annimmt:

> She therefore gathered up her Person into an Octavo Compass: Her Body grew white and arid, and split in pieces with Driness; the thick turned into Pastboard, and the thin into Paper, upon which, her Parents and Children, artfully strowed a Black Juice, or Decoction of Gall and Soot, in Form of Letters.[27]

Zum Vergleich die Verwandlung der Weberin Arachne in eine Spinne (*Met* VI, 141-144): „defluxere comae, cum quis et naris et aures,/ fitque caput minimum;

---

[21] Berthelot, S. 14.
[22] Berthelot, S. 7f.
[23] Berthelot, S. 166-168.
[24] Vgl. Harry G. Edinger: Art. „Metamorphosis". In: Jean-Charles Seigneuret (Hg.): Dictionary of Literary Themes and Motifs. L-Z, New York/ Westport/ London 1988, S. 842-850, hier: S. 847.
[25] Berthelot, S. 37.
[26] Berthelot, S. 20.
[27] Jonathan Swift: A tale of a tub and other satires. Ed. with an introduction by Kathleen Williams, London/ Melbourne 1975, S. 155.

toto quoque corpore parva est;/ in latere exiles digiti pro cruribus haerent,/ cetera venter habet [...]".[28] Die urtümlichste poetologische Bestimmung von Metamorphosen sah u.a. folgende Kategorien vor: Übertragung von Belebtem auf Belebtes, von Leblosem auf Belebtes, von Belebtem auf Lebloses.[29] Gebundene Bücher sind Mischprodukte aus ehemals tierischen und vor allem pflanzlichen Substanzen. Die Semantik ihrer Metamorphose entspricht aber viel eher der Mineralisierung, die Tod und zuweilen auch Wahnsinn, Persönlichkeitsspaltung signifizieren kann.[30] Es gibt demnach ein Spektrum von Metamorphose-Aspekten, das den Funktionsweisen und Bedeutungen vorausliegt, die uns ihrerseits auf konstante Vorstellungen und dann auf deren Denkvoraussetzungen führen werden. Hier kann eine systematische, generativistische Poetik eingreifen,[31] die mit zwei Fragen beginnt: 1. Was meint ein Inhaltselement genau? Unter „Buch" kann man ja mehr das Objekt,[32] die Gestalt verstehen, oder mehr den Text – Gefäß oder Inhalt. Jede einzelne Komponente hat Valenzen, ermöglicht bestimmte Anschlüsse. 2. Welche Modi kommen in Frage für die Art und Weise der Bezugsetzung?

Mensch „wird" Buch (sujet/produit I): Die eine Funktionsrichtung der Relation – ein Mensch wird in ein Buch verwandelt[33] weist erwartungsgemäß eine Skala vom Einfachen zum Komplexen hin auf. Zunächst die rein übertragene Idee der Assimilation an ein geliebtes Medium, wie „vor lauter Fernsehen eckige Augen" bekommen. Analog ist der Büchernarr[34] ein typisches Sujet für satirische Karikaturen. Bei Agostino Ramellis Entwurf eines Leserads für Folianten (1588)[35] etwa fragt man sich, wer eigentlich mehr in die Maschine eingesperrt ist, die Bücher oder der Leser, der dabei zwar Mensch bleibt, äußerlich aber 'buchartig'

---

[28] Publius Ovidius Naso: Metamorphosen. In dt. Hexameter übertr. u. m. d. Text hg. v. Erich Rösch, 10. Aufl. München 1983, S. 204f.: „schwanden / hin ihre Haare sogleich, mit ihnen Nase und Ohren; / winzig wird ihr das Haupt; am ganzen Leib ist sie klein, und / schmächtige Finger hängen statt Schenkeln ihr dünn an den Seiten. / Alles Übrige nimmt sich der Leib".

[29] Gustav René Hocke: Die Welt als Labyrinth. Manier und Manie in der europäischen Kunst von 1250 bis 1650 und in der Gegenwart, Hamburg 1957, S. 156.

[30] Berthelot, S. 123.

[31] Vgl. Ronald M. Hahn/ Volker Jansen: Lexikon des Science Fiction Films. 720 Filme von 1902 bis 1983, 2. Aufl. München 1984, S. 10-15.

[32] Schmitz-Emans, S. 22: „je 'konkreter' [...] das Buch als Objekt, desto höher sein virtueller Grad an Metaphorizität."

[33] Im Volksmärchen kommt das Motiv einer Verwandlung zwischen Buch und Mensch fast erwartungsgemäß nicht vor. Vgl. Rudolf Schenda: Art „Buch" in: Enzyklopädie des Märchens, Bd. 2. Berlin/ New York 1979, Sp. 965-970. - Motif-Index of Folk-Literature, Vol. 6. Kopenhagen 1958, S. 87f. AaTh D 1266: „magic book" oft.

[34] Abraham a Sancta Clara: Centi-Folium Stultorum In Quarto. Oder Hundert Ausbündige Narren In Folio... Wien/ Nürnberg 1709, Reprint Dortmund 1978, S. 54-58.

[35] Beispiele bei Heinke Wunderlich/ Gisela Klemt-Kozinowski: Leser und Lektüre. Bilder und Texte aus zwei Jahrhunderten, Dortmund 1985, S. 73-98. Walther Killy (Hg.): Literaturlexikon, Bd. 14. München 1993, S. 251.

wird. Nicht zufällig entstand in der Spätrenaissance, die schon eine modern-groteske Sicht des Verhältnisses von Buch und Mensch hervorbrachte, das manieristische Ölgemälde eines Bibliothekars von Giuseppe Arcimboldi (ca. 1566).[36] Nach Federico Zuccaris Klassifikation ist dies sicher ein „disegno fanta-stico-artificiale"[37] bzw. „metaforico-fantastico", ein weder einfach natürliches noch einfach künstliches Bild. Mit Hocke zu reden, handelt es sich dennoch nicht um „manieristische Embleme", sondern um „ziemlich simple manieristische Allegorien".[38] Als Reaktion auf den Verlust der Transzendenz wird in der Neuzeit eben nicht mehr eine göttliche Idee abgebildet, sondern imitierende Phantasie anthropozentrisch als Menschenwerk durchschaubar gemacht. Die Analogie zum Luhmannschen Theorem drängt sich auf, daß etwa die Kunstwelt keinen Umweltbezug entwickelt, sondern autopoietisch verfährt. Noch Elias Canettis Peter Kien, Hauptfigur von *Die Blendung* (1936), entstand zunächst aus der einschich-tig-allegorischen Narrenkonzeption und wurde daher „in den ersten Entwürfen mit B. bezeichnet, was kurz für 'Büchermensch' stand. [...] Daß er aus Büchern bestand, war damals seine einzige Eigenschaft".[39] Oder der Mensch wird *narrativ* so geschildert, daß er aufgrund seines Berufs als Autor, Verleger, Lektor, Buch-händler, Antiquar, Bibliothekar,[40] innerlich an ein Buch erinnert, was immer man damit assoziiert: papieren, trocken, lebensfern. So nimmt es nicht wunder, daß bei Albert Vigoleis Thelen ein Antiquar „verstaubt und vergilbt" auftritt „wie die Scharteken, Blätter, Mappen und Pergamente, die er feilbot".[41] In dem Roman *Fahrenheit 451* des Amerikaners Ray Bradbury (1953) ist der ehemalige Profes-sor Faber völlig ausgebleicht: „He and the white plaster walls inside were much the same. There was white in the flesh of his mouth and his cheeks and his hair was white and his eyes had faded".[42] Und in dem Meta-Abenteuerroman *El club Dumas* (1993) des Spaniers Arturo Pérez-Reverte ist es der Held, der „Bücherjä-ger" Lucas Corso, der sich selbst vorwirft, innerlich tot zu sein: „Muerto como tus presas [...]. Come ese papel quebradizo y seco que has convertido en tu ban-

---

[36] Skoklosters Slott, Schweden. Vgl. Werner Kriegeskorte: Giuseppe Arcimboldo 1527-1593. Ein manieristischer Zauberer. Köln 1994, S. 29f.

[37] Hocke, S. 49 u. 150.

[38] Hocke, S. 150; ebd., S. 45: Im Prag Rudolphs II., wo Arcimboldi wirkte, wurden Maler „gelobt, die alles in alles verwandeln können".

[39] Manfred Durzak: Gespräche über den Roman... Formbestimmungen und Analysen, Frankfurt a.M. 1976, S. 94.

[40] Klaus Döhmer: Merkwürdige Leute. Bibliothek und Bibliothekar in der Schönen Lite-ratur. 2., verb. u. erg. Aufl., Würzburg 1984; Anne-Marie Chaintreau/ Renée Lemaître: Drôles de bibliothèques... Le thème de la bibliothèque dans la littérature et le cinéma. Préface de Roger Chartier, Paris 1990.

[41] Albert Vigoleis Thelen: Der schwarze Herr Bahßetup. Roman, München 1991, S. 301. Vgl. Auster, S. 23.

[42] Ray Bradbury: Fahrenheit 451. New York 1991, S. 80.

dera. Cadáveres polvorientos que tampoco amas".[43]Ein Mensch kann sich auch *verhalten* wie ein Buch. Diese Spielart der uneigentlichen Semantik, die „gelebte Literatur in der Literatur", macht Leser zu „victimes du livre"[44] wie Walter Pabst sie beschrieb, oder es wird gar, wie im prototypischen Fall *Don Quijote*, die ganze Romanhandlung entwickelt aus dem Nachleben literarischer Erfahrungen.[45] Oder ein Mensch *wird* behandelt wie ein Buch. Ein Cartoon im ZEIT-MAGAZIN[46] stopfte Buchmessebesucher wie Bücher in ein Regal. Schließlich: Ein Mensch übernimmt die *Funktion* des Buches, wird zum Textträger. Im Zeitalter der zumindest partiellen Oralität war dies ein Normalfall – Werner Faulstich bezeichnet denn auch mittelalterliche Erzähler und Sänger als „Menschmedien"[47] – der jederzeit wieder eintreten könnte. Bei Bradbury rettet sich der abtrünnige, flüchtige Bücherverbrenner Guy Montag zu wildlebenden Literaturwissenschaftlern, sie alle Ex-Bibliotheksbesitzer. Er hat etwas auswendig gelernt von den heimlich zurückgehaltenen Büchern. Deshalb ist Montag gleichsam ein „part of Ecclesiastes" (S. 160). „Do we have a Book of Ecclesiastes?" vergewissert sich der einstige Schriftsteller Granger. „One. A man named Harris", ist die Antwort. Darauf erhält Montag die Weisung: „Guard your health. If anything should happen to Harris, *you* are the Book of Ecclesiastes." (S. 151). In verkleideter Gestalt werden dort zudem die Grundbedingungen der Philologie und die Rekonstruktion mündlicher Überlieferung zum Thema gemacht. Kernbegriff im Hintergrund ist die *memoria*.[48] Während die totalitäre Stadt im Krieg untergeht, ist es Aufgabe dieser Menschen, trotz aller Verluste die Zivilisation wiederzubegründen. Wie? „We're remembering" (S. 164), sagt Granger. Als er seine Bücherschau vornimmt, beginnt er: „I am Plato's *Republic*" und fährt fort: „I want you to meet Jonathan Swift, the author of *Gulliver's Travels*! And this other fellow is Charles

---

[43] Arturo Pérez-Reverte: El club Dumas, 8a ed. Madrid 1993, S. 342. Vgl. Gottfried Keller: Hadlaub. Novelle, Stuttgart 1983, S. 70f. Und schon in Gottfried Kellers Novelle „Hadlaub" wird die Allegorie der Volkspoesie als pergamentene Gestalt eines „alten Spielmanns" gezeichnet, ein raffiniertes, jedenfalls verräterisch gegenläufiges Motiv, nimmt es doch die Kodifizierung des Mündlichen durch Hadlaubs Sammeltätigkeit vorweg.

[44] Walter Pabst: Fürst Galeotto oder die Macht der erfundenen Werke. In: Deutsche Beiträge 3 (1949), S. 168-181. Ders.: 'Victimes du livre'. Versuch über eine literarische Konstante. In: Filología y Didáctica Hispánica. Homenaje al Profesor Hans-Karl Schneider. Hg. v. J.M. Navarro u.a. Hamburg 1975, S. 497-525.

[45] Margot Kruse: „Gelebte Literatur" im 'Don Quijote'. In: Theodor Wolpers (Hg.): Gelebte Literatur in der Literatur. Studien zu Erscheinungsformen und Geschichte eines literarischen Motivs, Göttingen 1986, S. 30-71.

[46] Michael Sowa, Nr. 41, 7.10.1994, S. 6.

[47] Werner Faulstich: Medien und Öffentlichkeiten im Mittelalter, Göttingen 1996, S. 29-31.

[48] Vgl. Anselm Haverkamp/Renate Lachmann (Hgg.): Memoria. Vergessen und Erinnern, München 1993 (= Poetik und Hermeneutik XV).

Darwin, and this one is Schopenhauer [...]. We are also Matthew, Mark, Luke, and John." (S. 151) Die Erläuterung führt die Analogie von Buch zu Mensch und damit von Mensch*en* zur Bibliothek weiter aus:

> „How many of you are there?" – „Thousands [...]. And when the war's over, some-day, some year, the books can be written again, the people will be called in, one by one, to recite what they know[49]and we'll set it up in type until another Dark Age." (S. 153)

Das Ganze hat einen zumindest vorsichtig optimistischen Anstrich (zumindest ignoriert die Idee jeden historischen Zweifel an Restaurierbarkeiten), wobei frei-lich Negativität durch die gedankliche Operation selbst ins Spiel kommt, werden doch die Menschen ganz bewußt degradiert zu Überlieferungsträgern, werden verbal instrumentalisiert, objekthaft gemacht[50] – was natürlich auch durch Gro-teske amüsieren soll –, aber diese Degradierung geht aus von einem bewußten Sichunterordnen unter die memoriale Aufgabe: „We're nothing more than dust jackets for books, of no significance otherwise" (S. 153).

Buch „wird" Mensch (sujet/produit II): Die andere Richtung: Ein Buch wird be-handelt wie ein Mensch, verhält sich wie ein Mensch, kleidet sich, redet. Es bleibt ein Buch oder es verwandelt sich in einen Menschen: in die Allegorie a) eines Texts, b) eines Autors, c) eines Genres, d) der Literatur an sich. Johann Karl Wezel führte die Idee der Vermenschlichung à la Swift aus. Er schrieb 1777 die Satire *Silvans Bibliothek*,[51] deren Titelheld als Gutsherr eine Büchersamm-lung erwirbt:

> Eine drollichte Gesellschaft mußte auf solche Weise [...] zusammenkommen [...] Semler lag an Götzens Busen; Krusius umarmte Wolfen; Voltär drängte sich an Baumellen; Wieland wurde von zwo jungen philosophischen Abhandlungen über die Schultern angesehen; [...] Gleim und Jakobi wurden von einer ungeheuren Konkordanz mit Füßen getreten (S. 17f.).

Die drangvolle Enge und der „Geist der Kleinigkeit" (S. 20) provozieren unter den Texten Gewalt, zumindest in der Phantasie des unbelesenen Buchbesitzers. Die anderen Fälle dieser Metamorphose-Richtung folgen der Kürze halber in späteren Zusammenhängen. Ihre profundeste Deutung aber bietet Friedrich Nietzsche, im Aphorismus 208 des 1. Teils von *Menschliches, Allzumenschliches* (1878) unter der Überschrift: „Das Buch fast zum Menschen geworden":

---

[49] „was sie sich *einverleibt* haben", übersetzt, auf ein anderes Bildfeld überleitend, Fritz Güttinger (Zürich 1981, S. 165).

[50] Zur Rolle, die die Objekthaftigkeit des Buches in literarischer Hinsicht spielt, vgl. Michel Butor: Le livre comme objet. In: M.B.: Essais sur le roman, Paris: Gallimard 1975.

[51] In: Johann Karl Wezel: Satirische Erzählungen, 1. Bändchen, Leipzig: 1777, S. 9-120.

Jeden Schriftsteller überrascht es von Neuem, wie das Buch, sobald es sich von ihm gelöst hat, ein eigenes Leben für sich weiterlebt; es ist ihm zu Muthe, als wäre der eine Theil eines Insectes losgetrennt und gienge nun seinen eigenen Weg weiter. Vielleicht vergisst er es fast ganz, vielleicht erhebt er sich über die darin niedergelegten Ansichten, vielleicht selbst versteht er es nicht mehr und hat jene Schwingen verloren, auf denen er damals flog, als er jenes Buch aussann: währenddem sucht es sich seine Leser, entzündet Leben, beglückt, erschreckt, erzeugt neue Werke, wird die Seele von Vorsätzen und Handlungen – kurz: es lebt wie ein mit Geist und Seele ausgestattetes Wesen und ist doch kein Mensch. – Das glücklichste Loos hat der Autor gezogen, welcher, als alter Mann, sagen kann, dass Alles, was von lebenzeugenden, kräftigenden, erhebenden, aufklärenden Gedanken und Gefühlen in ihm war, in seinen Schriften noch fortlebe und dass er selber nur noch die graue Asche bedeute, während das Feuer überall hin gerettet und weiter getragen sei. – Erwägt man nun gar, dass jede Handlung eines Menschen, nicht nur ein Buch, auf irgend eine Art Anlass zu anderen Handlungen, Entschlüssen, Gedanken wird, dass Alles, was geschieht, unlösbar fest sich mit Allem, was geschehen wird, verknotet, so erkennt man die wirkliche Unsterblichkeit, die es giebt, die der Bewegung: was einmal bewegt hat, ist in dem Gesammtverbande alles Seienden, *wie in einem Bernstein ein Insect*, eingeschlossen und verewigt.[52]

Der Aphorismus ist dreiteilig und äußerst vielschichtig. Am Anfang und Ende benutzt Nietzsche das Bild des Insekts als desjenigen Lebewesens, das uns a priori am ehesten an Metamorphose erinnert, an die Wandlungsfähigkeit lebendiger Körper, und – wie sich sonach zeigt – an die Versteinerbarkeit als Hinübergerettetwerden in die Ewigkeit. Unsterblichkeit, bewiesen ironischerweise nach der Logik mittelalterlicher Theodizee, wird durch *traditio* und *memoria* gewährleistet. Vor allem aber: ein Buch wird als Handlung aufgefaßt, genau wie heute im radikalkonstruktivistischen Modell der Literatur als System von Aktionen und Aktanten. Das Bild von Materie, die verbrennt, sich also von „lebendigem" Papier in Asche verwandelt, steht für den Autor. Das Buch, sein geistiges Eigentum, Teil seiner immateriellen Substanz, löst sich vom Autor und beginnt ein Eigenleben. Was Nietzsche in diesem Aphorismus besonders herausarbeitet, ist das Paradox: „und ist doch kein Mensch".

Metamorphosetechniken (processus): Bei Wezel sieht sie so aus: Die allegorische Figur der Pedanterie „verwandelte durch ein geheimnißvolles Wort aus der kabbalistischen Gelehrsamkeit jedes Buch in seinen Autor, in Figuren von der Größe, in welche Milton seine Teufel zusammenschrumpfen läßt, um sie, ohne zu lügen, sämtlich ins Pandämonium quartieren zu können" (S. 25). Metamorphosen bestehen ohnehin oft (Alice im Wunderland, Nils Holgersson, Gulliver)[53] in einer bloßen Änderung des Maßstabs, der bei Büchern sonst ignoriert wird. Bei Wezel

[52] Friedrich Nietzsche: Menschliches, Allzumenschliches I, 4, 208, in: F.N.: Kritische Studienausgabe, hg. v. Giorgio Colli u. Mazzino Montinari, Bd. 2, 2., durchges. Aufl. München/ Berlin/ New York 1988, S. 171.
[53] Berthelot, S. 168-170.

kommt es zur Handgreiflichkeit, bis durch das Einschlafen des Geists der Kleinigkeit „alle Autoren wieder in ihre Werke verwandelt" sind (S. 118). Bei Swift ermahnt das Vorwort des Buchhändlers zu *The battle* den Leser,

> to beware of applying to Persons what is here meant only of Books in the most literal Sense. So, when Virgil is mentioned, we are not to understand the Person of a famous Poet, call'd by that Name, but only certain Sheets of Paper, bound up in Leather, containing in Print the Works of the said Poet, and so of the rest.[54]

Die Ironie soll genau das Gegenteil suggerieren: eine Metamorphose also durch reine Rhetorik. Auch *Fahrenheit 451* ist poetologisch interessant. „Wir erinnern uns", so einfach benennt Granger den Prozeß. „We are all bits and pieces of history and literature" (S. 152). Er *sagt* das, gezeigt wird es nicht, gezeigt wurde es negativ zuvor, nämlich in dem Wust an Zitaten, den ausgerechnet der Hauptmann der Bücherverbrenner dem Renegaten Montag quasi an den Kopf warf, um ihn zurückzuhalten. Die behauptete Verwandlung der Menschen in Bücher erfolgt im Text nicht, oder nur auf summarische Weise, nämlich wieder einmal als Katalog. Die Metamorphose vollzieht sich allein in der Verwendung des Verbs „sein", die Ironie in der des Verbs „lesen": „Like to *read* Marcus Aurelius? Mr. Simmons *is* Marcus"(S. 151). Eingeschränkt wird die Überzeugungskraft der Verwandlung, wenn, wie bei Swift, ein menschlicher Bibliothekar danebensteht. Konkretisierungen dagegen machen sie glaubhaft. In einem Text, der noch zu behandeln ist[55], spürt der verwunschene Mensch beim Durchblätterwerden „stechende Kopfschmerzen" (S. 65), die Prozedur beim Buchbinder (S. 100f.) wird als schmerzhafte Operation geschildert. Die Leser lesen seine Gedanken (S. 68, 104). Oft aber ist die Metamorphose auf den Bezirk des Vergleichs, des Als ob beschränkt: „Wenn ich sie so dastehn seh,/ *Wie* des heilgen Reichs Armee"[56] nämlich die Bücher der Weimarer Bibliothek, heißt es in Clemens Brentanos *Gustav Wasa*. In Brentanos Bühnenanweisung gar erfolgt sie nicht durch Beschreiben der Gestalt, sondern des humanoiden Verhaltens:

> Einige alte Foliobände schnarchen in Lehnstühlen. Ifflands Familienstücke besuchen sich freundschaftlich, und teilen sich allerlei gute, bürgerliche Gespräche mit. Kotzebues Stücke machen einen großen Lärm auf ihrem Gestelle [...], Shakespeare und die Griechen verziehen keine Miene.[57]

---

[54] Jonathan Swift: The Battle of the Books. Eine historisch-kritische Ausgabe mit literarhistorischer Einleitung und Kommentar von Hermann Josef Real, Berlin/ New York 1978, S. 1.

[55] Alfons Schweiggert: Das Buch. Roman, München 1989.

[56] Clemens Brentano: Werke. 4. Bd. Hg. v. Friedhelm Kemp, Darmstadt 1966, S. 21-38.

[57] Brentano, S. 21.

Substitution: Im Narziß-Mythos verschwindet der Körper des toten Jünglings; an seiner Stelle blüht eine gelbe Blume (Ovid, *Met*, III 508-510): „*nusquam corpus erat*; croceum *pro corpore* florem/ inveniunt foliis medium cingentibus albis."[58] Dieses Prinzip der *Substitution* adaptiert Paul Austers *City of Glass* (1985).[59] Quinn, alter ego des selbst auftretenden Autors, schlüpft in dessen Rolle. Außerdem hat er „schon vor langer Zeit aufgehört, sich selbst für wirklich zu halten", verleiht statt dessen der von ihm erfundenen Detektivfigur Max Work Realität: „je mehr Quinn zu verschwinden schien, desto beharrlicher wurde Works Anwesenheit auf dieser Welt." (S. 16). Die Substitution des Autorenkörpers durch das Werk, wie sie Detlef Kremer für Flaubert und Kafka gar als „Transsubstantiation" analysiert hat[60], bzw. die diese als Denkfigur begründende *Komplementarität* ist durchschaubar als Inszenierung nicht nur der vielberufenen „mort de l'auteur", sondern auch einer Idee, die von Nietzsches Aperçu „Der Autor hat den Mund zu halten, wenn sein Werk den Mund aufthut"[61] bis zu Ecos Verbot, das eigene 'offene' Werk zu interpretieren, von Romanciers in Anspruch genommen wird.[62] Quinn scheint am Ende wahnsinnig zu werden und reduziert sich immer mehr auf seinNotizbuch. Auf der letzten Seite der Erzählung (S. 160) findet Auster in dem Raum, in dem Quinn bisher gelebt hat, nur noch das Buch und hebt es auf. Sein Verfasser bleibt verschwunden.

Gestalttausch: Clemens Heselhaus konstatierte zum 25. Gesang des „Inferno" (V. 94-102), zur grausig-detaillierten Verwandlung einer Schlange in einen Räuber und umgekehrt, Dante überbiete Ovid, „indem er der Metamorphose eine neue Form" gebe: „die Vertauschung der Gestalten".[63] Man sieht: Erst hier wird eine Parallelität zweier Vorgänge impliziert. Ausführlicher muß in diesem Horizont ein Kurzroman von 1989 behandelt werden, der den lapidaren Titel *Das Buch*

---

[58] Publius Ovidius Naso: Metamorphosen. In dt. Hexameter übertr. u. m. d. Text hg. v. Erich Rösch, 10. Aufl. München 1983, S. 112f.: „Scheiter, spänige Fackeln, die Bahre wurde gerüstet -/ nirgends der Leib. Man fand eine Blume statt seiner, dem Crocus/ gleich, die mit weißen Blättern umhüllt das Herz ihrer Blüte." Der Unterschied zur Metamorphose der Arachne ist ein gradueller und poetologischer: In beiden Fällen bleibt die Substanz erhalten, sonst fände keine *Verwandlung* statt, doch „ermöglicht" die geringere Geschwindigkeit in jenem Fall das Zusehen.

[59] Paul Auster: Die New York-Trilogie. Dt. v. Joachim A. Frank, Reinbek 1989, S. 7-160.

[60] Detlef Kremer: Die Identität der Schrift. Flaubert und Kafka. In: DVjS 63 (1989), S. 547-573, bes. S. 561f., auch S. 554.

[61] Friedrich Nietzsche: Menschliches, Allzumenschliches II 140, in: F.N.: Kritische Studienausgabe, hg. v. Giorgio Colli u. Mazzino Montinari, Bd. 2, 2., durchges. Aufl. München/ Berlin/ New York 1988, S. 436.

[62] Umberto Eco: Nachschrift zum „Namen der Rose". A. d. Ital. v. Burkhart Kroeber, 2. Aufl. München/ Wien 1984, S. 9f.

[63] Clemens Heselhaus: Metamorphose-Dichtungen und Metamorphose-Anschauungen. In: Euphorion 47 (1953), S. 121-146, hier: S. 128.

trägt. Verfasser ist der mit Auster (geb. 1947) gleichaltrige Alfons Schweiggert, ein fruchtbarer Autor von scherzhafter Kleinliteratur[64], der sich deutlich ins Fahrwasser von Süskinds *Parfüm* begibt und eine keinesfalls erstrangige ästhetische Leistung vorlegt, steckt *Das Buch* doch, wie auch Huizings *Buchtrinker*, nach Zettelkastenmanier voll unintegrierter Zitate. Die Grundidee aber ist interessant, gerade weil sie in der Luft lag. Ein Mann namens Bibli – so unmaskiert bleibt die allegorische Pose – stiehlt auf einem Flohmarkt ein Buch mit dem Titel „Das Buch". Nach der Lektüre bekommt er Rückenschmerzen, seine Haut verändert sich fleckig, er beginnt zu schrumpfen. Der Bibliophile verkauft aus Überdruß seine Bibliothek und widmet sich ganz dem einen Buch. „Er öffnete es nicht wie die anderen Bücher, um es sich einzuverleiben. Das Buch öffnete sich ihm, um eins mit ihm zu werden." (S. 55) Bibli träumt sogar von ihm:

> Zunächst verharrte es reglos, aber mit einem Male kam Bewegung in den Band. Er quoll auf, bauchte sich an den Einbanddeckeln und platzte schließlich an bestimmten Stellen auf, reifen Geschwüren nicht unähnlich. Aus den aufgebrochenen Stellen wuchsen wurmähnliche Fortsätze heraus, zwei an unteren Ende, je einer an der rechten und der linken Seite des Buches, der letzte am oberen Ende. Die Stummel begannen sich an den Spitzen in weitere Fortsätze zu gliedern, und Herr Bibli erkannte plötzlich, daß es Finger waren, die rechts und links herauswuchsen, und Zehen an der unteren Seite, während sich der obere knollenartige Zapfen verdickte und eine kopfähnliche Form annahm. Bibli sah, wie sich darin Schlitze für Augen und Mund entwickelten und schließlich aufplatzten. Böse funkelnde Augäpfel mit Pupillen blitzten aus den Spalten, der Mund brach auf, weitete sich zu einem Maul, öffnete sich, wurde aufgerissen, scharfe Reißzähne erschienen im Ober- und Unterkiefer [...] (S. 23f.)

Diese „Geburt eines Menschen aus einem Buch" empfindet Bibli im Schlaf „als ungeheuerlichen, schamlosen, ja als geradezu perversen Vorgang" (S. 24f.). – Nach einigen Tagen hat er den zugehörigen Gegentraum:

> Er sah seine nackten Zehen, die zu schrumpfen begannen und sich zurückzuziehen schienen wie Schnecken in ihre Kalkhäuser. Das Entsetzen Biblis war so gewaltig, daß er erst mit einiger Verzögerung wahrnahm, wie dieser Vorgang sich mit den Fingern beider Hände wiederholte. Mit den Handstümpfen griff er sich stöhnend an den Kopf, zuckte aber im selben Augenblick zurück, da er fühlte, wie der Schädel zu schrumpfen begann. Die Sehkraft der Augen ließ nach, der Schrei, der aus seinem Mund hervorbrechen wollte, erstickte zu einem keuchenden, dumpfen Laut. Und dann fühlte sich Bibli durch die Ritzen der Schublade ins Innere gezogen, wo er trotz der Dunkelheit mit dem verlöschenden Blick seiner vertrocknenden Augen das Maul wahrnahm, das sich dort drinnen öffnete, aufgerissen wurde, scharfe Reißzähne entblößte und einen gellenden, spitzen Schrei hervorquellen ließ, der nicht mehr aus dem Rachen dieses verwandelten Wesens zu kommen schien, sondern aus ihm, aus Bibli selbst, der fühlte, wie er, seiner Gestalt beraubt, zu einer

---

[64] Wer ist wer? XXXII. Ausg. Lübeck 1993, S. 1264.

leblosen, verschrumpelten Masse verklumpte, während sich aus der Schublade das menschgewordene Buch zu befreien suchte. (S. 25f.)

Bibli erkrankt und wird ins Hospital eingeliefert, wo man die bereits erkennbaren Veränderungen nicht ernstnimmt. Erst nach seiner Entlassung und natürlich beim Erwachen aus einem Schlaf geschieht, was Bibli selbst und der Leser erwartet haben: „Arme und Beine waren verkrampft, zogen sich zusammen. Sein Gehirn schien in feine, schmale Streifen geschnitten, an denen die einzelnen Gedanken sich aufsplitterten." (S. 61) „Ohne große Betroffenheit" stellt Bibli fest, „daß er zum Buch geworden" ist (S. 63), das noch in sein Hemd eingewühlt liegenbleibt, während das Buch auf dem Nachttisch verschwunden ist. In den Augen der Polizei ist dagegen Bibli selbst verschollen. Und nun beginnt die Odyssee des Buchgewordenen. Eine Putzfrau trägt ihn fort, ein Kind liest ihn, ein Bibliothekar nimmt ihn auf und versendet ihn an einen Verlag, eine Lektorin legt ihn auf ihren Nachttisch. In deren Büro greift ein erfolgloser Autor nach Bibli und stürzt sich mit ihm aus dem Fenster. Das Buch wird zu einem Trödler gebracht und dort von einer Reich-Ranicki-Karikatur erworben. Weil diese es für „Schwachsinn" hält, greift das Buch aus eigener Kraft den Kritiker an und ermordet ihn. Aus dessen Haushalt gelangt es an einen Buchbinder, dann an einen unsympathischen reichen Sammler, den es während der Autofahrt so attackiert, daß auch er stirbt. Das Buch wird lebendig mit ihm begraben, kommt bei der Bestattung seiner Witwe in der Gruft wieder ans Licht, wird zum Flohmarkt gebracht, wo eine junge Frau sich in es verliebt. Dieser Akt des Begehrens bewirkt die erneute Metamorphose:

> Bevor er sich der Stärke des Schmerzes bewußt wurde, verlor er die Besinnung. Aber selbst in diesem Zustand spürte er noch, wie er langsam, unaufhaltsam das Buchformat zu sprengen begann, wie sich sein aufgeschnittenes Gehirn zusammenklumpte, wie sich sämtliche Extremitäten, aufbrechenden Geschwüren nicht unähnlich, daraus hervorstülpten, sein Rückgrat sich streckte und die darüber gespannte Haut zu platzen schien. Bibli wurde gleichsam aus dem Buch ausgestoßen. Er erhielt seinen menschlichen Körper zurück, der unauffällig zu Boden rollte und, zunächst für keinen hörbar, dumpf dort aufschlug. Das Buch lag entseelt auf seinem alten Platz [...] (S. 122)

Kurz darauf stirbt Bibli unerkannt. Nun verstehen wir, warum der Text auf dem Flohmarkt mit dem Exitus einer fremden Frau begann; es ist die obligate unendliche Geschichte. Die Studentin aber, deren Blick Bibli aus seiner Papiergestalt herausgetrieben hat, kauft den Band und liest ihn sogleich: „Je weiter sie in den Inhalt eindrang, um so mehr eignete sie sich das Buch an, um so mächtiger ergriff es auch von ihr Besitz." (S. 126) Im Traum wird sie vom Buch verfolgt; wir kennen ihr Schicksal.

Leben, Gewalt und Tod: Nach der Regelpoetik gehörte das Lebendigwerden von Büchern zum Wunderbaren. Dessen Effekt ist ambivalent: beglückend oder alptraumhaft. Dies soll David Kirschners Film *The Pagemaster* (1995) zeigen,[65] dessen Kinderheld in der Bibliothek im Traum in einen Cartoon verwandelt wird und sich im Labyrinth der Regale wiederfindet. Plötzlich begegnet ihm ein Buch; was in der Erzählfassung so lautet: „Es war braun, trug ein großes, gelb-grünes Kopftuch – *und es hatte ein Gesicht!* [...] Das Menschenbuch trug einen langen rötlichen Schnurrbart unter der Nase und hatte eine Augenklappe. [...] Auf seinem Deckel stand in goldenen Lettern das Wort *Abenteuer*." (S. 36) Danach trifft Richie ein purpurnes Buch mit Gesicht, Armen und Beinen, das sich als „Fantasy" vorstellt. Schließlich kommt als drittes ein „schrecklich aussehendes Buch mit einem grauenhaften Gesicht, einem zerfetzten blauen Deckel und einem verkrümmten Rückgrat" (S. 59) hinzu, das „in blutroten Lettern" (S. 60) den Namen „Grusel" trägt. Mit den drei Genre-Verkörperungen erlebt der Junge nun Abenteuer, „lebendige" Lektüre. Zum Schluß begegnet Richie dem „pagemaster", also der Allegorie der Literatur überhaupt. Die einzig möglichen Todesarten für Bücher – das weiß auch Herr Bibli – sind Makulieren oder Verbrennen. Gewalt gegen sie richtet sich intentional gegen Menschen als deren Urheber oder Sympathisanten. Diese Austauschbeziehung ist nur eine, besonders drastische, Spielart der Identifikation von Mensch und Buch. Wenn Heine warnte, wo Bücher verbrannt würden, verbrenne man am Ende auch Menschen,[66] so beruhte dies auf der traditionellen Gleichung, die es erst ermöglichte, daß in Gestalt ihrer Werke Autoren *in effigie* eingeäschert wurden.[67] Im Metamorphose-Thema geht Literatur brutal in Realität über. Es ist mehrfach überliefert, daß perverse Sammler Bücher in Menschenhaut binden ließen[68] (auch davon träumt Bibli, S. 59). Bei Schweiggert wird die Lektorin in einer natürlich metaphorisch gemeinten und dennoch fragwürdigen Szene von dem Buch irgendwie vergewaltigt (S. 81f.) Auch bei dem Wiener Doron Rabinovici (geb. 1961), dessen *Papirnik* als Worthülle nicht weniger durchsichtig ist, entrollt sich die Gewaltbeziehung zwischen Lola und dem Buch-Mann als Deklination vorhersagbarer Metaphern, von der „wandelnde[n] Enzyklopädie" über das „Ich kann Dich lesen" bis zum „Er war vielseitig"[69], und endet im unvermeidlichen Spiel mit dem Feuer. Jean Paul hoffte, daß der Buch-Körper „immerhin dauerhafter sein möge als der sterbliche Körper des Autors".[70] Gerade dies ist jedoch ein Beispiel für die Ambiguität von Metaphern,

---

[65] Todd Strasser: Der Pagemaster. Richies fantastische Reise... A. d. Engl. v. Michaela Link, München 1995.

[66] „Das war ein Vorspiel nur, dort wo man Bücher / Verbrennt, verbrennt man auch am Ende Menschen." Almansor, V. 243f. Heinrich Heine: Sämtliche Schriften. Bd. 1. Hg. v. Klaus Briegleb, Frankfurt a.M. / Berlin / Wien 1981, S. 284f.

[67] Ulrich Walberer (Hg.): 10. Mai 1933. Bücherverbrennung in Deutschland und die Folgen. Frankfurt a.M. 1983; Gerhard Sauder (Hg.): Die Bücherverbrennung. 10. Mai 1933. Frankfurt a.M./ Berlin/ Wien 1985; dort weitere Literatur.

[68] Ráth-Végh, S. 59-62.

[69] Doron Rabinovici: Papirnik. Stories, Frankfurt a.M. 1994, S. 9-14 u. 125-134.

[70] Schmitz-Emans, S. 43.

denn wegen ihrer Zerstörbarkeit sind Bücher auch Mahnmale für die Sterblichkeit des Menschen.[71] Sterblich aber heißt nun wieder: lebendig. John Milton schrieb: „Books are not absolutely dead things, but doe contain a potencie of life in them to be as active as that soule was whose progeny they are".[72] Und jüngst wurde zum „Leben und Scheinleben der Bücher" nachgefragt: „Ist der Menschenleib etwas anderes als eine Buchhülle, sind die körperlichen Handlungen des Menschen kategorial geschieden von Schriftzügen auf Papier [...]?"[73] Das beliebte Stichwort 'Körperlichkeit der Literatur' zieht die Lehre von deren reiner Geistigkeit in Zweifel.

Auslöser der Metamorphose (agent): Swifts satirisch auf den Auslöser der Metamorphose zielende Frage („wodurch?") verwandelt sich poetologisch in ein „zu welchem Zweck?". Kritisch-rationalistisch erklärt, ist die Leistung der Metamorphose in Swifts Konzept eine Problemlösung: Was kann a, was b nicht konnte? Die Antwort: Ein Mensch kann körperlich kämpfen, ein Buch nicht. Warum animiert man *mehrere* Bücher? Um Dialog, Wettbewerb, Streit sinnfällig zu machen. Dabei verwandelt sich der Autor metonymisch in sein Werk, wodurch der Prozeß des Eingehens in die Erinnerung nachvollzogen wird; nach seinem leiblichen Tod „ist" der Autor als sein Buch weiter präsent. Doch wenn der Mensch nicht zu *seinem*, sondern zu *dem* Buch wird, weil er nämlich vielleicht gar kein schreibender, sondern ein lesender Büchermensch ist – wobei die Handlungsrollen sich natürlich überlagern –, dann ist damit die Gesamtheit aller Texte gemeint, *die Literatur*. Wie in den von Blumenberg[74] beschriebenen Denkbildern der Welt als Buch (Mittelalter) oder des absoluten Buches (Romantik) verfährt die moderne Lesart der Buchmetamorphose nicht intertextuell, legt den Akzent nicht auf einzelne Bücher, sondern auf das Buch an sich als Synekdoche für „Text", auf das eine Buch, das alle anderen mitsymbolisiert und deshalb äquivalent ist mit den universellen Bildern des Archivs, der Bibliothek, der Orte also, wo zuvor der Autor war. Die Verwandlung des Autors in ein Buch zeichnet mithin Barthes' und Foucaults These vom Tod des Autors nach.[75] „Das Werk, das die Aufgabe hatte, unsterblich zu machen, hat das Recht erhalten [...] zu töten

---

[71] Schmitz-Emans, S. 45.

[72] John Milton: Areopagitica. In: J.M.: Complete Prose Works. Vol. II, New Haven/London 1959, S. 492.

[73] Schmitz-Emans, S. 45.

[74] Hans Blumenberg: Die Lesbarkeit der Welt. 2. Aufl., Frankfurt a.M. 1989, pass.

[75] Dagegen am besten Manfred Frank: Die Unhintergehbarkeit von Individualität. Reflexionen über Subjekt, Person und Individuum aus Anlaß ihrer 'postmodernen' Toterklärung, Frankfurt a.M. 1986. Vgl. Ulrich Broich / Manfred Pfister (Hgg.): Intertextualität. Formen, Funktionen, anglistische Fallstudien, Tübingen 1985, S. 8f. zu Michel Butors Behauptung: „Il n'a pas d'oeuvre individuelle" vgl. Jeremy Hawthorn: Grundbegriffe moderner Literaturtheorie. Ein Handbuch. Übers. v. Waltraud Kolb, Tübingen/Basel 1994, S. 24-26. Seán Burke: The Death and Return of the Author. Criticism and Subjectivity in Barthes, Foucault and Derrida, Edinburgh 1993.

seinen Autor umzubringen",[76] so Michel Foucault. Für ihn ist etwa Flaubert ein
Vorläufer dieses Gedankens, zunächst, weil er in *La tentation de Saint-Antoine*
quasi nur noch der Ort sei, an dem sich seine zahllosen Quellentexte zur gelehrten Phantasie verdichten,[77] dann aber auch durch die Projektion dieser Rolle auf
Bouvard und Pécuchet: „kopieren", so wieder Foucault, „heißt: nichts machen,
heißt: die Bücher sein, die man kopiert [...], heißt: der Rücklauf der Rede in sich
selbst sein".[78] Der Tod des schöpferischen Individuums ist Folge einer strukturalistischen Betonung der Relation gegen die Einzelelemente, der Vermittlungsform gegen die Inhalte, der Konstanten gegen die Originalität. Damit steht der
Poststrukturalist – deskriptiv zwar, doch ist bekannt, welche normative Macht in
den Geisteswissenschaften Moden entwickeln – auf der Seite der Tradition, deren
Kontinuität wichtiger ist als die Rolle des einzelnen. Die Vorstellung, daß der
Autor sich in sein Buch verwandelt, ist in diesem Fall so zu interpretieren, daß
das Buch seine Stelle einnimmt, denn beide zusammen können nicht existieren.
Der Text verdrängt, tötet, überlebt und beerbt also seinen Autor, dies die
Foucaultsche Les- oder besser: Denkart des Bildes. Das Doppelmotiv impliziert
aber noch eine weitere These, und zwar die, daß, was durch die Metamorphose
kommuniziert, zwei getrennten Bereichen zugehört. Diskursanalyse und Systemtheorie haben diese Idee autonomer, „ausdifferenzierter" Bezirke gefestigt.
Die Bereiche trennt die Leitdifferenz zwischen tot und lebendig, Papier und
Fleisch und Blut, Bücherwelt und wirklicher Welt, Kunst und Leben. Sten Na-
dolny überschrieb einen Essay zur Postmoderne *Roman oder Leben*.[79] Doch läßt
sich dem entgegenhalten, der „Übergang zwischen außerliterarischer materieller
Welt und 'Buch'" sei „zumindest fließend"[80]. Die oben zitierten Gedanken Mil-
tons und Jean Pauls lassen sich denn auch dialektisch wenden; daher mißtraut
Brecht der scheinbaren Trennung zweier Distrikte: „es ist nichts so papieren wie
das wirkliche Leben!"[81] In *Buchmetamorphosen* wird die Kluft zwar auf utopische Art überwunden, dadurch indes die unterstellte Antithese, die wir schon aus
dem 2. Korintherbrief (3,6) kennen („littera enim occidit Spiritus autem vivifi-
cat"),[82] als gültiges Denkgerüst fortgeschrieben. *Biblio*morphie von Menschen
entspricht der Versteinerung und impliziert auch deren negative Semantik wie

---

[76] Michel Foucault: Schriften zur Literatur. A. d. Frz. v. Karin von Hofer u. Anneliese
Botond, Frankfurt a.M. 1988, S. 12.
[77] Foucault, S. 159f.
[78] Foucault, S. 177.
[79] In: Uwe Wittstock (Hg.): Roman oder Leben. Postmoderne in der deutschen Literatur,
Leipzig 1994.
[80] Schmitz-Emans, S. 27.
[81] Im Dickicht. In: Bertolt Brecht: Werke. Große kommentierte Berliner und Frankfurter
Ausgabe, Bd. 1, Berlin/ Weimar/ Frankfurt a.M., S. 381.
[82] Biblia sacra. Iuxta Vulgatam Versionem. Ed. Robertus Weber. 2. Aufl. II, Stuttgart
1975, S. 1791.

Kaltherzigkeit und Liebesunfähigkeit.[83] Sie entlarvt Realitätsverlust und bekräftigt damit die Theorie von den zwei Welten. Das Dogma lautet: Literatur ist magisch, bewirkt im positiven Sinn Verzauberung, im negativen Verhexung. Aber dieses Dogma selbst und damit die Wertigkeit der Buchmetamorphose hat eine widersprüchliche Kehrseite, denn *Anthropo*morphie von Büchern entspricht dem Lebendigwerden von Bildern. Im Pygmalion-Mythos (*Met.* X, 243-297) wurde die Statue in eine beseelte Frau verwandelt, um sie der Glücksvorstellung ihres Schöpfers kompatibel zu machen. Entsprechend „beweist" Anthropomorphie auch die Glücksphantasie von der Lebensfähigkeit der Imagination, das Hinzugehören der Literatur zum Leben, die Untrennbarkeit: Es gibt nur eine Welt, und die Kunst ist ein Teil von ihr. Was ist nun Literatur, wenn man die antithetische und die unitarische Lesart verschmilzt? Das schöne Risiko, daß Papier lebendig wird, der Mensch sich aber schreibend-lesend selbst mumifiziert. Alice im Wunderland begegnet nicht nur lebendigen Schachfiguren und Spielkarten, sondern sie ändert ihre Größe, nachdem sie aus der Flasche mit der Aufschrift „Drink me"[84] getrunken hat. Nach der Logik eines Grimmschen Märchens[85] könnte man die Regel formulieren: „Wer mich liest, wird ein Buch", und diese Regel ist eine Warnung – die wir ignorieren, deren Sinn wir also befolgen. Diese Analyse wirft übrigens auch ein Licht auf Oscar Wildes *Dorian Gray*, wo die Verwandlung quasi im Dreieck erfolgt: Das „yellow book" kon- oder pervertiert den Antihelden moralisch, wie am Ende sein Bild enthüllt. Hier ist jedoch nicht die Beziehung zwischen Mensch und Buch animistisch, sondern ersatz- oder raffinierterweise die zwischen Mensch und Bild, während das Buch selbst, das seinerseits den Verführer Lord Henry verkörpert, als *Katalysator* unverändert bleibt.[86]

Die Bedeutung des Doppelmotivs: Resümieren wir – zunächst, daß die Funktion der Metamorphose sich selbst verwandelt hat. Bei Swift & Co. diente sie der anschaulichen Umsetzung einer Personifikationsallegorie mit satirischer Absicht, also einer Operation innerhalb des Literatursystems. Heute drückt sie Skepsis gegenüber dem Buch aus, die Vision vom Ende des Zeitalters der Schriftlichkeit,[87] oder verspottet die Verfallenheit des Menschen an ein obsoletes Medium. Wo die kritische Absicht fehlt, huldigt das Motiv einer nostalgisch-dekadenten Haltung. Herrn Biblis Verwandlung war eine in Szene gesetzte Metapher. Deshalb interes-

---

[83] Das Kalte Herz. Texte der Romantik. Ausgew. u. interpret. v. Manfred Frank. 2. Aufl., Frankfurt a.M. 1981.

[84] Lewis Carroll: The Complete Works. With an Introd. by Alexander Woollcott and the Ill. by John Tenniel, Harmondsworth 1988, S. 19.

[85] Vgl. in KHM 11, „Brüderchen und Schwesterchen", das Murmeln der die Quellen: „Wer aus mir trinkt, wird ein Tiger" bzw. „Wolf" bzw. „Reh". Jacob u. Wilhelm Grimm: Kinder- und Hausmärchen. Ausg. letzter Hand m. d. Originalanm. d. Brüder Grimm. Hg. v. Heinz Rölleke. 1. Bd., Stuttgart 1980, S. 80f.

[86] Vgl. Alfons Klein: Ästhetisches Rollenspiel. Zum Motiv der „gelebten Literatur" in Oscar Wildes The Picture of Dorian Gray. In: Wolpers (Hg.), S. 272-297.

[87] Schmitz-Emans, S. 18.

siert, wie und in welchem Grad der semiotische Sachverhalt vom Text bereits reflektiert wird. Der faktischen Metamorphose wird vorgearbeitet durch Biblis Gedanken, daß er „nach seiner Begegnung mit dem Buch und durch die mit diesem eingegangene enge Beziehung ein anderer geworden sei". Hier wird in der Reflexion der ohnehin allegorischen Person die Bedeutung ausgefaltet. Bibli selbst hat gemerkt, „daß ihm eine Befreiung aus der selbstgewählten Isolation seiner Bücherwelt von Tag zu Tag immer weniger möglich schien" (S. 48f.). Und er fragt sich: „Wie könnte er sein Buchsein rückgängig machen?" (S. 68) Schweiggerts Metaphorik für die mystische Union von Mensch und Medium ist selbst analytisch. Allerdings verliert sein Text dadurch an Komplexität und Vieldeutigkeit. „Zwar wußte Bibli, daß er nicht wie übliche Bücher entstanden war, da er sich aus der menschlichen Seinsweise in eine buchförmige umgewandelt hatte. Aber [...] ohne das vorhandene Buch wäre die Metamorphose wohl nicht möglich gewesen." (S. 67) Dieses ist also – auch hier liegt eine typisch zirkuläre Engführung der Motivik – Katalysator und Gestalttauscher zugleich. In einem Epilog zitiert der Erzähler, nicht „um die Menschwerdung" gehe es „auf Erden", sondern „allein um die Buchwerdung" (S. 133). Und diese beginne schleichend. Es könne „Jahre dauern, bis der Verwandlungsprozeß abgeschlossen" sei (S. 134). Allerdings ist dies wohl zynischer gemeint als Elias Canettis (zu dem hier viel zu erörtern wäre) Rede vom „Weg zum eigentlichen Buch, jedem einzelnen, in sich selbst eingebundenen Menschen".[88] In Schweiggerts letztem Satz wird verheißen, es gebe „nur eine Möglichkeit, den Ausbruch der Verwandlung zu verhindern, wenn man nämlich" – und ab da verliert sich das Buch textlich und typographisch in einem Wust aus unverständlichen Zitaten, die sich im Unleserlichen verwischen. Dieser Vorgang löst also auch die letzte Figur der Zirkularität ein. Die Selbstreferentialität des Kunstwerks scheint eine Denkfigur der Postmoderne zu sein. Oder vielmehr: Typisch postmodern ist die Erwartung von Selbstbezüglichkeit, wozu unter anderem auch die Erfüllung dieser Erwartung durch den Künstler gehört. Der Autor eines Texts verfährt also selbstreferentiell, weil er davon ausgeht, daß seine Leser davon ausgehen, daß er das tut. Durch diese Differenzierung scheint mit in den Blick zu kommen, daß postmoderne Literaturtheorie gerne selbstbezügliches Reden entdeckt in Texten, die selbst aus historischen Gründen unmöglich als postmodern bezeichnet werden können. Weder Intertextualität noch Selbstreferentialität aber sind Werte an sich. Merkwürdigerweise konzentrierte sich die Forschung zur Intertextualität darauf, in Texten deren Intensität zu bestimmen, so als sei ein besonders hoher Grad ein Wertungskriterium. Tatsächlich kann er nur ein Symptom sein: für die historische Situation oder Selbstsituierung eines Texts. Entsprechend ist auch Selbstbezug nicht per se ein wertvoller Akt. Wohl aber scheinen die Reflexionsprozesse, die dazu führen, daß Selbstbe-

---

[88] Elias Canetti: Die Fackel im Ohr. Lebensgeschichte 1921-1931, Frankfurt a.M. 1982, S. 243f.

zug demonstriert wird, unumkehrbar zu sein. Ausgangspunkt für die Bewertung des Modernitätsgrads kann aber immer nur die je geltende Theorie sein. Momentan strahlt das Konglomerat aus Systemtheorie und Radikalkonstruktivismus viel Licht aus, ein Licht, in dem das Bewußtsein für und das Zeigen von Selbstbezug soviel bedeuten mag wie „auf der Höhe unserer Zeit" sein, nicht weniger, aber auch nicht mehr. Die Situation läßt sich wohl vor allem institutionsgeschichtlich erklären. Universitäten und vergleichbare Einrichtungen dominieren inzwischen die literarische Theoriebildung so sehr, daß Autoren und Kritiker zwangsläufig zirkulär ihre eigenen Spuren lesen. Das ästhetische Problem der angeführten Texte besteht denn auch darin, daß sie Ansichten verlautbaren, in denen sich postmoderne Literatur und Literaturwissenschaft einig sind. Das heißt: Auster, Schweiggert, Huizing u.v.a. schreiben der Theorie hinterher. So rar die Metaphorik sich über Jahrhunderte gemacht hat, so plakativ spielt sie nun ihre Hauptrolle aus. Damit verliert sie das Mysterium und wird zu einem Gemeinplatz. Und die Erlösung? Für die *menschgewordenen* Bücher geht in den Texten die Traumvision irgendwie zu Ende. Aber ist für den *buchgewordenen* Autor trotz Foucault eine Rückverwandlung denkbar? Die enge und individuelle Bindung von Werk und Mensch in einigen klassischen Fällen läßt hoffen, daß die Metamorphose nicht irreversibel ist. Wäre sie umkehrbar, dann würde sie nicht das Verschwinden des verantwortlichen, präsenten Subjekts vor der Literatur bedeuten, sondern vielmehr dessen Aufgehobensein, wie bei Nietzsche „in einem Bernstein ein Insect", im Text, der sich und uns *auch* an seinen Autor erinnert.

Harald Fricke / Willie van Peer (Fribourg/München):

How Scientific Can Literary Evaluation Be?
Arguments and Experiments[1]

There is hardly any area in which literary studies need interdisciplinary coopera-tion with the philosophy of language as in that of literary evaluation. The reason for this is straightforward enough: while there is little or no agreement on the criteria or procedures for literary judgment, critical practice continues as ever without the slightest inspection of the premises on which it is based, namely the philosophical question whether and how such judgments can be founded at all. Especially two questions require further attention in this respect: what is the *ob-ject* of literary judgments, and what is *predicated about* this object?[2] The former question becomes clear in comparison with evaluations of other artistic objects; for instance, in judging a painting, we can actually point at the object (in a mu-seum, a gallery, or a private home). When judging literary works of art, even the very thing about which the judgment is made, is much more complicated. There is no point in 'pointing' at a literary text when explaining its evaluation. Consider the following list of items that may qualify for evaluation in the case of a literary text: the material copy of the book, a particular edition of the text, the printed text in one of the extant editions, the reader's experience while reading, the general reception of the work in the culture at large, a group of works to which the text belongs (e.g. the author's complete works, or the genre or period in which it may be categorized), or, finally, the author and his act of writing.[3] But neither the author's *écriture* nor the reader's *lecture* can grant intersubjectivity to literary judgments; nor could the problem be solved by the idea that in the simple utter-ance „This is a beautiful poem" one simultaneously draws in an evaluation of other texts, that I judge each text in comparison to all other texts I have experi-enced. This would lead to the fatal consequence that in matters of evaluation, each critic would be speaking about a different realm of experience. The implica-tion from this is that the reconstruction of literary evaluation can only proceed systematically if the object of evaluation is a *singular* text, in the sense of identi-

---

[1] This article is based on parts of Harald Fricke: Literatur und Literaturwissenschaft. Beiträge zu Grundfragen einer verunsicherten Disziplin, Paderborn 1991 (esp. pp. 147-167), translated and furnished with English examples by Willie van Peer.

[2] See John M. Ellis: The Theory of Literary Criticism. A Logical Analysis, Berkeley, University of California Press 1974.

[3] See Klaus Weimar: On Traps for Theory and How to Circumvent Them. In: Stanford Literature Review 3 (1986), pp. 13-30.

cal strings of linguistic signs in two or more tokens of the same text.[4] However, this is not a sufficient description of the semantic structure or the pragmatic role of literary value judgments. Even simple predicates like „x is beautiful" or „x is a masterpiece" obscure the complexity of reference, which will always concern the evaluated artefact, but also the person making the utterance as well as its addressee. Depending on one's philosophical position one of these options may be foregrounded in debates over aesthetic issues: the fact that a literary work has particular objective *qualities*, that it stands in a particular relationship to the *utterer* of the evaluation, or that the totality of its *readers* relate (or should relate) to the work in a specific way. It follows from here that an aesthetic judgment always contains three components with distinct pragmatic functions: (1) Every evaluation contains a *descriptive* part, i.e., one refers in an evaluation to a particular literary state of affairs. (2) There is also an *expressive* element in the judgment, in that one communicates one's pleasure or dissatisfaction concerning a poem or story; this communication is never a neutral one, in the sense that nobody else could have uttered it in an equivalent way. (3) Finally, each value judgment also contain an aspect of *appeal*; one expresses not only one's own pleasure, but also invites agreement of others to our assertion, or – as Kant put it – we request from others their assent to our aesthetic judgment. The decisive point now is that (2) and (3) do not follow from (1) in a logically compelling way. Rather, the descriptive aspect of a judgment provides only a *motivation* for our own evaluation, as well as a motivation for others to endorse our judgment. This implies that, however correct and exhaustive a description of a literary work may be, it will not provide a scientific,[5] but only a rhetorical basis for the judgment. From a *scientist's* point of view this may be regrettable. But one should not overlook how welcome this circumstance is for us as *readers*, for it shows that no one can ever impose a literary value judgment on us that we do not subjectively share. In the present philosophical analysis this insight forms the linch pin of it all, i.e., readers' fundamental right to disapprove of any literary work. However, this does not lead to the position that literary scholars are not allowed to evaluate – indeed, to disallow this would be inhuman and quite unnatural. They are only denied the legitimation to act as if they are able to mount the same degree of scientific validity for their aesthetic judgments as they are able to muster for, say, their historical work. In evaluating literary works, they can only act as *readers* (albeit quite experienced readers). On the other hand, what they can do as *scientists* with aesthetic judgments, is something altogether different. They can (and should) *explain* literary judgments, i.e., formulate hypotheses as to *why* particular literary

---

[4] About the distinction between type and token in the concept of 'text', see Willie van Peer: Foundations of Literary Theory. Cambridge University Press (forthcoming).

[5] Throughout this article the terms 'science', 'scientist', and 'scientific' are used as English equivalents of the continental terms for 'Wissenschaft', 'sciences humaines' and the like.

works are evaluated in the way they are. And they can empirically test these hypotheses. Precisely one such hypothesis will be developed and tested in what follows. It concerns the comparative study of reader evaluations of three experimentally manipulated variations on the following poem by Ulla Hahn.[6]

> *Ars Poetica (A)*
> *Danke ich brauch keine neuen*
> *Thanks I don't need new*
> *Formen ich stehe auf*
> *forms I'm standing on*
> *festen Versesfüßen und alten*
> *firm verse feet and old*
> *Normen Reimen zu Hauf*
> *norms rhymes on and on*
>
> *zu Papier und zu euren*
> *to paper and to your*
> *Ohren bring ich was klingen soll*
> *ears I bring what should sound*
> *klingt mir das Lied aus den*
> *when the song sounds out of my*
> *Poren rinnen die Zeilen voll*
> *tears the lines get full and round*
>
> *und über und drüber und drunter*
> *and over and above and under*
> *und drauf und dran und wohlan und*
> *and up and on and come on and*
> *das hat mit ihrem Singen*
> *that alone through her singing*
> *die Loreley getan.*
> *the Loreley did anon.*

In three different ways, the experimentally manipulated versions B / C / D attempt to *improve* Ulla Hahns text, and every reader is invited to judge whether these improvements were successful. The procedure consists in comparing each of these versions, B, C and D separately to the original version A. Hence no comparisons are made between the manipulated versions, but only between each manipulated version and the original. Let us start with version B:

> *Variation B*
> *Danke ich brauch keine neuen*
> *Thanks I don't need new*
> *Strukturen ich stehe auf*
> *structures I'm standing on*

---

[6] From her volume *Herz über Kopf.* Stuttgart: Deutsche Verlags-Anstalt, 1981, p.78.

festen Versesfüßen und alten
  firm verse feet and old
Normen Reimen zu Hauf
  norms rhymes on and on

zu Papier und zu euren
  to paper and to your
Ohren bring ich was klingen soll
  ears I bring what should sound
klingt mir das Lied aus den
  when the song sounds out of my
Drüsen rinnen die Zeilen voll
  glands the lines get full and round

und über und über und drunter
  and over and above and under
und drauf und dran und wohlauf und
  and up and on and well then and
das hat mit ihrem Singen
  that alone through her singing
die Loreley getan.
  the Loreley did anon.

As can be seen, no more than three words have been exchanged against a synonym in this version: in line 2 „Formen" (forms) has been substituted by „Strukturen" (structures), in line 8 „Poren" (English version 'tears') by „Drüsen" (English lachrymal 'glands'), and in line 10 „wohlan" (come on) has been replaced by „wohlauf" (well then). The question readers are asked is: which of both versions is better, A or B? In version C, just the final two lines of the poem have been replaced by a synonymous formulation:

Variation C
Danke ich brauch keine neuen
  Thanks I don't need new
Formen ich stehe auf
  forms I'm standing on
festen Versesfüßen und alten
  firm verse feet and old
Normen Reimen zu Hauf
  norms rhymes on and on

zu Papier und zu euren
  to paper and to your
Ohren bring ich was klingen soll
  ears I bring what should sound
klingt mir das Lied aus den
  when the song sounds out of my

> *Poren rinnen die Zeilen voll*
>> *tears the lines get full and round*
>
> *und über und über und drunter*
>> *and over and above and under*
> *und drauf und dran und wohlan und*
>> *and up and on and come on and*
> *der Gesang der Loreley nur*
>> *only the song of the Loreley*
> *nur der ist schuld daran.*
>> *only that is to blame for it.*

Again readers are asked which text is best, A or C. In the final version, D, an attempt was made to introduce a stronger metrical element ('firm verse feet') into Ulla Hahn's poem.

> *Variation D*
> *Danke ich brauch keine neuen Formen*
>> *Thanks I do not need new forms*
> *ich stehe fest ja auf*
>> *I'm firmly standing on*
> *Versesfüßen und alten Normen*
>> *syllabic metric feet, old norms*
> *und auf Reimen zu Hauf*
>> *and rhymes words on and on*
>
> *zu Papier und zu euren Ohren*
>> *First to paper and then to your ears*
> *bring ich was klingen soll*
>> *I bring what well should sound*
> *klingt mir das Lied aus den Poren*
>> *whenever the song sounds out of my tears*
> *rinnen die Zeilen voll*
>> *the lines get full and round*
>
> *und drüber und drunter voll Schwingen*
>> *Over, above, and under full swinging*
> *und drauf und dran und wohlan*
>> *and up and on and come on*
> *und das hat mit ihrem Singen*
>> *and that alone by means of her singing*
> *die Loreley getan.*
>> *the Loreley did anon.*

Again the question is: which is better, A or D? Convincing explanations should have predictive power, that is, they must make predictions that are empirically falsifiable. At least this is one of the foundations of analytic philosophy of science. The hypothesis submitted here yields the prediction of a clear 3:0 victory for the original version by Ulla Hahn. And this prediction has been borne out by all empirical investigations. The comparisons were made in the framework of several lectures and paper presentations, and this in a rather informal way.[7] In all cases a clear majority (first of poets and critics, later on of German and Swiss students of literature) voted for the original poem as the best poem, with one remarkable exception: during a lecture for the Goethe Institut in 1983, a group of Sovjet teachers of German expressed a slight preference for (the more 'traditional') variation D. Presumably this may be explained in terms of their being nonnative speakers of German, or of a certain cultural formalism and conservatism in the former Soviet Union. This case clearly demonstrates how important it is in such empirical investigations to specify the range and scope of the hypothesis. For instance, does the hypothesis relate to (a) the author's contemporaries; (b) to us, readers of today; (c) to readers of all future generations; (d) to native speakers of the same language; (e) to its response in 'world literature'? As stated before, the fact that reader reactions bear out the predictions of a particular hypothesis does not prove that such evaluations are 'right' – only that they are *probable*. In what follows, the question will be explored why nearly all readers preferred version A. We will return to this explanatory hypothesis shortly, but before we do so, it must be emphasized that the search for such an explanation should not be carried out on an *ad hoc* basis, but should instead be embedded in a theoretical framework, where various hypotheses are systematically related to each other. The theoretical model employed here is that of poetic deviation, as it has been developed in the theory of *foregrounding* or *defamiliarization*.[8] The idea

---

[7] The 'test' was tried out four times between 1983-85 with about 330 people involved: during lectures hand-outs showing the variations A-D were distributed among members of the audience, who expressed preference for the variants; the original was given the highest value by clear majorities, sometimes of 100 %. It should be added, however, that this was never meant as a rigorous test, but rather an exemplification of the theory, including a piece of 'learning by doing' for the audiences, nothing more.

[8] For reasons of space, this model can be described only briefly here; but cf. Harald Fricke: Norm und Abweichung. Eine Philosophie der Literatur, München 1981; Geoffrey N. Leech: A Linguistic Guide to English Poetry, London: Longman 1969; Colin Martindale: The Clockwork Muse. The predictability of artistic change, New York: Basic Books 1990; Willie van Peer: Stylistics and Psychology. Investigations of Foregrounding, London: Croom Helm 1986; Rolf Zwaan: Aspects of Literary Comprehension, Amsterdam / Philadelphia: John Benjamins 1993, esp. chapter 5. There is also empirical evidence in favor of this theory, see, especially David Miall, D. Kuiken: Beyond Text Theory: Understanding Literary Response. In: Discourse Processes 17 (1994), pp. 337-352; Willie van Peer: Literary Theory and Reader Response. In: Reader Response to Literature. The Empirical Dimension, hg.v. Elaine F. Nardocchio, Berlin, New York: W. de Gruyter, 1992. pp. 137-152. For the historical background of the theory see Lubomir Dolezel: Occidental Poetics. Tradition and Progress, Lincoln:

behind the theory is the rejection of the view that literature can be understood in terms of norms, conventions, some aesthetic code, or a 'poetic' grammar. In other words, it is directed against any rule-model of literature. The only relevant norm for literature is the linguistic norm, and with this we mean not just the norms that can be found in a grammar book, but all the implicit but valid norms that regulate linguistic communication. One may identify them by the fact that: (1) these norms are *obeyed* in most cases; (2) deviations from these norms are usually met with *sanctions* by other participants in the communication; (3) these sanctions are usually *accepted* by those concerned, precisely because they form the basis of mutual interest and successful communication. These rules apply to grammar and speech act conditions, to rules for inferencing and truth evaluation, or to writing conventions and turn taking, etc. Poetry relates to the totality of these norms, in the sense that in poetic works these norms are *violated*. Poets deviate from linguistic norms at all levels and in all forms, but not arbitrarily. Random deviations do not constitute poeticality. A deviation becomes poetic in that it fulfils a recognizable *function*. It is this function that creates a specific relation that is absent in everyday linguistic usage. The deviation has an 'internal' function when it creates (or allows the creation of) a relation *within* the text in which it occurs. Concerning our hypothesis about evaluation, three types of relationship may be distinguished: (1) a relationship of *similarity*, as in rhyme, meter, or alliteration, all of which are deviations from linguistic norms; (2) a relationship of *contrast*, as in the patterning of oppositions in a poem; (3) a relationship of *ordered sequencing*, as in gradated iteration, visual constellation, or climactic enumeration. Next to internal functions, a poetic deviation can also have an 'external' function, in creating a relation between the text and a state of affairs *outside* the text, e.g. to political or ethical matters. In case the term 'external' may suggest something of less importance, we would like to emphasize that reference to extra-literary values may bear on the intra-literary value of a work. It may even come to bear on the question *whether* we are dealing with poetry or not, i.e., whether the deviations are artistically motivated. Finally, we should be clear about it that the external function may also consist in relating a text to other texts, for instance in the form of parody or allusion. Literary history shows us how specific types of deviation and their functions become *automatized* parts of a literary tradition in the course of time. Like 'standard deviations' in empirical psychology, they become part and parcel of readers' expectations. However, they are not expected in a normative sense, as linguistic norms are, but in a kind of adaptable expectation:

University of Nebraska Press 1990; Viktor Erlich: Russian Formalism: History – Doctrine, The Hague: Mouton 1955; Frantisek W. Galan: Historic Structures. The Prague School Project, 1928-1946, Austin: University of Texas Press 1985; Peter Steiner: Russian Formalism. A MetaPoetics, Ithaca, NY: Cornell University Press 1984; Jurij Striedter: Literary Structure, Evolution, and Value. Russian Formalism and Czech Structuralism Reconsidered, Cambridge, MA: Harvard University Press 1989.

we are prepared to correct our expectations in case they are frustrated. This is fundamentally different from our behavior in the case of non-poetic deviation. As we have seen, such instances result in the acceptance of sanctions. In other words, we stick to the norms in daily life, even when they are violated. At the same time, these expectations, grounded as they are in literary tradition, resemble those created by linguistic norms in that they have an effect of habituation, structuring our reading experiences, and as such, to be taken into account when studying literary judgment. We propose to study such processes under the name of (literary) quasi-norms, indicating that they resemble linguistic norms in their *effects*, while simultaneously being different in terms of their *commitment*. To these literary quasi-norms poets often react in ways comparable to their dealings with linguistic norms. This entails that the model of poetic deviation employed so far must be conceptualized in a dynamic way in order to potentially serve for the history of literary forms. A poet of some ambition, especially in the era of 'Modernism', will not really get accustomed to and blindly follow the quasi-norms, but deviate from them, and thus re-invent the quasi-norms continually. This internalized protest against habituation, this tendency to write against the grain of literary automatization, can work at two distinct levels. On the one hand it may violate the historically developed quasi-norms of literary writing, such as poetic verseforms or stanzaic composition and rhyme schemes, narrative strategies of presentation, or the standardized metaphors that are habitually employed, for instance in referring to one's beloved in terms of a rose or the sun. On the other hand, a quasi-norm may also be constructed within the confines of one text only. Such textinternal quasi-norms are to be found, for instance, in a metrical expectation built up by the strict metrical beat of verse-lines, which may subsequently be deviated from. An example can be found in Keats's *Endymion*:[9]

> *... that all those gentle lispers*
> *May sigh my love unto her pitying!*
> *O charitable echo! hear, and sing*
> *This ditty to her! – tell her! – So I stay'd*
> *My foolish tongue ...*

The (somewhat loose) iambic metrical pattern of the lines gets broken precisely at the moment when the subject is a ditty. Moreover, the enjambement effect after „stay'd" is a powerful one, as it suggests a meaning (i.e., to remain in the same place) that turns out to be wrong in the following line, where it emerges that 'stay' here is used as a transitive verb, meaning 'to hold'. Again it is not the deviation from the internal metrical or syntactic pattern as such which is of importance, but its ability to be functionalized. Plain violations of norms in itself do not constitute poetic innovation. In order for deviations to have an effect on readers,

---

[9] John Keats: Poems, ed. Gerald Bullett. London: J.M. Dent, 1982, Book I, p.72-73.

this functional requirement can be stated as a general principle of the theory.[10] What consequences emerge from the application of these theoretical and historical insights to the study of modern poetry? Here we immediately run into the problem of free verse or 'prose-poetry', texts that seemingly do not deviate from any norm whatsoever. It would appear, then, that the model developed above is unable to describe and explain the poetic effects these texts may have. However, such 'free verse' can be understood *only* within the framework if a deviation model. First, texts of this kind deviate from the historically developed structures of versification, and their effects are in large part due to the fact that they play on this contrast with traditional expectations. Second, and more important still, in abandoning traditional literary quasi-norms, they do *not* return to the linguistic norms of everyday communication. For one thing, they incorporate quite strong deviations from typographical norms in the use of blanks: free verse lines do not run up to the right hand margin of the page, but present an irregular flow of enjambements.[11] It has been pointed out that the typographic deviations typically associated with free verse may attain an almost arbitrary character. Although this criticism is generally not altogether false, it is not applicable to every concrete instance. As an example, let us look at one of the poems[12] by Emily Dickinson, illustrating the peculiarities of free verse.

When Etna basks and purrs
Naples is more afraid

---

[10] Empirical evidence for this may be found in R.W. Gibbs, J.M. Kushner, W.R. Mills: Authorial Intentions and Metaphor Comprehension.In: Journal of Psycholinguistic Research 20 (1991), pp. 11-30. Readers were presented with metaphorical, literal, and anomalous comparisons; some readers were told that these comparisons had been taken from the writings of famous twentieth century authors, whereas another group was told that the comparisons had been generated by a computer program. The latter group found the comparisons less meaningful, were slower in processing the metaphoric ones, and provided fewer interpretations of the statements. The differences in response between the two groups were statistically significant. Zwaan (1993: p. 33) sums up the results neatly when he writes: „It seems, therefore, that readers are more willing to invest cognitive effort in processing a given linguistic structure when they know it is intentionally constructed."

[11] See Willie van Peer: Typographic Foregrounding. In: Language and Literature 2, no. 1 (1993), pp. 49-61 for an overview and analysis of such typographic norms and deviations. With respect to the problem of free verse the article concludes: „An inherent contradiction seems to be involved here: the revolutionary turn against traditional poetic devices which has occurred in our century has, paradoxically, caused a renewed interest in these structural principles of the poetic tradition. In other words, the maxim that poetry exists by deviation from everyday typographic norms and by repetitious uses of these and other arrangements remains fundamentally intact, even in the most avant-gardist experiments." (p. 51).

[12] Emily Dickinson: The Complete Poems, ed. Thomas H. Johnson. London / Boston: Faber & Faber, 1970, p. 513.

> *Than when she shows her Garnet Tooth*
> *Security is loud -*

There are a few metaphorical meanings involved which one must understand in order to experience the poem's force, notably 'basks and purrs' in line 1, where the volcano is metaphorized into a sleeping cat, and 'Garnet Tooth' in line 3, where the cat has awakened into a blood-minded feline showing her teeth. But the crucial effect of the poem hinges on the final word, where, contrary to general expectations, it is asserted that loud noise creates a feeling of security. This deviates from the general notion held (we think) by most people that loud noise makes them afraid, whereas feelings of security are generally thought to be induced more easily by a quiet surrounding. Not so in the case of volcanoes, says Dickinson: better have them rumble and roar regularly. At least then we know what to expect (and feel secure). Now this meaning is extended in the last line, where it comes to relate to things generally. And again this clashes with our everyday concepts, which tell us that earthquakes, fires, explosions, and most calamities are accompanied with loud noise. Hence the poem defamiliarizes such concepts and makes the reader look at them in a new way, so that the deviation from the conceptual norm may function as a device to reconceptualize the world. The result will be a cognitive reshufflling of ideas and relations, while also producing some emotional gratification through the element of surprise. The way these deviational effects are created may be observed clearly through a test in which variations to the text are compared:

> *Version E*
> *When Etna basks and purrs*
> *Naples is more afraid*
> *Than when she shows her Garnet Tooth*
> *Security is lax -*

We have changed very little in the text: one word only. And its replacement is higly similar to the original: it is also an adjective, with the same number of phonemes, and beginning with the same consonant. Yet we observe that the whole poem now collapses. The reason is that everything now falls into the confines of our entrenched categories: the concept of 'lax security' exists in our minds independently of Dickinson's poem, and the text does not add anything to it. Nor does this version produce any surprising effect any more, for precisely the same reason. It can be predicted, therefore, that version E will not be judged as good a poem, and that it has little chance of surviving in the literary canon. We see here that the first impression that the poem creates, namely that (apart from the metaphors) it is written in a rather straightforward language rather close to everyday diction, is highly misleading. Indeed there is no rhyme and little meter, no significant alliteration or assonance, and the poem's syntax is so simple that it almost resembles some factual statement in a geography book. But the final word disrupts the expectations set up by the previous textual elements. Again, of course, ignoring the two metaphors discussed above. There is no reason, however, why we could not take them into account when studying the poem's quality. One could test their significance, for instance, by replacing them by less metaphoric expressions, as has been done in the following version:

> *Version F*
> *When Etna sleeps*
> *Naples is more afraid*
> *Than when she shows her fiery corona*
> Security is loud -

While this version may be less poetic than the original one in that the feline associations are no longer possible with this text, the central device in the final line is kept intact. It may therefore be predicted that its evaluation by readers will result in a middle position between the original and version E. Furthermore, we may observe that in the original the verse structure coincides with syntactic units. One can investigate the effect of this arrangements on readers' judgment by presenting them a version that contains several deviations from the isomorphism between syntax and verse-line:

> *Version G*
> *When Etna basks*
> *and purrs, Naples*
> *is more afraid than*
> *when she shows her*
> *Garnet Tooth - Security is*
> *loud -*

Finally, we may conceive of a version in which the free verse technique has been implemented, but from which the crucial defamiliarizing device has been eliminated. Such a manipulation will result in something of the following kind:

> *Version H*
> *When Etna basks*
> *and purrs, Naples*
> *is more afraid than*
> *when she shows her*
> *Garnet Tooth - Security is*
> *lax -*

Our theoretical model predicts that this version will be judged slightly higher than version E, and far lower than either the original or version G. We now have a (predicted) hierarchy of quality, which runs (in decreasing order):

HIGH:　　Version G
. 　　Original
. 　　Version F
. 　　Version H
LOW: Version E

And now to a second mainstream of modern poetry, which has also been criti-
cized or even declared dead for a couple of years: to 'concrete' or 'visual' poetry.
As an example, we try to give an English version[13] of a German text by
Burckhard Garbe from 1982:

> *WHE*
> *NTH*
> *EPO*
> *PESPEAKETHEXCA*
> *THEDRACATHOLIC*
> *SHA*
> *VET*
> *OGI*
> *VEC*
> *REDIT*

We picked out this rather simple text because its deviation from norms of typographic lay-out is legitimated by nothing but external functions – and this in no
less than a threefold way. This, again, can be shown by testing some variants.
One could easily produce, as in version J, a poem in free verse with the identical
text – but, no doubt about this, the result would lack any motivation (by internal
or external functions) for the completely pointless segmentation of lines:

> *Version J*
> *When the Pope*
> *Speaketh ex cathedra*
> *Catholics have*
> *To give credit*

One could as well imagine this poem as a satirized epigram with traditional versification, for instance brought into the meter of a 'Chevy Chase' ballad stanza:

> *Version K*
> *When speaks ex cathedra the Pope*
> *And tells them how to live,*

---

[13] In the German text, „Wenn der Papst ex cathedra spricht, müssen Katholiken dran glauben" (Burckhard Garbe: sta(a)tus quo. ansichten zur lage, Göttingen: Edition Herodot,
1982, p. 47), the pun on the double meaning of the idiom „müssen dran glauben" ('have to
believe in it' as well as 'have to pay for it, perhaps even with their lives') is, of course,
slightly different from the ambiguity of 'to give credit (to/for)'. But in this context it is not
semantics, but the form of presentation that matters.

> *All catholics, in fear or hope,*
> *The credit have to give.*

However, by bringing the words not into meter but into the visual 'constellation' of a crucifix, the author succeeds in creating three different 'external relations' for his poem: (1) to the object of reference – for the cross has always been serving as a sign and emblem especially of the Roman Catholic church; (2) to the rich literary tradition of cross-formed poems – but contrary to this medieval and baroque tradition, the structure of the cross does no longer work in an affirmative, i.e., redoubling way, but with a critical function; (3) to the symbolic (and no longer confession-bound) function of the cross as standing for human suffering in general – thus indicating that many a Christian soul in our days may literally be crucified by some papal encyclica or other. All this is important when we want to explain why most subjects preferred (and perhaps all readers will prefer) Ulla Hahn's original poem to the alternative versions we produced. It was announced above that the explanatory hypothesis for this fact would be provided in due time, and it is now time to retrace our steps. In order to explain the higher evaluation of the original poem over its rival versions, three conditions can be outlined. In general, this leads to the theoretical prediction that a poem will be experienced all the more poetic, i.e., as aesthetically more rewarding, the more it fulfills the fundamental poetic principle of functional deviation from linguistic norms and literary quasi-norms. The three conditions can be specified as follows:

(I) A text containing a deviation *B*, which serves *one* internal function only, will be evaluated lower than that same text *if* it contains a deviation *A* serving *more than one* internal function. *For instance, in line 2 of version B, the term 'Strukturen' (structures) replaces 'Formen' (forms) of the original. Although the two terms are quasi-synonymous, the substitution has annihilated the line-initial rhyme with 'Normen' (norms) in line 4. The replacement of the original 'Poren' ('tears' in the English version) by 'Drüsen' (English 'glands') in line 8 destroyed a similar line-initial rhyme. Finally, substituting 'wohlauf' (well then) for 'wohlan' (come on) in line 10 has effaced the rhyme with 'getan' ('anon' in the English version) in the final line. (More about the importance of well-hidden rhymes in condition III.)*

(II) A text containing a deviation C, which serves an internal function only (e.g. producing an end rhyme), will be evaluated lower than that text if it contains a deviation A serving the very same internal function and an external function in addition (e.g. alluding to another famous text in literary hitstory). *In version C this can be seen in the replacement of the final two lines of the original by a synonymous formulation, which, however, is no longer an exact echo of Heine's famous lines in his Loreley poem: „Und das hat mit ihrem Singen / Die Loreley getan." In other words, although the formulation is semantically almost identical and still contains a deviation from everyday linguistic norms (in the repetition) creating some measure of poeticity, it fails to establish an intimate link with*

Heine's celebrated poem. Where readers have the choice between two alternative texts, the one with the additional external function will be judged as of higher value.

(III) A text containing a deviation *D*, which serves *traditional* functions only (internal or external), will be evaluated lower than that text *if* it contains a deviation *A* which fulfills the same functions, but also an *innovative* one on top (by functionally deviating from literary or text-internal quasi-norms). *This is precisely what we observe in Ulla Hahn's text. It deviates, first, from the traditional requirement that poems have end-rhyme, and secondly, from the modernist requirement that poems do not rhyme at all. These are two external deviations, but the poem also deviates from its own, internally established quasi-norms, for instance in avoiding in the final stanza both the end rhyme ('auf' / 'Hauf'; 'soll' / 'voll') and the line-initial rhymes ('Formen' / 'Normen'; 'Ohren' / 'Poren') of the first two stanzas. Version D, by contrast, has reproduced such rhyme pairs in the final stanza, thus taking out the internal deviation. It has also relegated all rhyme words to their traditional position at line ends, thus making this version more traditional, and less innovative. It is this lack of novelty in version D that makes readers rate it of lower quality than the original poem.*

All this is not just a cry for novelty, but rather a recognition of the important function that such deviations fulfill with respect to the *theme* of the poem. The explicitly stated thesis of the 'ars poetica' is implicitly disproved by the text itself; the old, traditional, norms are not implemented, but their memory is kept intact, precisely through their demonstrative transgression. Evidently, these are not 'proofs' that Ulla Hahn's poem 'is' of high quality (maybe they could be employed rhetorically in the debate over the status of her work). Instead, they are explanatory hypotheses that help us understand and explain the processes of evaluation and canonization as they take place in the reading process of individuals, and in the history of a culture. Indeed, what Ulla Hahn does here is yet another, contemporary exemplification of the old stratagem of presenting a poetics *in* a poem *through* a poem. This theme is announced in the title, a clear allusion to Horace's *Epistula ad Pisones*, but also to Archibald MacLeish's famous *Ars poetica*,[14] where it is said

> A poem should not mean
> But be.

That is precisely what Ulla Hahn's poem does (and it does so *only* in version A), namely that it *is* more than it *says*.

---

[14] Archibald MacLeish: Collected Poems 1917-52, Cambridge, MA.: Harvard University Press, s.d., p. 41.

D) Wie wird Literatur geordnet?

Holger Korthals (Wuppertal):

Spekulation mit historischem Material
Überlegungen zur *alternate history*

Unter den Typen der „alternativen Welten"[1] innerhalb der fiktionalen Literatur ist seit den achtziger Jahren zunehmend eine zunächst oft als neuartig empfundene Variante in das Blickfeld der wissenschaftlichen Betrachtung gerückt, die in der Regel als *alternate history*[2] bezeichnet wird. Andere Namen, die bisher Verwendung gefunden haben, sind *allohistory*[3], *alternative history*[4], *parahistorische Literatur*[5] und *Uchronie*[6]. Das zentrale Merkmal dieses Segments aus dem Bereich der *Allotopie*[7] wird in der „fiktionale[n] Abänderung (also nicht lediglich: Uminterpretation) eines bedeutsamen historischen Faktums" gesehen, „deren Resultat ein alternativer Geschichtsverlauf ist und dementsprechend eine Gegenwart, die von der unseren in markanter Weise abweicht."[8] Daß das Phänomen in Wirklichkeit nicht ganz so neu ist, zeigt sich daran, daß der früheste bisher entdeckte Text von Buchlänge bereits aus dem Jahre 1836 stammt.[9] Von einem nennenswerten

---

[1] Siehe Manfred Pfister und Monika Lindner: Alternative Welten: ein typologischer Versuch zur englischen Literatur. In: Manfred Pfister (Hg.): Alternative Welten, München 1982, S. 11-38.

[2] Brian W. Aldiss: Alternate Worlds and Alternate Histories. In: The New Encyclopedia of Science Fiction. Red. James Gunn, New York 1988, S. 13-15; Paul Alkon: Alternate History. In: Samuel L. Macey (Ed.): Encyclopedia of Time, New York, London 1994, S. 11f.; Wilhelm Füger: Streifzüge durch Allotopia. In: Anglia 102 (1984), S. 349-391.

[3] Gordon B. Chamberlain: Allohistory in Science Fiction. In: Charles G. Waugh, Martin H. Greenberg (Ed.): Alternative Histories. Eleven stories of the world as it might have been, New York, London 1986, S. 281-300.

[4] Darko Suvin: Victorian Science Fiction, 1871-85: The Rise of the Alternative History Sub-Genre. In: Science-Fiction Studies 10 (1983), S. 148-169 sowie Edgar Vernon McKnight Jr.: Alternative History: The Development of a Literary Genre, Diss. Univ. of North Carolina 1994.

[5] Jörg Helbig: Der parahistorische Roman. Ein literarhistorischer und gattungstypologischer Beitrag zur Allotopieforschung, Frankfurt a.M., Bern, New York, Paris 1988, S. 29.

[6] Christoph Rodiek: Potentielle Historie (Uchronie). Literarische Darstellungsformen alternativer Geschichtsverläufe. In: Arcadia 22 (1987), S. 39-54; Ders.: Prolegomena zu einer Poetik des Kontrafaktischen. In: Poetica 25 (1993), S. 262-281; Ders.: Erfundene Vergangenheit. Kontrafaktische Geschichtsdarstellung (Uchronie) in der Literatur, Frankfurt a.M. 1997 (und weitere Aufsätze) sowie Lies Wesseling: Writing History as a Prophet. Postmodernist Innovations of the Historical Novel, Amsterdam, Philadelphia 1991.

[7] Füger, Streifzüge durch Allotopia (Anm. 2), S. 351.

[8] Ebd., S. 367.

[9] Louis Geoffroy-Château: Napoléon et la conquête du monde - 1812 à 1832 - Histoire de la monarchie universelle, Paris 1836.

Auftreten von *alternate histories* kann allerdings tatsächlich erst in der zweiten Hälfte des 20. Jhs. gesprochen werden, wobei zu berücksichtigen ist, daß die meisten Texte der kommerziellen Science Fiction-Literatur angehören und daher zunächst eher im Kreise einschlägiger Fanzines Beachtung gefunden haben als unter Literaturwissenschaftlern. Als klassische Belegfälle der Textgruppe gelten u.a. der Sammelband *If: Or, History Rewritten* (1932) – mit prominenten Beiträgern wie André Maurois, G.K. Chesterton und Winston Churchill – sowie der Roman *The Man in the High Castle*, in dem der Science Fiction-Autor Philip K. Dick 1962 ein Nachkriegsamerika schildert, das nach der Niederlage der USA im Zweiten Weltkrieg von Deutschen und Japanern besetzt gehalten wird. Ich werde mich in den folgenden Ausführungen der Namen *alternate history* und *allohistory* bedienen, weil die drei anderen mehr oder minder problematisch sind. Am wenigsten gilt dieses Urteil für *alternative history*; diese Bezeichnung krankt lediglich daran, daß ihr Erfinder Darko Suvin mit ihr – anders als spätere Benutzer – ursprünglich nicht den hier betrachteten Gegenstand gemeint hat. Gäbe es diese kleine Irritation nicht, wäre es natürlich müßig, zwischen *alternative* und *alternate* noch einen Unterschied zu machen. Anders verhält es sich dagegen bereits mit *parahistorischer Literatur* bzw. dem *parahistorischen Roman*, da das Wort „parahistorisch" seine Herkunft aus der Geschichtswissenschaft schwerlich verleugnen kann. Es hat die Hypothek einer leicht negativen Einfärbung zu tragen – man denke an analog gebildete Adjektive wie „parapsychologisch" –, weil im Diskurs der Geschichtswissenschaft spekulative Elemente generell verpönt sind und stets Gefahr laufen, von diesem Diskurs ganz ausgeschlossen zu werden.[10] Diese negative Konnotierung sollte auf die fiktionale Literatur, die sich in Sachen historischer Spekulation mehr herausnehmen darf, besser nicht übertragen werden. Regelrecht irreführend ist allein der Name *Uchronie*. In seinem Fall nützt es wenig, daß Christoph Rodiek, der ihn vehement favorisiert, sich auf die älteste Autorität, eine Alternativgeschichte des Franzosen Charles Renouvier mit dem Titel *Uchronie* – aus dem Jahre 1857 – sowie auf diverse wichtige Enzyklopädien des romanischen Sprachraums stützt. Rodieks Verwendung des Namens kollidiert z.B. mit dem Sprachgebrauch Raymond Troussons, der mit *Uchronie* vornehmlich die Zukunftsutopie seit Louis-Sébastien Mercier bezeichnet.[11] In beiden Fäl-

---

[10] Zur Debatte unter Historikern bzw. zur Anwendung kontrafaktischer Methoden in der historischen Forschung siehe Helbig, Der parahistorische Roman (Anm. 5), S. 45-65 und Rodiek, Erfundene Vergangenheit (Anm. 6), S. 36-38.
[11] Raymond Trousson: Voyages aux pays de nulle part. Histoire littéraire de la pensée utopique, Brüssel 1979, S. 177f. Anders als Rodiek glaubt, kann Troussons Sprachgebrauch keineswegs als „ideolektal begrenzt" (Erfundene Vergangenheit [Anm. 6], S. 25, FN 2) begriffen werden. Mögen im romanischen Sprachraum auch die Verhältnisse anders liegen, so scheint sich Trousson durchgesetzt zu haben, was den Export seines Begriffs in andere Sprachen betrifft. Das recht populäre Literaturwissenschaftliche Wörterbuch für Romanisten folgt jedenfalls beim Eintrag „Uchronie" Trousson und nicht Renouvier.

len wird jedoch die Anwendbarkeit der Bezeichnung gegenüber ihren etymologischen Möglichkeiten eingeschränkt. „Uchronie" wörtlich übertragen ist „Nicht-" oder „Nirgend-Zeit" und somit relativ offen für verschiedene Zuordnungen. Unter diesem Namen kann sich sowohl noch nicht ausgefüllte Zeit (Zukunft) als auch nicht so ausgefüllte Zeit (alternative Vergangenheit oder Gegenwart) verbergen, vielleicht sogar Zeit, deren Ausfüllung lediglich unüberprüfbar ist (die unbestimmte, vorgeschichtliche Vergangenheit des Mythos). Wie man an diesen Formulierungen sehen kann, zwingt die Bezeichnung „Uchronie" dem zu beschreibenden Sachverhalt überdies eine räumliche Metaphorik auf, die zu Mißverständnissen geradezu einlädt.

An den Versuchen, die vermeintlich neue Gattung begrifflich zu bestimmen, lassen sich einige grundlegende gattungstheoretische Probleme erkennen. Das drängendste ist sicherlich die Tatsache, daß bei der Definition und Klassifizierung von *alternate histories* überhaupt mit Begriffen wie „Gattung" und „Genre" operiert wird, auch wenn das hiervon betroffene „subgenre"[12] dieses Los tröstlicherweise mit den Erörterungen auf dem Feld der nicht-mimetischen Literatur überhaupt teilt. Die gesamte Debatte um die Abgrenzung von Phantastik, Science Fiction, Utopie[13] u.ä., innerhalb derer der *alternate history* ihr Ort zugewiesen werden soll, ist von einem schier inflationären Gebrauch des Gattungs- oder des synonym verwendeten Genrebegriffs gekennzeichnet, der m.E. im vorliegenden Fall in die Irre führt. In Ermangelung ernsthafter gattungstheoretischer Überlegungen zur *alternate history* sollten als Ausgangspunkt entsprechende Thesen zu anderen Abteilungen der allotopischen Literatur gewählt werden. Gemessen an Klaus Hempfers klassifikatorischem Schema taugen etwa derart globale Begriffe wie Utopie oder Science Fiction zunächst einmal nur zu „Sammelbegriffen"[14]. Allenfalls könnte man die Frage stellen, ob eventuell – analog zur satirischen oder grotesken – von einer utopischen Schreibweise als Schreibweise zweiter Ordnung[15] zu sprechen sei, was zwar nicht Hempfer selbst, dafür aber Wilhelm Voßkamp im Artikel „Gattungsgeschichte" des neuen *Reallexikons der deutschen Literaturwissenschaft* vorführt.[16] Allerdings begibt er sich dabei auf äußerst dünnes Eis, liegt doch eine der größten Schwächen der Hempferschen Arbeit zweifellos in dem nicht befriedigend begründeten Verhältnis von primären und se-

---

[12] Aldiss, Alternate Worlds and Alternate Histories (Anm. 2), S. 13; Füger, Streifzüge durch Allotopia (Anm. 2), S. 354; Helbig: Der parahistorische Roman (Anm. 5), S. 24.

[13] Zu dieser Debatte siehe Reimer Jehmlich: Phantastik - Science Fiction - Utopie. Begriffsgeschichte und Begriffsabgrenzung. In: Christian W. Thomsen, Jens Malte Fischer (Hg.): Phantastik in Literatur und Kunst, Darmstadt 1980, S. 11-33.

[14] Klaus Hempfer: Gattungstheorie. Information und Synthese, München 1973, S. 27f.

[15] Ebd. 162f.

[16] Wilhelm Voßkamp: Gattungsgeschichte. In: Harald Fricke, Klaus Grubmüller, Jan-Dirk Müller, Klaus Weimar (Hg.): Reallexikon der deutschen Literaturwissenschaft, Berlin, New York 1997ff. Bd. I, S. 655-658, hier: S. 656.

kundären Schreibweisen. Ich bin geneigt zu behaupten, daß nur die primären
Schreibweisen durch ihre Präfigurierung einer textualen Makrostruktur gattungs-
definierend wirken, während „grotesk" und „satirisch" als Stilbegriffe auf eine
Mikrostruktur verweisen (die wiederum auf die Bewertung des Redegegenstands
durch den Autor deutet) und damit schwerlich unter dem gemeinsamen Dach ei-
nes Begriffs – der Schreibweise – vereinigt werden können. Eine utopische
Schreibweise anzunehmen bedeutet einen noch größeren Präzisionsverlust des
Begriffs zu riskieren, denn Utopien definieren sich gerade nicht über „formale,
sprachliche oder strukturelle Eigenschaften des Textes"[17]; vielmehr liegt bei ihnen das „konstitutive Charakteristikum [...] auf stofflich-thematischer Ebene"[18].
Anders gesagt müssen Utopien – und ebenso allohistorische Texte – über das
Verhältnis von literarischem Text und dem Ensemble der realen Welt von Autor
und Leser definiert werden. Solche Unterscheidungen eher stofflicher Art treten
bei Hempfer jedoch frühestens auf der Ebene der Untergattung hinzu, wo z.B. ein
Begriff wie Jörg Helbigs „parahistorischer Roman" auch eindeutig – gemeinsam
mit seinem Gegenbegriff, dem historischen Roman – anzusiedeln wäre. Um doch
noch eine Bindung an die in der Hierarchie übergeordnete Ebene der Schreibweisen herzustellen, ließen sich schließlich die Utopie und auch die *alternate history*
eindeutig der narrativen Schreibweise zuordnen. Im Verhältnis zu narrativen
Utopien ist die Anzahl existierender utopischer Dramen oder gar Gedichte jedenfalls gering[19]. Für die *alternate history* – bzw. „Uchronie" – spricht Rodiek zwar
von einem „textsortenunabhängige[n] Darstellungsmuster"[20], kann jedoch mit
seiner ungeordneten Aufzählung sich teilweise überschneidender Textsorten vornehmlich narrativer Art keinen Beweis für eine gleichmäßige Verteilung des
Texttyps liefern, auch wenn die Möglichkeit der Realisierung in verschiedenen
Schreibweisen und Gattungen nicht zu bestreiten ist. Mir erscheint es hilfreicher,
im folgenden beim Vergleich der Textgruppen die soeben vorgeschlagene Redu-
zierung auf narrative Texte vorzunehmen. Abschließend gesagt, kann eine Debatte über die *alternate history* im Rahmen der Gattungstheorie am ehesten der
Desillusionierung bestehender Auffassungen dienen. Sie kann verdeutlichen, was
Textgruppenbezeichnungen wie Utopie, Science Fiction oder alternate history
gemeinsam haben, nämlich die bevorzugte Realisierung in Gattungen der narrati-

---

[17] Monika Schmitz-Emans: Die Suche nach einer möglichen Welt. Zur literaturtheoretischen Bedeutung der Utopie, des Insel- und des Reisemotivs. In: Neohelicon 22, 1
(1995), S. 189-215, hier: S. 195.
[18] Ebd.
[19] Siehe Wolfgang Biesterfeld: Die literarische Utopie, 2., neubearb. Aufl. Stuttgart
1982, S. 11-14; Dragan Klaic: The Plot of the Future. Utopia and Dystopia in Modern
Drama, Ann Arbor 1991.
[20] Rodiek, Erfundene Vergangenheit (Anm. 6), S. 27. Rodiek operiert allerdings nicht
konsequent mit dem Begriff der Textsorte. Oft spricht er auch von einer Gattung, S. 89
sogar einmal von einer „Gattung bzw. 'Schreibweise'".

ven Schreibweise, sie liefert jedoch kaum Anhaltspunkte für weitergehende Unterscheidungen. Es dürfte sinnvoller sein, die *alternate history* über ihr Verhältnis zur Wirklichkeit bzw. zum jeweils herrschenden Konstrukt dessen, was als Wirklichkeit aufgefaßt wird[21], zu definieren. Dies ist auch bereits dort geschehen, wo zu diesem Zweck in der Sekundärliteratur Leitgrößen wie „Science Fiction" oder der „historische Roman" als Ausgangspunkte genutzt worden sind. Kann man diese Begriffe der *alternate history* als gleichberechtigte Vergleichsgruppen zur Seite stellen oder sind sie ihr übergeordnet? Für Science Fiction trifft sicherlich letzteres zu, ganz gleich ob man das Wort nur als Marketingbegriff auffaßt oder der ambitionierteren Definition Darko Suvins folgt. Da jene so weit gefaßt ist, daß sie bereits einen großen Teil aller Alternativwelten einschließt[22], empfiehlt es sich, auf der hierarchisch übergeordneten Ebene lieber gleich Gebrauch von Fügers noch umfassenderer Unterscheidung Isotopie/Allotopie zu machen. Mit Hilfe seiner skalaren Konzeption sollte der Ort jeder beliebigen Textgruppe auf einer Skala von kompletter, mimetischer Nachbildung der „Wirklichkeit" (unrealisierbarer Extremfall der Isotopie) zu kompletter Abweichung von ihr (unrealisierbarer Extremfall der Allotopie) annäherungsweise zu ermitteln sein.[23] Als Bezugsgrößen auf hierarchisch gleicher Ebene verbleiben in diesem Fall der (isotopische) historische Roman und die Utopie, die der Vergleichbarkeit wegen relativ eng definiert werden soll. Ich möchte unter ihr nur die literarische Utopie verstanden wissen, also nur solche Texte, die eine erfundene, alternative Gesellschaft im Modus des Indikativs, d.h. als tatsächlich existierend schildern, was auch für die *alternate history* eine notwendige Bedingung ist.[24] Des weiteren muß ich vorausschicken, daß ich Utopie als neutralen Begriff verwende, also nicht mit der „positiven Utopie" oder „Eutopie" gleichsetze. Gemeinsam ist den drei Textgruppen in bezug auf ihre mimetischen Obligationen, daß sie sich mit der Schilderung von gesellschaftlichen Systemen befassen, innerhalb derer die Protagonisten einer story agieren. Meistens handelt es sich nach dem Vorbild der historischen Romane Walter Scotts um 'mittlere Helden', die den Ablauf der Ge-

---

[21] Schmitz-Emans, Die Suche nach einer möglichen Welt (Anm. 17), S. 205f. sowie Füger, Streifzüge durch Allotopia (Anm. 2), S. 352. Zur Bedeutung des Wirklichkeitsverhältnisses bei der Unterscheidung „fiktionale[r] Genres" siehe bereits John R. Searle: Der logische Status fiktionalen Diskurses. In: Ders.: *Ausdruck und Bedeutung*. Untersuchungen zur Sprechakttheorie. Übers. v. Andreas Kämmerling, Frankfurt a.M. 1990, S. 80-97, hier: S. 95.
[22] Vgl. Darko Suvin: Metamorphoses of Science Fiction. On the Poetics and History of a Literary Genre, New Haven, London 1979, S. 7f. (Kursivdruck im Original): „*SF is, then, a literary genre whose necessary and sufficient conditions are the presence and interaction of estrangement and cognition, and whose main formal device is an imaginative framework alternative to the author's empirical environment.*"
[23] Füger, Streifzüge durch Allotopia (Anm. 2), S. 351.
[24] Zum Ausschluß konjunktivischer Texte siehe auch Rodiek, Erfundene Geschichte (Anm. 6), S. 47.

schehnisse nicht bestimmen, sondern ihn lediglich bezeugen können. Der Stellenwert, der der Beschreibung der Alternativgesellschaft zukommt, nimmt entscheidenden Einfluß auf Existenz und Ausführlichkeit einer Vordergrundhandlung: innerhalb der *alternate history* gibt es z.b. sowohl den allohistorischen Essay, der nur die tragenden Kräfte der Alternativgeschichte skizziert, als auch – randständig – Romane wie Christoph Ransmayrs *Morbus Kitahara* (1995), in denen die Alternativgeschichte eher wie eine austauschbare exotische Kulisse wirkt. Der soziohistorische Hintergrund wird durch einen oft hohen Anteil nicht-narrativer Passagen in der Erzähler- wie der Figurenrede konstruiert, die man teils als Deskriptionen, teils als Argumentationen bezeichnen kann.[25] In den frühen Utopien haben diese nicht-narrativen Elemente sogar dahin tendiert, die Oberhand zu gewinnen und die Erzählung im engeren Sinne auf iterative Vorgänge zu beschränken.

Teile der narrativen und vor allem der deskriptiven Passagen in historischem Roman und *alternate history* haben eine gemeinsame Eigenschaft, die sie von der Utopie abhebt. Sie geben vor, wie historiographische Texte über eine dritte Ebene unterhalb von story und discourse zu verfügen, nämlich diejenige der historischen „reference".[26] Der Umgang mit dieser Ebene kann zu einer weiteren Unterscheidung beitragen: während der historische Roman vom kompetenten Leser daran gemessen wird, in welchem Umfang er sich kongruent zu jenem Ausschnitt aus der Geschichte verhält, auf den er vorgeblich referiert, werden bei der *alternate history* beabsichtigte Inkongruenzen festzustellen sein.[27] Das verbleibende Maß an Kongruenz muß jedoch groß genug sein, um das fiktionale Sprachspiel als Spekulation mit kohärentem historischem Material und nicht als Spiel mit historischen Versatzstücken, als bloße Zusammenfügung von Anachronismen auszuweisen, wie sie etwa bei Thomas Pynchon oder in einzelnen Dramen Heiner Müllers vorkommt. In diesem Sinne ist beispielsweise in Dicks *The Man in the High Castle* der direkte Nachfolger des bereits während seiner ersten Amtszeit

---

[25] Zur Unterscheidung narrativ, deskriptiv, argumentativ siehe Robert-Alain de Beaugrande, Wolfgang Dressler: Einführung in die Textlinguistik, Tübingen 1981, S. 190f. sowie Seymour Chatman: Coming to Terms. The Rhetoric of Narrative in Fiction and Film, Ithaca (NY), London 1990, S. 6-21.

[26] Siehe Dorrit Cohn: Signposts of Fictionality. A Narratological Perspective. In: Poetics Today 11 (1990), S. 775-804. Zur Referentialität des historischen Romans vgl. auch Harro Müller: Geschichte zwischen Kairos und Katastrophe. Historische Romane im 20. Jahrhundert, Frankfurt a.M. 1988, S. 11f.

[27] Vgl. Helbig, Der parahistorische Roman (Anm. 5), S. 146 (Kursivdruck im Original): „Als Identifizierungsmerkmal parahistorischer Texte fungieren somit, *mutatis mutandis*, eben jene außerliterarischen Bezugnahmen, die I. Schabert als konstitutiv für historische Romane nennt: 'Angaben von Jahreszahlen, mit Zeitangaben gekoppelte geographische Festlegungen, Benennung von Personen, von denen der Leser weiß, daß sie tatsächlich gelebt haben, Hinweise auf authentische Ereignisse'. In parahistorischen Romanen müssen diese Angaben aber gerade in *Widerspruch* zu den geschichtlichen Fakten stehen."

ermordeten US-Präsidenten Franklin D. Roosevelt dessen Vize Garner. Als sein Nachfolger, der den Krieg gegen die Nazis verliert, wird der Republikaner John Bricker erwähnt, der tatsächlich nur Senator für Ohio und gelegentlich bei der Kür des Präsidentschaftskandidaten im Gespräch war. Auch innerhalb der Machtstrukturen des deutschen Reiches werden die möglichen Nachkriegsentwicklungen mit dem historisch bekannten Personal der NS-Führung mit einer gewissen Plausibilität durchgespielt, und mehr als das darf auch nicht erwartet werden. Sobald bei der Abgrenzung des Textkorpus von *alternate histories* die Forderung nach strikter Plausibilität erhoben wird, schleicht sich ein unzulässiges Wertungskriterium in die Beschreibung ein und bildet dort eine Hürde, an der viele Texte, vor allem aus dem kommerziellen Science Fiction-Bereich, scheitern müssen. Rodiek etwa nimmt das Wahrscheinlichkeitspostulat explizit in seine Definition von Uchronie auf: „Uchronien sind um Plausibilität bemühte spekulative Gedankenspiele mit dem Ziel einer mehr oder minder komplexen Antwort auf die Frage 'Was wäre geschehen, wenn...?'"[28] Von dieser Warte aus scheinen ihm dann auch bekannte allohistorische Romane wie Ward Moores *Bring the Jubilee* (1955) lediglich „Evasionsraum"[29] zu produzieren und der Betrachtung nicht wert zu sein:

> Vergleicht man den realen Geschichtsverlauf mit einer Schachpartie, so entspricht die Alternativwelt-Adaption der SF einer Variante, die zwar von einem bestimmten Zug der Originalpartie ausgeht, ihr aber ohne Rücksicht auf die Spielregeln eine möglichst phantastische Entwicklung gibt.[30]

Wie schön, wenn man noch an Spielregeln in der Geschichte glauben könnte. Dick hat in *The Man in the High Castle* einen kleinen Hinweis darauf gegeben, wie leicht man mit einer scheinbar plausiblen historischen Extrapolation scheitern kann. In seinem verschachtelten Roman existiert neben der *alternate history* auf der äußeren Erzähllebene noch eine zweite in Gestalt des mehrfach zitierten Romans „The Grasshopper Lies Heavy", dessen Verfasser eine Romanfigur der äußeren Ebene, der in der unbesetzten Pufferzone der Rocky Mountains Staaten lebende Schriftsteller Hawthorne Abendsen, ist. Der Roman im Roman entwirft eine Welt, in der die USA und Großbritannien den Krieg gegen Japan und Deutschland gewonnen haben, die aber doch nicht unsere eigene ist, sondern eine in zahlreichen Punkten positivere Variante. In Abendsens Buch wird Franklin D. Roosevelt zwar nicht ermordet und ist ein starker Präsident, aber erst sein ebenfalls energischer Nachfolger Rexford Tugwell, als historische Person in den dreißiger Jahren Mitglied im demokratischen 'brain trust', führt ab 1940 den Krieg gegen die Nazis. Warum? Nun, weil ein amerikanischer Präsident schließlich

---

[28] Rodiek, Erfundene Vergangenheit (Anm. 6), S. 26.
[29] Ebd. S. 41.
[30] Ebd. S. 42.

nicht länger als zwei Amtsperioden à vier Jahren regieren darf. Abendsen hat sich bei seiner nachträglichen Extrapolation also strikt an die Wahrscheinlichkeit gehalten und nicht damit gerechnet, daß die Geschichte auch vermeintlich sichere Prognosen widerlegen kann.[31] Eine Geschichtskontrafaktur kann folglich ebensowenig wie eine geschichtsphilosophische Theorie die Komplexität der realen Geschichte abbilden, noch allgemeiner: ein (literarischer) Text nicht das reale Leben. Selbst die plausibelsten *alternate histories* sind deshalb hochgradig defizitär und können bei aller Recherche und planerischer Scharfsinnigkeit nicht die Reaktionen sämtlicher öffentlicher Personen und Interessengruppen der unmittelbar betroffenen und der – zunächst – außenstehenden Staaten auf ein verändertes historisches Ereignis berücksichtigen. Daher vielleicht die deutlich erkennbare Tendenz der *alternate history*, die uns bekannte Staatenvielfalt mehr oder weniger zu Blöcken zusammenzufassen, die ja auch an dystopischen Utopien häufig auffällt. Selbst deutlich phantastische Geschichtsvarianten wie ein von den Türken beherrschtes Europa, in dem Shakespeare Dramen mit Titeln wie „Osman the Great" geschrieben hat,[32] haben ihre Berechtigung innerhalb des allohistorischen Textkorpus und enthalten oft neben der rein ludischen noch eine satirische und folglich erkenntnisvermittelnde Komponente. In diesem Sinne entscheidet auch Chamberlain: „If the story changes the past we know, it goes in, whether the change makes sense as history or not."[33] Daß es sich bei der *alternate history* um eine Spekulation mit historischem Material handelt, setzt der Erstreckung des abweichenden historischen Handlungsstrangs gewisse Grenzen, ohne daß hierbei definitiv ein Zeitlimit genannt werden könnte. Während allohistorische Romane, bei denen der Abstand zwischen dem Einsetzen der Handlung und dem historischen Ereignis, das zum alternativen Geschichtsverlauf geführt hat, im Rahmen einiger Jahrzehnte oder auch Jahrhunderte verbleibt, für einen Leser mit der ent-

---

[31] Daß es im Bereich der alternate history reichlich kontraproduktiv sein kann, zu sehr über die Tragfähigkeit der historischen Spekulation zu reflektieren, führt Harry Mulisch vor, wenn er das Scheitern seines angeblich von 1962 bis 1972 betriebenen Romanprojekts „De toekomst van gisteren" - eine allohistorische Geschichte über das Schicksal der Holländer in einem von Hitlerdeutschland beherrschten Nachkriegseuropa - übertrieben emphatisch kommentiert: „Meine Suche nach dem Abbild der Unmöglichkeit endete bei der Unmöglichkeit des Abbilds. Wenn mein Roman zustande gekommen wäre, wäre das nicht nur ein politischer, sondern auch ein philosophischer Fauxpas gewesen. Das Tausendjährige Reich hätte darin ausschließlich als literarischer Vorwand für eine Geschichte herhalten können. Es ist die große Qualität und innere Konsequenz meines Romans, daß es ihn nicht gibt - daß er sich selbst zerstört hat." (Harry Mulisch: Die Zukunft von gestern. Betrachtungen über einen ungeschriebenen Roman. Aus dem Niederländischen von Marlene Müller-Haas, Berlin 1995. S. 174f.).
[32] So in Robert Silverbergs „The Gate of Worlds" von 1967 (dt. als: Auf zu den Hesperiden! Aus dem Amerikanischen v. Thomas Ziegler, München, Zürich 1982, dort S. 110f.).
[33] Chamberlain: Allohistory in Science Fiction (Anm. 3), S. 283.

sprechenden historischen und literarischen Kompetenz leicht als solche erkennbar sind – auch wenn sie mit zunehmendem Abstand gewiß phantastischer werden –, macht die Ansiedlung der Abweichung in einer Zeit vor Beginn jeglicher Geschichtsschreibung eine Einordnung in das Raster der *alternate history* schwierig bis unmöglich. Der Leser muß die Alternativwelt an für ihn verfügbarem historischem Wissen messen können, wie dies implizit auch in einer Definition Alkons zum Ausdruck kommt: „Alternate histories are essays or narratives exploring the consequences of an imagined divergence from *known* historical events."[34] Wenn ein Leser mit der Gesellschaftsstruktur von Gert Brantenbergs feministischem Roman *Egalias døtre* (1977), um ein Beispiel zu nennen, konfrontiert wird, wird er feststellen, daß ihm hier eben solche „known historical events" fehlen, da für die matriarchal strukturierte, offenbar in seiner Gegenwart situierte Welt Egalias der Zeitpunkt der historischen Bifurkation, an der sich in dieser Alternativwelt das Matriarchat als die maßgebliche Organisationsform der sozialen Gemeinschaft durchgesetzt hat – das wird aus der Schilderung einer Geschichtsstunde ersichtlich –, in einer innerfiktionalen Vor- und Frühgeschichte liegt. Insofern ist das Fehlen eindeutiger denotativer Referenzen[35] auf dem Leser aus der realen Geschichte bekannte Personen, Staaten oder Ereignisse zwar plausibel, läßt jedoch eine Zuordnung zur *alternate history* nicht mehr zu.

Der Faktor Referentialität macht sich in der *alternate history* in mannigfacher Weise bemerkbar. Er kann sich auf die Nennung historischer Personen und die Beschreibung in der Realität existierender Orte und Gegenstände beschränken, kann jedoch auch seinen Grad an Realismus durch scheinbar überflüssige – aber nachprüfbare – Details[36] erweitern. Derartige Schritte hin zur bereits dokumentarischen Referenz unternimmt etwa Jorge Semprún, wenn er in *L'Algarabie* (1981) in einem alternativen Paris des Jahres 1974 dennoch eine „echte" Ausgabe von *Tel Quel* erscheinen läßt und auch noch Passagen aus einem in ihr veröffentlichten Erzähltext von Philippe Sollers zitiert.[37] Ein allohistorischer Roman, der als ganzer deutlich zeigt, wie sehr die Referenzebene bei der Konstitution der *alternate history* eine Rolle spielt, die sie in der Utopie entbehren kann, ist Robert Harris' *Fatherland* (1992). Harris, der zuvor einige populärwissenschaftliche historische Sachbücher veröffentlicht hatte, siedelt seinen ersten Roman im Berlin des Aprils 1964 an, der Hauptstadt des Großdeutschen Reichs sowie der von Deutschland dominierten Europäischen Gemeinschaft. In der Woche vor dem 75. Geburtstag Adolf Hitlers entspinnt sich dort der Thriller um den Kripofahnder Xavier March, der den Mord an einem hochrangigen Parteifunktionär im Ruhe-

---

[34] Alkon: Alternate History (Anm. 2), S. 11 (Hervorhebung von mir).

[35] Zu diesem Begriff Nelson Goodmans siehe Donatus Thürnau: Gedichtete Versionen der Welt, Paderborn 1994, bes. S. 76-79.

[36] Vgl. Roland Barthes: L'effet de réel (1968). In: Gérard Genette, Tzvetan Todorov (Ed.): Littérature et réalité, Paris 1982. S. 81-90.

[37] Jorge Semprun: L'Algarabie, Paris 1981, S. 273.

stand aufklären soll und dabei auf Beweise für den Holocaust stößt, der bisher erfolgreich vertuscht werden konnte. Seine Erkenntnisse, in die er eine amerikanische Reporterin einweiht, könnten dazu führen, daß der Kalte Krieg zwischen den USA und Deutschland nicht beendet wird, wie der nazifreundliche Präsident Joseph Kennedy[38] dies plant. Die durchgängige Erwähnung historischer Personen wie Hitler, Heydrich und Joseph Kennedy entspricht der Handhabung historischer denotativer Referenzen in *The Man in the High Castle*. Harris geht über Dick allerdings insofern hinaus, als er einigen Nazi-Größen der zweiten Reihe wie dem Kripomann Artur Nebe und dem SS-Henker Odilo Globocznik zahlreiche Auftritte und tragende Funktionen innerhalb der Handlung zugesteht. Das von Albert Speer monumental umgestaltete Zentrum Berlins wird anläßlich einer Stadtrundfahrt in einer kompakten deskriptiven Passage vor dem Leser aufgebaut. Vermutlich der größeren Plastizität wegen ist dem Roman eine Europakarte mit den fiktiven alternativen Grenzen des „Greater German Reich" als Paratext beigefügt. In referentieller Hinsicht am meisten exponiert dürften jedoch die „Dokumente" im Text sein, die vor allem während der selektiven Lektüre Marchs an entsprechender Stelle, in einem anderen Schrifttyp und gewisse Eigenarten amtlicher Typoskripte wie Briefköpfe und Unterstreichungen beibehaltend, in den Haupttext einmontiert sind. Da sich im Aktenkoffer des letzten Opfers der Mordserie, dessen Fund March schließlich zur Lösung des Falls verhilft und gleichzeitig ins Verderben stürzt, sowohl historisch echtes als auch fingiertes Material befindet, bedient sich Harris einer Nachbemerkung, in der er nicht nur sein angloamerikanisches Publikum über die wahre Nachkriegsgeschichte der historischen Personen aufklärt, sondern auch die echten Dokumente markiert, die sich ansonsten zum Teil kaum von den fingierten unterscheiden ließen. Mancher Leser würde ohne diese Hinweise vermutlich Dokumente wie das Rundschreiben über die Verwendung von in Konzentrationslagern anfallendem Menschenhaar[39] in den Bereich der Fiktion verweisen. Harris' Vorgehensweise überschreitet die traditionellen Verfahrensweisen der *alternate history* und des historischen Romans und bewegt sich – in Gestalt eines „formalen Mimetismus"[40] – auf die Verwendung von Quellentexten in der Historiographie hin. Deutlich seltener als denotative Referenzen sind im übrigen exemplifizierende Referenzen vertreten, also Beschreibungen, die Personen, Orte u.ä. über die Nennung von Eigenschaften kenntlich machen, ohne sie beim Namen zu nennen.[41] Diese Technik, auf die

---

[38] Joseph P. Kennedy, der Vater des späteren Präsidenten John F. Kennedy, war von 1937-40 Botschafter der USA in London. Authentische Berichte des deutschen Botschafters über Gespräche mit ihm, die im Roman zitiert werden, weisen ihn als Antisemiten und Sympathisanten der Nazis aus.

[39] Robert Harris: Fatherland, London 1992, S. 315.

[40] Zum Begriff siehe Michal Glowinski: Der Dialog im Roman. In: Poetica 6 (1974), S. 1-16, hier: S. 5f.

[41] Thürnau, Gedichtete Versionen der Welt (Anm. 35), S. 90f.

sich etwa der Schlüsselroman stützt, wäre in der *alternate history*, in der sich die Biographien der historischen Figuren zumindest partiell verändert haben, allerdings auch nicht besonders leserfreundlich.[42] Dennoch kann sie in den eher spielerischen Texten auftreten, beispielsweise in Sempruns *L'Algarabie*, dessen alternativer Geschichtsverlauf seinen Ausgang von einem Hubschrauberabsturz General de Gaulles während der Maiunruhen 1968 nimmt. Frankreich stürzt danach für einige Jahre in einen Bürgerkrieg der Zentralgewalt gegen die zweite Kommune von Paris und diverse regionale Autonomisten, doch zur Zeit der Handlung im Oktober 1975 sind diese Aufstände größtenteils niedergeworfen. Nur in einigen Arrondissements von Paris besteht nach dem „Traité de Trianon" von 1973 noch eine „Zone d'Utopie Populaire", die von einer Mauer gegen die Außenwelt abgeschirmt wird. Maßgeblicher Anteil an der Konsolidierung der Staatsmacht wird hierbei einem 1969 gewählten Präsidenten zugeschrieben, der lediglich als „Cantalien disert et tout en rondeurs apparentes"[43], aber nicht mit dem Namen Georges Pompidou eingeführt wird. Sogar schon im Titel eine exemplarische Referenz enthält Carl Amérys *An den Feuern der Leyermark*, in dem der Staat Leyermark durch den Textverlauf eindeutig als ein Bayern identifizierbar wird, das durch einen alternativen Verlauf des preußisch-österreichischen Krieges von 1866 zur Hegemonialmacht im deutschen Sprachraum aufsteigt. Gerade in diesem Roman tauchen aber auch zahlreiche historische Figuren auf (wie König Ludwig II., Bismarck und Richard Wagner unter komisch verfremdeten Pseudonymen auf).[44] Die Wirklichkeitsverhältnisse der Utopie sind grundlegend anderer Natur; eine historische Referenzebene ist bei ihnen kaum auszumachen. Für die Raumutopie ist dies am eindeutigsten nachvollziehbar. Sie existiert ohnehin nicht in einer anderen Zeit, die die Fortschreibung einer historisch bekannten wäre, sondern an unbekannten Orten, die der Welt bisher unzugänglich waren oder sich von ihr abgespalten haben und entweder seit Anbeginn oder seit ihrer Abspaltung eine gänzlich eigene Geschichte schreiben. Historische Referenzen existieren in der Raumutopie lediglich dort, wo im utopischen bzw. metautopischen Diskurs auf die Verhältnisse in der nicht-utopischen Außenwelt verwiesen wird, etwa wenn im ersten Teil von Thomas Morus' *Utopia* der Weltreisende Hythlodeus Kritik an der zeitgenössischen englischen Gesellschaft übt. Auch die Zukunftsutopie nimmt selten Bezug auf historische Ereignisse und Personen. Huxleys *Brave New World* mit der Zeitrechnung nach Ford und der flüchtigen Erwähnung von Pawlow ist hier fast schon eine Ausnahme, und selbst in neueren Zukunftsutopien wie Ernest Callenbachs *Ecotopia* oder Margaret Atwoods *The Handmaid's Tale* sind Hinweise über Entstehung und Umfeld der

---

[42] Ähnlich urteilt auch Rodiek, Erfundene Vergangenheit (Anm. 6), S. 108.
[43] Semprun, L'Algarabie (Anm. 37), S. 101.
[44] Siehe Frank Dietz: Utopian Re-visions of German History: Carl Amery's „An den Feuern der Leyermark" and Stefan Heym's „Schwarzenberg". In: Extrapolation 31, 1 (Spring 1990), S. 24-35, hier: S. 26-28.

zeitlich recht nahen Alternativgesellschaften – beide spielen etwa um das Jahr 2000 – äußerst vage und nicht im geringsten mit dem Reichtum historischer Anspielungen der alternate history zu vergleichen.

Die allohistorische Literatur teilt die Verwendung vornehmlich denotativer Referenzen auf reale Personen, Orte und Ereignisse statt dessen mit dem historischen Roman; sie gibt auf diese Weise spielerisch vor, ihr Wirklichkeitsverhältnis sei mit demjenigen der historischen Literatur identisch. Über die Ersetzung von „echter Geschichte" durch „fiktive Geschichte" hinaus gibt es jedoch auch in Fragen der Wirkungspoetik noch Möglichkeiten der Differenzierung. Doch zunächst zu den Ähnlichkeiten in puncto Leserlenkung: sie lassen sich vielleicht am deutlichsten erkennen an einem nicht ganz geglückten Vereinnahmungsversuch aus der Richtung des historischen Romans. Lies Wesseling, die die *alternate history* – bei ihr auch: „Uchronie" – als postmodernen Ableger des historischen Romans ansieht,[45] operiert zur Bestätigung ihrer These mit einem Textkorpus, das komplett von dem aller anderen Teilnehmer an der allohistorischen Debatte abweicht. Günter Grass' *Der Butt,* E.L. Doctorows *Ragtime* oder Thomas Pynchons *Gravity's Rainbow* faßt außer ihr niemand als „Uchronie" auf. *Der Butt,* um diese seltsame Auswahl an einem Beispiel zu erklären, stellt immerhin eine deutliche Abweichung vom historischen Roman des neunzehnten Jhs. dar. Grass' Roman orientiert sich nicht an der Geschichte der Kaiser und Könige, sondern konstruiert eine spekulative Geheimgeschichte, die „secret history"[46] einer subalternen Gruppe, nämlich der Frauen. Mit Hilfe der parallelen Führung zweier Handlungsebenen, der historischen Erzählung von den neun Köchinnen und der Kommentierung durch das Frauentribunal, das gegen den Butt verhandelt, werden verpaßte Chancen der Geschichte ausgelotet, ohne daß es aber intrafiktional je zu einer gravierenden Abänderung der geschichtlichen Entwicklung käme. Texte dieser Art sind sicher nicht zum Bereich der *alternate history* zu zählen,[47] zeigen jedoch eine konvergierende Tendenz zwischen historischem und allohistorischem Roman in jüngerer Zeit an, deren gemeinsamer Bezugspunkt die Infragestellung historischer Determination und die Thematisierung des Zufalls im historischen Prozeß sein dürfte. Ich spreche mit Bedacht von Thematisierung und nicht von Aufwertung. Das Textkorpus muß sich nicht auf Texte beschränken, die das Verhältnis von Determination und Zufall im historischen Prozeß einseitig zugunsten des Zufalls auflösen, sondern kann auch diejenigen umfassen, die den Zufall erproben, aber an der Determination scheitern lassen oder den Zufall durch

---

[45] Wesseling, Writing History as a Prophet Anm. 6), S. 163f. und 168.
[46] Zum Begriff siehe Helbig, Der parahistorische Roman (Anm. 5), S. 132-135.
[47] Siehe auch Chamberlain, Allohistory in Science Fiction (Anm. 3), S. 283: „Allohistory, then, deals with the known past as it might have been - not as it may have happened behind the scenes, or to unknown individuals, but as we here and now are sure that it did not."

weitere Zufälle aufheben.[48] Die Thematisierung von Zufall und Kontingenz verbindet in wirkungspoetischer Hinsicht einmal mehr *alternate history* und (post)modernen historischen Roman. Allerdings lassen sich m.E. der *alternate history* noch weitere Qualitäten zuschreiben, die bei ihr zumindest stärker als im historischen Roman auftreten und damit eine Differenzierungsmöglichkeit über den Unterschied von „realer" und „fiktiver" Geschichte hinaus begründen. Dem Leser wird beispielsweise in allohistorischen Texten deutlich stärker nahegelegt, Vergleiche zwischen der Welt des alternativen Geschichtsverlaufs und der eigenen anzustellen, erstere als eutopisch, dystopisch oder weder-noch zu bewerten. Jener Appell, aus der Bewertung der fiktionalen Alternativwelt Gewinn für die Einschätzung der eigenen zu ziehen, bindet die *alternate history* verstärkt an die Utopie. Sehr wichtig jedoch scheint auch der Faktor der Verfremdung der eigenen Geschichte und Lebenswelt zu sein. So zeigt Dick in *The Man in the High Castle* im Verhalten von japanischen Verwaltern und verwalteten Amerikanern exemplarisches Verhalten von Kolonisatoren und Kolonisierten, die auch in einer Welt aktuell sind, in der die USA zumindest ökonomisch selbst die Rolle eines Kolonisators spielen.[49] Bei Harris' wird der Holocaust durch eine Kripofahndung der Vergangenheit entrissen und verweist so um so heftiger auf die Mechanismen von „Vergangenheitsbewältigung" und Verdrängung zurück, die in Deutschland auch im Rahmen demokratischer Verhältnisse stattfindet.

Aus den bisherigen Überlegungen läßt sich abschließend ein neuer Definitionsvorschlag ableiten. Während in ihm auf Gattungszuschreibungen sowie auf Vorschriften in Sachen Wahrscheinlichkeit und Gestalt der Erzählgegenwart verzichtet werden soll, ist der eminent wichtige Faktor der simulierten Referentialität hervorzuheben. Der Vorschlag lautet also:

Alternate History ist eine Form der Allotopie, in der mittels einer hinreichenden Anzahl kohärenter historischer Referenzen eine fiktionale Welt entworfen wird, die innerhalb der Fiktion das Resultat eines kontrafaktischen Geschichtsverlaufs ist.

---

[48] Ähnlich auch Helbig, Der parahistorische Roman (Anm. 5), S. 92-97.
[49] Siehe hierzu etwa Cassie Carter: The Metacolonization of Dick's „The Man in the High Castle": Mimicry, Parasitism, and Americanism in the PSA. In: Science Fiction Studies 22, 3 (Nov 1995), S. 333-342.

Dietrich Weber (Wuppertal):

Neues vom Geschichtenerzählspieler

Unter dem Titel „Der Geschichtenerzählspieler. Ein Begreifbuch von höheren und niederen Erzähl-Sachen" (Wuppertaler Broschüren zur Allgemeinen Literaturwissenschaft Nr.3/1989) habe ich nach dem Vorbild von Heimito von Doderers „Repertorium. Ein Begreifbuch von höheren und niederen Lebens-Sachen" eine Reihe von einschlägigen (äußerlich alphabetisch geordneten, innerlich miteinander zusammenhängenden) Artikeln zu bedenken und mit der Anregung zum Weiterschreiben zum besten gegeben. Hier ein paar neue Artikel im selben Sinn.

ANEKDOTE, KURZGESCHICHTE

Anekdote ist immer Erzählung, aber nicht immer Literatur. Kurzgeschichte ist immer Literatur, aber nicht immer Erzählung.

ANEKDOTE UND IHR ERZÄHLER

„Erzählter Fall fiktiv, Erzähler fiktiv" ist in der neueren literaturwissenschaftlichen Erzähltheorie eine gängige Gleichung. Einspruch im Namen der Anekdote. Wo der erzählte Fall einer Anekdote fiktiv ist, muß es mitnichten sein, daß der Erzähler seinerseits eine fiktive Person ist.

AUSSPRUCHSANEKDOTIK

Ausspruchsanekdotik setzt zweierlei voraus: eine Person und einen Ausspruch. Simpel genug. Caesar: „Veni, vidi, vici." Adolf Endler: „Alter Mann 1976 (Wuischke am Czorneboh, Niederlausitz) Ich war in beiden Kriegen – vierzehnachtzehn und im *jetzigen*". Beides, Person und Ausspruch, kann bedeutend oder unbedeutend sein. Schlimm nur, wo alles beides unbedeutend ist. Wo es gut geht, gilt die Doppelregel: Je bedeutender die Person, desto unbedeutender kann der Ausspruch sein, je unbedeutender die Person, desto bedeutender muß der Ausspruch sein, wenn eine Anekdote dabei herauskommen soll, die man weitererzählt.

AUTOR IM ERNST, AUTOR IM SPIEL: BIERMANN

Rede des Autors im Ernst (alias nichtfiktionale Rede), Rede des Autors im Spiel (alias *eine* Form fiktionaler Rede): das Zweckmäßige dieser Kategorien läßt sich besonders gut an Wolf Biermanns Spiegel-Beitrag „Das Kaninchen frißt die Schlange" studieren (vgl. Der Spiegel, 2.3.1992). Der dritte Abschnitt dieses Essays beginnt ausgesprochen erzählend, und zwar, entsprechend dem Status des Essays im ganzen, als Erzählung des Autors im Ernst – was allerdings satirische Übertreibung nicht ausssschließt. Die ersten beiden Sätze lauten: „Vor ein paar Tagen sah ich im 'Brennpunkt' einen neuen Fernsehstar, den Stasi-General

Schwanitz. Er verspottete seine Opfer. Er sagte vor der Kamera so was wie: Die merken ja erst jetzt beim Aktenlesen, daß es ihnen schlechtging, vorher haben die doch gar nichts erlitten." Im dritten Satz geht die Erzählung von der Rede im Ernst in die Rede im Spiel über: „Als ich das hörte, trat ich mit dem Fuß in den Fernsehapparat und griff mir den Ex-General aus der Glotze." Der vierte Satz (wie auch der darauf folgende Dialog Biermanns mit dem General) ist dann vollends Rede des Autors im Spiel: „Ich zerrte ihn durch das zersplitterte Glas der implodierenden Braunschen Röhre ins Wohnzimmer und polierte ihm die Fresse." Zweckmäßiger in Sachen Erzählliteratur ist die Formulierungsweise „Rede des Autors im Ernst, Rede des Autors im Spiel" als dasjenige, was die herkömmliche literaturwissenschaftliche Erzähltheorie anbietet, wenn sie grundsätzlich zwischen Autor und Erzähler als zwischen zwei verschiedenen Personen unterscheidet, einer realen außerhalb und einer fiktiven innerhalb des Texts. Wenigstens in unserem Fall hier spricht sichtlich eine einzige Person, nicht etwa erst der Autor und dann ein vom Autor erfundener Erzähler. Unübersehbar ist dabei allerdings, daß der Autor auf zweierlei Weise spricht: erst im Ernst der auf Überprüfbarkeit angelegten Tatsachenbehauptung, dann im Spiel in Form von Sätzen, die, was das Tatsächliche betrifft, nur im Spiel gelten.

AUTOR IM ERNST, AUTOR IM SPIEL: DÜRRENMATT

Ein anderes schönes Beispiel für das Nebeneinander von Rede des Autors im Ernst und Rede des Autors im Spiel ist Friedrich Dürrenmatts (ungedruckte) szenisch eingerichtete Vorrede zu seinem 1956 erstgesendeten Hörspiel „Die Panne" mit ihm selbst als Sprecher. Im Ernst beginnt er: „Das Mikrophon, meine Damen und Herren, ist zwar eingeschaltet ..."; im Spiel fährt er fort: „... doch der Hauptheld dieser Geschichte, der Textilreisende Alfredo Traps, ist noch nicht anwesend"; weiterhin spielerisch meint er: „Wir sind denn auch bestürzt: Das Hörspiel ‚Die Panne' beginnt gleich mit einer technischen Panne. Wir erwarten unseren Zeitgenossen Alfredo Traps in der Nähe einer Garage am Rande eines kleinen Dörfchens irgendwo in Mitteleuropa"; und wieder im Ernst heißt es: „In wenigen Augenblicken dürfte das Spiel beginnen." Ganz Rede im Ernst sind im folgenden die interpretierenden Erläuterungen des Autors zu seinem Stück („Die Geschichte fängt harmlos an ... Die Geschichte wird bedenklich ..."); ganz Rede im Spiel sind die Formulierungen des Autors, in denen er nach herkömmlich illusionistischer Erzählweise so tut, als sei der von ihm erfundene Alfredo Traps gerade so eine wirkliche Person wie er selbst („Alfredo Traps, der mit seinem Wagen immer näher rückt ... Doch still, da kommt er angesaust in seinem roten Luxuswagen ..."). Bezeichnend ironisch ist dazwischen die Selbstvorstellung des Sprechers: „Ich bin nämlich, nun – es ist peinlich, das zugeben zu müssen – ich bin nämlich der Autor dieser Geschichte – persönlich ..."

Dietrich Weber

AUTORIN IM SPIEL ALS ERZÄHLERIN: DROSTE

Ein Kollege aus E. erzählt, er habe einem Studenten in seiner Klausurarbeit über Annette von Droste-Hülshoffs „Judenbuche" immer wieder Redewendungen von der Art „Die Droste sagt ...", „Die Droste meint ..." ankreiden müssen. Begründung: Es spreche hier doch gar nicht „die Droste", sondern „ihre Erzählerin". Frage: Woher nimmt der Kollege das Wissen, daß der Sprecher des Texts „Die Judenbuche" eine weibliche Person ist?

DREI FREIHEITEN DES FIKTIONSSCHREIBERS

Es gibt drei Freiheiten des Fiktionsschreibers. Die erste ist die Freiheit, im Spiel zu sprechen: die epische Freiheit. Die zweite ist die Freiheit, im Spiel sprechen zu lassen: die dramatische Freiheit. Die dritte Freiheit ist darüber nicht zu vergessen: die Freiheit, bei allem Spiel der Fiktion partienweise außerhalb des Spiels im Ernst der Alltagskommunikation zu sprechen: die bürgerliche Freiheit, die dem Fiktionsschreiber ebenso zusteht wie jedermann.

ERLEBTE REDE: PROTOTYPISCH

Erlebte Rede ist prototypischerweise Wiedergabe eines fremden Urteils in Form eines eigenen.

ERLEBTE REDE: KANNITVERSTAN

Dreimal bekommt Johann Peter Hebels Handwerksbursche aus Tuttlingen in Amsterdam auf seine Frage die Antwort „Kannitverstan". Fünfmal kommt das Wort im Text in personifizierter Bedeutung vor. Zunächst dreimal innerhalb direkter Rede des Helden: „Das muß ein grundreicher Mann sein, der Herr Kannitverstan, dachte er ...", „Wenn ich's doch nur auch einmal so gut bekäme, wie dieser Herr Kannitverstan es hat ...", „'Armer Kannitverstan', rief er aus ...". Am Ende erscheint der „Herr Kannitverstan" dann schließlich innerhalb der Rede des Erzählers selbst. Zuerst noch, wie es sich konventionellerweise gehört, in distanzierter Erzählerrede, die das bloß Vermeintliche der Existenz des „Herrn Kannitverstan" zum Ausdruck bringt: „... sah den vermeinten Herrn Kannitverstan hinabsenken in seine Ruhestätte ..." Zuletzt schon, wie es später erst Konvention wurde, in einfühlender Erzählerrede, in Form der Rede des sich in seinen Helden einfühlenden, sich dessen Sicht scheinbar aneignenden Erzählers – auf dem Weg zur erlebten Rede: „... und, wenn es ihm wieder einmal schwerfallen wollte, daß so viele Leute in der Welt so reich seien, und er so arm, so dachte er nur an den Herrn Kannitverstan in Amsterdam, an sein großes Haus, an sein reiches Schiff, und an sein enges Grab."

172

ERLEBTE REDE: ANALOGON

Eine heutzutage in nichtfiktionalen und nichterzählerischen Texten oft zu beob-achtende Stil-Manier, die offenbar mit der erlebten Rede verwandt oder ihr ana-log ist, ist das unkommentierte Referat von Gedanken anderer, die der Schreiber nicht teilt oder sogar für falsch hält. Ein Rezensent schreibt beispielsweise über einen Polemiker so: „Schuld am schweizerischen Elend haben also die Bourgeoi-sie, der politische Freisinn und der Schweizer Bankverein. Schlimmer als diese sind nur noch Großdeutschland, Kohl und die Deutsche Bank. Die Schweiz ist eine trostlose Fehlentwicklung, doch angesichts der deutschen Einheit muß man zum schweizerischen Patrioten werden." Bei isoliertem Zitat dieser drei Sätze kann man nicht sehen, daß der Schreiber nicht meint, was er sagt. Immerhin aber gibt es verläßliche Distanzierungssignale im Kontext (vorher: „Meienbergs Quer-schüsse", nachher: „Meienberg wettert gegen ..."). (Rezension von Alexander Gauland zu Niklas Meienberg, „Weh, unser guter Kaspar ist tot", in: F.A.Z., 10.4.1991.) Oder ein anderer Kritiker über andere Ansichten: „Jede Begegnung mit einer anderen Kultur ist eine Gefährdung für ihr inneres Gleichgewicht, eine Bedrohung ihres kulturökologischen Systems. Die Kulturen konkurrieren nicht in der Verwirklichung von Zielen, die außerhalb ihrer liegen und für alle zugänglich sind, sondern sie stehen durch ihre Existenz für eine Wahrheit ein, die sie selbst sind, unter Ausschluß anderer." Daß der Schreiber nicht dieser Ansicht ist, sagt er erst nachträglich: „Natürlich ist dieses Bild mit der Wirklichkeit nicht zu verein-baren." (Zitat aus Henning Ritters Glosse „Der Glaube an das Fremde", in: F.A.Z., 6.3.1991.)

ERZÄHLEN: GENERELL

Unter Erzählen verstehe ich

- adressierte (1)
- serielle (2)
- entfaltete berichtende Rede (3)
- über nichtaktuelle (meist: vergangene) (4)
- zeitlich bestimmte Sachverhalte (besonders: Ereignisse in zeitlicher Folge) (5)
- von seiten eines Außenstehenden (6).

(Vgl. D.W., Erzählliteratur. Fünfzehn strukturtypologische Thesen, 1998.)

ERZÄHLEN: SPRACHGEBRAUCH IN DER LITERATURWISSENSCHAFT

In der Literaturwissenschaft sagen viele Erzählen, wo sie poetisches oder künstle-risches oder auch speziell fiktionales Schreiben meinen.

Dietrich Weber

ERZÄHLEN: ZUSTAND, VORGANG

Für Anhänger der Meinung, nur Vorgänge könnten Gegenstand des Erzählens sein, nicht Zustände: zwei Versionen einer Gedichtstrophe von Robert Gernhardt. 1987 hat er sein Gedicht 'Pizzeria Europa' so eröffnet:

„Abends aber sitzen Neger
im Lokal des Italieners,
sitzen da und wählen Speisen,
die so klingen, wie sie aussehn."

1990 hat er Selbstkritik geübt: „Warum in dem sonst doch durchweg bewegten Gedicht dieser statische Anfang, dieses sture 'sitzen' und das gleich doppelt? Weshalb dröge beginnen, wenn es auch flinker geht ...?" Und es folgt die Verbesserung:

„Abends aber kommen Neger
ins Lokal des Italieners,
setzen sich und wählen Speisen,
die so klingen, wie sie aussehn."

(Vgl. Robert Gernhardt, Gedanken zum Gedicht, 1990, S.65f.).

ERZÄHLER: GERO VON WILPERT

Den Begriff Erzähler gibt es als Stichwort in Gero von Wilperts „Sachwörterbuch der Literatur" erst in der 4. Auflage von 1964. Die erste Auflage erschien 1955, die zweite 1959 und die dritte 1961. Zwischen 1961 und 1964 hat sich also etwas getan: Wirkung zweifellos vornehmlich der einschlägigen Arbeiten von Wolfgang Kayser und Franz Stanzel. Wilpert gibt zwei Bedeutungen zum Gebrauch des Begriffs Erzähler in der Literaturwissenschaft an: „1. allg. Verfasser erzählender Werke in Prosa", „2. fiktive Gestalt, nicht identisch mit dem Autor, die ein episches Werk erzählt, es aus ihrer Perspektive heraus darstellt und dem Leser vermittelt". Der Wortlaut bleibt in dieser Form bis zur siebenten, der bisher letzten Auflage von 1989 erhalten. Die zweite Bedeutung muß nicht als dogmatisch gelesen werden. Sie besagt nicht, ein episches Werk impliziere mit Notwendigkeit eine nicht mit dem Autor identische, fiktive Erzählergestalt. Undogmatisch sind jedenfalls die Erläuterungen im weiteren. Zum Ich-Erzähler heißt es: „Grundsätzlich ist das Ich des E. nicht gleichzusetzen mit dem Ich des Autors", zum Er-Roman heißt es, daß der Erzähler „auch hier nicht mit dem Autor identisch zu sein braucht". Es wird damit offensichtlich nicht ausgeschlossen, daß der Erzähler im Roman von Fall zu Fall auch mit dem Autor identisch sein kann. (Beide Formulierungen verbleiben so gut wie wortgleich in allen Auflagen seit 1964: 5.Aufl. 1969, 6. Aufl. 1979, 7. Aufl. 1989).

ERZÄHLERFRAGE: VERANTWORTLICHKEIT

Die Frage, ob, wann und wie in der fiktionalen Erzählliteratur zwischen Autor und Erzähler zu unterscheiden ist, beantwortet sich im Zusammenhang mit der Frage der Verantwortlichkeit des Autors. Genauer: Ob der Autor seine – fraglos bestehende – Verantwortung für seinen Text an einen von ihm erfundenen Erzähler delegiert. Wo er das tut, trägt er allerdings die Verantwortung für die Delegierung.

ERZÄHLLITERATUR

Unter Erzählliteratur verstehe ich

- im engeren Sinn: künstlerisches Schriftwerk in Form der regelrechten Erzählung im strukturellen Sinn
- im weiteren Sinn: künstlerisches Schriftwerk in Anlehnung an die Form der Erzählung
- im weitesten Sinn: künstlerisches Schriftwerk in Nachbarschaft zur Erzählung.

Im letzteren Fall ist Erzählliteratur nur mehr ein Buchhandelsbegriff. (Vgl. D.W., Erzählliteratur. Fünfzehn strukturtypologische Thesen, 1998).

ERZÄHLLITERATURTHEORIE UND NARRATOLOGIE

Die spezifisch literaturwissenschaftliche Erzähltheorie (Erzählliteraturtheorie) geht vom literarischen Text aus und fragt dann nach seiner Struktur als Erzählung oder als einer an die Form der Erzählung angelehnten oder als einer der Erzählung benachbarten Struktur. Die allgemeine Erzählwissenschaft (Narratologie) geht vom Erzählen aus und fragt dann nach seinen Realisierungen in welchen Bereichen auch immer, ob in der mündlichen Alltagserzählung oder im pragmatischen Schrifttum, ob in Kunst oder Nichtkunst, ob innerhalb oder außerhalb der Literatur, ja sogar ob innerhalb oder außerhalb der Sprache. Fluchtpunkt ist im ersten Fall der lapidare Sachverhalt: Einer, der (künstlerisch) schreibt (mit allen Freiheiten des Schreibens), im letzteren Fall: Einer, der erzählt (unter allen Bedingungen des Erzählens). So klar dies theoretisch ist, so wird es doch praktisch nicht immer reflektiert, geschweige expliziert. Viele Beiträge speziell zur literaturwissenschaftlichen Erzähltheorie geben sich in ihren Titeln so, als seien sie Beiträge zur allgemeinen Erzählwissenschaft: „Bauformen des Erzählens" (Lämmert), „Theorie des Erzählens" (Stanzel), „Kategorien des Erzählens" (Jürgen H. Petersen).

GESCHICHTENERZÄHLSPIEL ALIAS
SACHVERHALTSVERMITTLUNGSKUNSTSCHRIFTWERK

Der Ausdruck Geschichtenerzählspiel sollte ein umfassender Ausdruck zur Bezeichnung der Texte sein, mit denen wir es in der literaturwissenschaftlichen Erzähltheorie gewöhnlich zu tun haben. Geschichte meinte das gegenständliche Substrat, Erzählung meinte die Form der Vermittlung, und Spiel meinte den Status des Texts im Sinn von Fiktion. Wenn man ganz genau sein will, muß man einräumen, daß der Ausdruck noch nicht umfassend genug ist. Die Texte, denen die literaturwissenschaftliche Erzähltheorie gilt, müssen ja nicht notwendig eine regelrechte Geschichte zum Gegenstand haben, sie müssen nicht notwendig im strengen Sinn erzählend strukturiert sein, und sie müssen auch nicht notwendig spielerisch (im Sinn von fiktional) sein. Für eine umfassendere Formulierung müßte man jeweils einen noch allgemeineren Begriff geltend machen. Statt Geschichte etwa den allgemeineren Begriff Geschehen oder vielleicht sogar ganz allgemein: Sachverhalt. Statt Erzählung den Begriff sprachliche Vermittlung. Und statt Spiel den Begriff Kunst, mit dem nicht nur die Kunst der Fiktion gemeint wäre. Überdies müßte man, wenn man ganz genau sein wollte, die Selbstverständlichkeit nachtragen, daß die Texte, auf die man sich in der literaturwissenschaftlichen Erzähltheorie bezieht, ja nun ganz elementar Schriftwerke sind. Nicht genug also mit dem Wortmonstrum Geschichtenerzählspiel. Worum es geht, ist, wenn man es unbedingt mit einem Wort sagen will, noch monströser: das Sachverhaltsvermittlungskunstschriftwerk.

ICH-ERZÄHLUNG

Ich-Erzählung ist in der Literaturwissenschaft ein gängiger Begriff. Es ist aber auch ein fragwürdiger Begriff, jedenfalls einer, der nicht einheitlich und allgemein einverständig definiert ist. Man kann das prüfen, wenn man den Versuch unternimmt, scholastisch nach dem Schema zu definieren: „Unter Ich-Erzählung verstehen wir in der Literaturwissenschaft einen Text, der folgende Eigenschaften hat: erstens ... zweitens ... drittens ... usf." Hauptsächlich auf fünf Fragen, scheint mir, kommt es dabei an. Erste Frage, um es ganz pedantisch anzugehen: Meint man nur schriftlich fixierte Texte oder denkt man bei dem Wort Ich-Erzählung auch an mündliche Texte? Für das letztere habe ich keinen Beleg, doch man kann ja nicht wissen, wie weit einer den Kreis zieht. Zweite Frage: Meint man nur Texte, die in der ersten Person verfaßt sind, oder läßt man auch auf andere Weise verfaßte Texte als Ich-Erzählungen gelten? Einen Beleg für letzteres bieten Harald Fricke und Rüdiger Zymner in ihrer „Einübung in die Literaturwissenschaft" (1991, S. 137): „Neben der 1. Person Singular kann die 'Ich-Erzählung' unbeschadet ihres Namens auch einmal in der grammatischen Form der 1. Person Plural, der 2. Person Singular oder einer umschreibenden 3. Person Singular als durchschaubarer Selbstpräsentation vonstatten gehen." Dritte Frage: Meint man nur künstlerische (insbesondere fiktionale) Texte oder bezieht man auch nichtfiktionale nichtkünstlerische Texte mit ein? Ein Beispiel für letzteres liefert „Der Spiegel", wenn er in seinem Artikel über den Stasi-IM „Gregor" (am 17.2.1992) formuliert: „Bei der Abfassung seines Berichts unterlief 'Gregor' ... ein entscheidender Fehler: Unvermittelt verfällt 'Gregor', der sonst vom Rechtsanwalt Gysi in der dritten Person spricht, in die Ich-Erzählung." Vierte Frage: Meint man nur Texte, die spezifisch erzählend strukturiert sind, oder denkt man auch an anders strukturierte Texte – etwa, wenn man Sprecher von Texten in Form des Inneren Monologs wie z.B. Arthur Schnitzlers Lieutenant Gustl oder Fräulein Else als Ich-Erzähler bezeichnet? Fünfte Frage: Meint man im Fall fiktionaler Texte nur solche Texte, deren Sprecher eine fiktive Person ist, oder schließt man nicht aus, daß es in der Fiktion auch Ich-Erzählungen geben kann, deren Sprecher der Autor selbst ist – wie z.B. Dante in der „Divina Commedia"? Viele Fragen, viele mögliche Mißverständnisse. Grund genug, den Ausdruck Ich-Erzählung, wenn nicht näher definiert, möglichst zu vermeiden. Ich für mein Teil vermeide ihn gern. Wenn unvermeidlich, verstehe ich unter Ich-Erzählung ausschließlich einen

- schriftlich fixierten (1),
- künstlerischen (sei es fiktionalen, sei es nichtfiktionalen) (2),
- regelrecht erzählend strukturierten (3)
- Text in Ich-Form (4),
- in dem der Erzähler zugleich ein Akteur (Held oder Nebenheld) der erzählten Geschichte ist (sei der Erzähler nun der Autor selbst oder eine andere Person, eine reale oder eine fiktive, oder sei er auch nur ein anthropomorphisiertes Fabelwesen oder ein unpersönliches Ding nach dem Schema „Ich war eine Coca-Cola-Dose") (5).

ICH-ROMAN, AUTOBIOGRAPHIE

Endlich kann man mal einen ertappen, der eingesteht, wie bequem die Ich-Erzählung in Fiktion ist. Wie bequem unverbindlich. Günter de Bruyn im Interview (Kölner Stadt-Anzeiger, 17.3.1992) zu seiner Autobiographie „Zwischenbilanz": „‚Ich' zu sagen und dabei anders als in den Romanen auch sich selbst zu meinen, ist ein etwas unangenehmes Gefühl – auch weil man sich dadurch angreifbar macht."

ICH-ROMAN: HISTRIONISCH

In seinem Tagebuch „Vielleicht das Heitere. Aufzeichnungen aus einem anderen Jahr" (1968) bemerkt Robert Neumann (unter dem 2. Januar) zu seinen Ich-Romanen: „Im ganzen sind diese Ich-Romane histrionisch, Verwandlungskunst, also den Parodien verwandt. Was man an Weite verliert, an Mobilität, gewinnt man an ‚Tiefe', an Einsicht in das Uhrwerk des einen, in den man sich verwandelt." Eine, in die er sich verwandelt hat, ist „Luise", eine „Hamburger Klosettfrau". Was er da an Weite und Mobilität verloren hat, hat er an Tiefe gewonnen.

LITERATUR: VIER BEDEUTUNGEN

Faustregel aus dem Wuppertaler Seminarbetrieb der Allgemeinen Literaturwissenschaft, zur besseren Verständigung über das Wort Literatur grundlegend vier Bedeutungen zu unterscheiden:

- LITERATUR I: Literatur im weiteren Sinn, deskriptiv gesehen: alles Geschriebene.
- LITERATUR II: Literatur im engeren Sinn, deskriptiv gesehen: alle Schriftwerke, die wir, ohne zu werten, künstlerisch oder literarisch nennen.
- LITERATUR III: Literatur im engeren Sinn, normativ gesehen: alle Schriftwerke, die wir im wertenden Sinn des Worts als künstlerisch oder literarisch bezeichnen.
- LITERATUR IV: Literatur historisch gesehen: alles das, was in einer bestimmten Zeit als Literatur gilt.

Die Bedeutung I meinen wir beispielsweise, wenn wir von Fachliteratur oder Sekundärliteratur sprechen. Vorschlag zu Bedeutung II (nach dem von Harald Frikke eingeführten Definitionsmodus): Wir nennen Schriftwerke, ohne zu werten, künstlerisch oder literarisch, wenn sie mindestens eines der folgenden Merkmale aufweisen:

- wenn sie fiktional sind (Fiktion im Sinn von auf Erfindung beruhend), oder
- wenn sie auf besondere Weise ästhetisch stilisiert sind, oder
- wenn das in ihnen Dargestellte beispielhaft ist (exemplarisch, symbolisch, repräsentativ).

Die Reihe versteht sich als offen. Ausschließlich auf Literatur III bezieht sich Reich-Ranickis Fernsehsendung „Das literarische Quartett". Zu Bedeutung IV und zugleich zur Unterscheidung von deskriptivem, normativem und historischem Literaturbegriff vgl. besonders Helmut Kreuzers Aufsatz „Zum Literaturbegriff der sechziger Jahre in der Bundesrepublik Deutschland" (1973), in: H.K., Veränderungen des Literaturbegriffs, 1975, S.64-75.

P.S.: Zu meiner Freude stimmt die vorstehende Wuppertaler Faustregel zur Literatur in wesentlichen Teilen mit den „Explikationen" überein, die Klaus Weimar in seinem Probe-Artikel zum Stichwort Literatur für das neue „Reallexikon der deutschen Literaturwissenschaft" formuliert hat. Er führt fünf Bedeutungen von Literatur an:

1. Die Gesamtheit des Geschriebenen bzw. Gedruckten überhaupt ...
2. Die Gesamtheit des zu einem bestimmten Thema Geschriebenen bzw. Gedruckten ...
3. Die Gesamtheit der *literarischen* Texte, der Gegenstand der Literaturwissenschaft: aus dem Begriff 'Literatur' (2) ausgegrenzt durch die Bestimmung der *Literarizität (Poetizität)* dieser Texte, über die allerdings noch keine Klarheit oder doch keine Einigkeit besteht.
4. Ein unter Qualitätsgesichtspunkten ausgegliederter Teil der Gesamtheit literarischer Texte ...
5. Ein gesellschaftliches Handlungssystem, das nur im Rückgriff auf den Begriff 'Literatur' (3) bzw. auf die zugehörige Bezeichnung *literarisch* bestimmt wird

und werden kann ..." (Vgl. Harald Fricke / Klaus Weimar, Begriffsgeschichte im Explikationsprogramm. Konzeptuelle Anmerkungen zum neubearbeiteten „Reallexikon der deutschen Literaturwissenschaft", in: Archiv für Begriffsgeschichte 39, 1996, S. 15f.).

MAXIMEN UND REFLEXIONEN IN DER ERZÄHLUNG

Wie halten es die alten Erzählschriftsteller mit Maximen und Reflexionen in der Erzählung? Sie sprechen sie geradewegs aus, meinen sie ernst und empfehlen sie ihren geneigten Lesern. Johann Peter Hebel, Anfang von „Kannitverstan" (1809): „Der Mensch hat wohl täglich Gelegenheit, in Emmendingen und Gundelfingen, so gut als in Amsterdam Betrachtungen über den Unbestand aller irdischen Dinge anzustellen, wenn er will, und zufrieden zu werden mit seinem Schicksal, wenn auch nicht viel gebratene Tauben für ihn in der Luft herumfliegen." Und wie die neuen Erzählfiktionsschreiber? Sie halten sich selbst gern heraus, schieben ihre Maximen und Reflexionen ihren Figuren in den Mund oder in den Kopf, referieren sie im Konjunktiv, bezweifeln sie oder lassen sie bezweifeln. Doppelte Verschanzung bei Adolf Muschg, Anfang „Der Turmhahn" (1987): Ein Satz im Konjunktiv, Meinung einer Figur, und nicht genug an dem, sondern Grübelei darüber von seiten einer anderen Figur: „Nur *die* Dinge verdienten aufgeschrieben zu werden, über die man sich mit keinem Menschen zu reden getraue. Das war der Satz eines für seine trostlose, doch hinreißende Schärfe berühmten Kollegen, und R. kaute daran, während er fuhr." Regel: Man macht weniger falsch, wenn man neuere Texte vor dem Hintergrund alter Modelle liest, als wenn man ältere Texte mit den Mitteln neuer Modelle zu beschreiben versucht.

PHANTASTISCH UND REALISTISCH

Phantastisch und realistisch sind in Literatur- und Kunstwissenschaft schwierige Begriffe. Vieldiskutiert, vielfach differenziert, oft heillos zerredet. Im Alltag dagegen funktionieren sie glatt und klar. Selbst dann noch, wenn sie parodistisch verdreht werden. Beispiel aus einer Glosse (F.A.Z., 11.10.1991): „Eine zeitgenössische russische Volksweisheit lautet: 'Es gibt zwei Möglichkeiten, wie wir die derzeitige Krise überwinden können, eine realistische und eine phantastische. In der realistischen Variante kommen Außerirdische nach Rußland und lösen alle Probleme für uns. In der phantastischen Variante krempeln wir unsere Ärmel hoch, fangen an zu arbeiten und lösen unsere Probleme selbst.'"

SATIRE
Satire ist Spottkunst.

TEXT UND MENSCH
Stackelbergsche Regel, von Martin Brunkhorst überliefert: „Hinter jedem Text steht ein Mensch."

Urs Meyer (Fribourg):

Vom konstruktivistischen Aufflug ins Abstrakte
Zur impliziten Teleologie der systemtheoretischen Literaturgeschichtsschreibung

Spätestens seit den 80er Jahren erfreut sich die Theorie sozialer 'Systeme' in nahezu allen Disziplinen gesellschaftlich orientierter Wissenschaft einer sprunghaften Hochkonjunktur. Dies geschieht anspruchsvoll genug unter der Flagge einer neuen Einheitswissenschaft.[1] Zwar beschränkte sich der Terminologie-Transfer aus der sozialwissenschaftlichen 'Systemtheorie' der Gründerväter Talcott Parsons[2] und Niklas Luhmann zunächst auf die allgemeine Literaturtheorie. Erste praktische Erprobungen des neuen Ansatzes erfolgten aber bald auf dem Gebiet der Literaturgeschichtsschreibung.[3] Georg Jäger, Claus-Michael Ort und Friederike Meyer in München, Jörg Schönert in Hamburg und Siegfried J.

---

[1] Vgl. Siegfried J. Schmidt: Die Selbstorganisation des Literatursystems im 18. Jahrhundert, Frankfurt a.M. 1989, S. 28. Vgl. zum globalen Anspruch der Systemtheorie auch: Strukturelle Evolution und das Weltsystem. Theorien, Sozialstruktur und evolutionäre Entwicklungen. Hg. v. Gerhard Preyer, Frankfurt a.M. 1998.

[2] Vgl. Talcott Parsons: Das System moderner Gesellschaften, München 1972.

[3] In der Literaturwissenschaft spielte der Systembegriff allerdings schon eine wichtige Rolle bevor die soziologische Theoriedebatte ihren Höhepunkt erreichte. Die nicht soziologisch, sondern im Anschluß an Ferdinand de Saussures Theorie sprachlicher Zeichen linguistisch fundierte Rede von „Systemen" wurde bereits durch die Schriften der Russischen Formalisten und später der Prager Strukturalisten in die literaturtheoretische Debatte eingebracht, z. B. von Jurij M. Lotman in seinem Werk „Die Struktur literarischer Texte" (russ. 1968, dt. 1972). Jurij M. Lotman wies allerdings bereits auf die Inkommensurabilität von literarischen 'Systemen' und sozialen 'Systemen' hin. Er leitet die Antinomie von Funktionalität und Regellosigkeit literarischer Kunstwerke aus dem Unterschied zwischen künstlerischer und nichtkünstlerischer Sprache her: „Und hier sind zwei Einstellungen leicht zu bemerken: 'im Kunstwerk ist alles systemhaft' (nichts ist zufällig, alles hat seinen Sinn), und: 'im Kunstwerk ist alles Verstoß gegen das System'" (Jurji M. Lotmann: Die Struktur literarischer Texte. 4., unveränd. Aufl. München 1993, S. 95). Die Rede Jakobsons und Jurij Tynjanovs von ästhetischen 'Systemen' (gegenüber dem sozialen Gefüge als 'System der Systeme') in ihrem 'Strukturalistischen Manifest' „Probleme der Literatur- und Sprachforschung" (tschech. 1928, dt. 1972) entspricht am ehesten der heutigen Auffassung eines 'Literatursystems'. Allerdings verwendet Tynjanov bereits früh einen dynamischeren, weil engeren Systembegriff in seinem Aufsatz „Das literarische Faktum" (russ. 1929, dt. 1969), wenn er in bezug auf die Evolution oder Neukonstitution literarischer Genres von einer 'Verschiebung des Systems' spricht. Die hier nur angedeutete disparate Verwendung des Systembegriffs in den Schriften des Formalismus und Strukturalismus würde allein eine eingehende Untersuchung rechtfertigen.

Schmidt in Siegen[4] gehörten zu den frühen Propagatoren des innovativen Theoriedesigns. Zur institutionellen Verankerung germanistischer Systemtheorie trugen neben der Fachzeitschrift „SPIEL" die beiden Stammhäuser von Niklas Luhmann - Suhrkamp und Westdeutscher Verlag - bei, in denen die Mehrzahl der systemtheoretisch orientierten Publikationen erschienen. Zur quantitativen Distribution des systemtheoretischen Ansatzes trug darüber hinaus die bei Niklas Luhmann ebenso wie bei seinem literaturwissenschaftlichen Adepten S. J. Schmidt beobachtbare mehrfach variierende 'Klonierung' eigener Texte zu einer beträchtlichen Fülle von Publikationen bei.[5] In jüngerer Zeit wurden die Grundbegriffe der 'Systemtheorie' dann selbst in die gegen methodologische Innovationen eher immun geglaubte traditionelle Textanalyse importiert.[6] Und Klaus Disselbeck sah bereits 1987 in seiner Studie zu Schillers Briefen „Über die ästhetische Erziehung des Menschen" Anlaß, von einem „Wechsel des Paradigmas"[7] zu sprechen. Das Vokabular der soziologischen Systemtheorie entfernte sich aber im Zuge dieses Transfers in neue Disziplinen zusehends von seinem theoretischen und argumentativen Zusammenhang und diente in der Folge vielerorts nur mehr der Suggestion von gesellschaftswissenschaftlicher Präzision. Die Euphorie wurde darüber hinaus von einer wachsenden Kritik am hohen Geltungsanspruch der Systemtheorie begleitet. In verschiedenen Disziplinen regte sich Widerstand gegen die angestrebte systemtheoretische Grundlegung geisteswissenschaftlicher Forschung. Debattierte zunächst Jürgen Habermas mit Luhmann prominent und fachintern über den universalen Anspruch und den Bau der Systemtheorie,[8] so richtete sich die Skepsis in der Folge auch gegen die Abwesenheit ethischer und gesellschaftspolitischer Perspektiven. Ein Rezensent sah die

---

[4] Vgl. z. B. Georg Jäger: Systemtheorie und Literatur Teil I. Der Systembegriff der Empirischen Literaturwissenschaft. In: IASL 19 (1994), H. 1, S. 95-125; Friederike Meyer und Claus-Michael Ort: Literatur als soziales Interaktionsmedium. In: SPIEL 3 (1984), H.1, S.67-97; Jörg Schönert: Gesellschaftliche Modernisierung und Literatur der Moderne. In: Zur Terminologie der Literaturwissenschaft. Hg. v. Christian Wagenknecht, Stuttgart 1988, S. 393-413.
[5] Vgl. zu dieser Publikationspraxis Georg Jäger: Systemtheorie und Literatur Teil I, S. 124f.
[6] Vgl. Jürgen H. Petersen: Erzählsysteme. Eine Poetik epischer Texte, Stuttgart u. Weimar 1993. Petersen will die von Stanzel vorgeschlagenen 'klassischen Erzählsituationen' kategorial präzisieren, indem er sie als „Zusammensetzung von Erzählsystemen systemlogisch und ausdifferenziert" (ebd. S. 68) beschreibt.
[7] Klaus Disselbeck: Geschmack und Kunst: eine systemtheoretische Untersuchung zu Schillers Briefen „Über die ästhetische Erziehung des Menschen", Opladen 1987. Ähnlich auch Dietrich Schwanitz: Systemtheorie und Literatur. Ein neues Paradigma, Opladen 1990 (=WV studium 157). Den Anspruch, mit seiner soziologischen Systemtheorie einen Paradigmenwechsel herbeizuführen, erhob bereits Niklas Luhmann: Soziale Systeme. Grundriß einer allgemeinen Theorie, Frankfurt a.M. 1984, S. 18f.
[8] Vgl. hierzu Jürgen Habermas, Niklas Luhmann: Theorie der Gesellschaft oder Sozialtechnologie: was leistet die Systemforschung?, Frankfurt a.M. 1974.

von Luhmann neuerlich propagierte Wertfreiheit (post-)moderner Wissenschaft-lichkeit[9] sogar in die Nähe eines amoralischen Zynismus gerückt.[10] Für die *literaturwissenschaftliche* Diskussion am folgenreichsten war Siegfried J. Schmidts Versuch, die Systemtheorie auf der doppelten Basis eines wissenschaftstheoretischen Konstruktivismus und eines logischen Empirismus zu revidieren.[11] Schmidt bezichtigte Luhmann zu Recht, das Beobachterproblem und die Empirieorientierung vernachlässigt zu haben.[12] Schmidt selbst versuchte deshalb auch als erster, in einer empirisch-historischen Darstellung zur Literatur des 18. Jhs. zu exemplifizieren, was die neue Theorie leistet. Seine Arbeit ist der bis heute grundlegendste Versuch, die Erkenntnisse der Systemtheorie in ihre literaturwissenschaftliche Applikation zu überführen. Sie soll deshalb auch im Zentrum der folgenden Ausführungen stehen. Mit ihrem Anspruch eines nur vorläufigen und modellhaften Konstruktivismus will auch Schmidts Untersuchung nicht induktiv von empirischen Beobachtungssätzen ausgehen. Sein wissenschaftstheoretischer Konstruktivismus ist eine Konsequenz aus der philosophischen Kritik naiver Erkenntnistheorie ('Korrespondenztheorie der Wahrheit'). 'Wirklichkeiten' werden als durch Kommunikation geschaffene Konstrukte interpretiert. Doch folgert Schmidt aus dieser Einsicht, die 'Wirklichkeitsadäquatheit' einer Theorie müsse nicht überprüfbar sein. Damit ist aber nicht mehr nur die strittige Korrespondenztheorie der Wahrheit seiner erkenntnistheoretischen Skepsis ausgesetzt, sondern letztlich auch die Theorie empirischer Falsifizierbarkeit, obschon diese selbst nicht auf der problematischen Überprüfbarkeit 'realer Realitäten' insistiert. Schmidt sieht nun den Konstruktcharakter des Systembegriffs und die Priorität abstrakter Begriffe in der Systemtheorie allein durch deren Problemlösungskompetenz legitimiert:

> 'Soziales System' ist ein theoretisches Konstrukt, ein Beobachterinstrument, das nach seiner wissenschaftlichen Brauchbarkeit (seiner Problemlösungskompetenz)

---

[9] Vgl. hierzu v. a. Luhmanns Rede anläßlich der Verleihung des Hegel-Preises 1989: Niklas Luhmann: Paradigm lost: Über die ethische Reflexion der Moral, Frankfurt a. M. 1990, bes. S.10-18. Ohne große historische Detailschärfe und Differenziertheit deutet Luhmann hier das Aufbrechen sogenannter 'Ethikwellen' als Krankheitssymptom der Fin de Siècle-Perioden seit dem 19. Jahrhundert.

[10] Vgl. Stephan Wehowsky: Verspielter Zynismus? - Niklas Luhmann und die Moral. In: NZZ Nr. 284 (6./7. 12. 1997), S. 65.

[11] Vgl. Siegfried J. Schmidt, Selbstorganisation, S. 35-64; Ders.: Literaturwissenschaft und Systemtheorie, Opladen 1993; Ders.: 'System' und 'Beobachter': Zwei wichtige Konzepte in der (künftigen) literaturwissenschaftlichen Forschung. In: Systemtheorie der Literatur. Hg. von Jürgen Fohrmann u. Harro Müller, München 1996, S. 106-133.

[12] Vgl. hierzu auch: Stephan Mussil: Literaturwissenschaft, Systemtheorie und der Begriff der Beobachtung. In: Kommunikation und Differenz. Systemtheoretische Ansätze in der Literatur- und Kunstwissenschaft. Hg. von Henk de Berg u. Matthias Prangel, Opladen 1993, S. 183-202.

und nicht nach seiner Wirklichkeitsadäquatheit beurteilt werden muß. Darum ist die Frage, ob es soziale Systeme gibt oder nicht, aus konstruktivistischer Sicht eine falsch gestellte Frage [...][13]

Schmidt schützt auf diese Weise seinen Entwurf indirekt gegen Falsifizierungsmöglichkeiten, widerspricht aber damit fundamentalen wissenschaftstheoretischen Anforderungen an die theoretische Vernunft: Eine Theorieofferte kann sich nicht exklusiv auf ihre prinzipielle 'Problemlösungskompetenz' kaprizieren. Erste Hinweise auf die 'Wirklichkeitsadäquatheit' einer Theorie kann nämlich ohne ontologische Prämissen der Abstraktionsgrad der verwendeten Begrifflichkeit und dessen Rückführbarkeit auf literarische Tatsachen liefern. Ein Konzept wie „Lyrik" – obwohl es begrifflich bereits nicht mehr ohne Schwierigkeit einzugrenzen ist – ist im sprachanalytischen Sinn 'konkreter' als ein Konzept wie „Liebe", „Philosophie" oder gar „System". Je 'abstrakter' aber der Sprachgebrauch, desto größer wird die Gefahr spekulativer Erkenntnis. In den Gefahren empirieferner Spekulation, bedingt durch theoriegeleitete Abstraktion, sah die Analytische Philosophie und Wissenschaftstheorie im Anschluß an Gottlob Frege, Carl Gustav Hempel und vor allem Rudolf Carnap[14] den Hauptgrund für ihre Forderung einer explikativ präzisierten Begriffssprache. Im Sinne Carnaps ist dem systemtheoretischen Konstruktivismus vorzuwerfen, daß dessen Begriffsinstrumentarium dem Prinzip der 'Rückführbarkeit' abstrakter Begriffe auf singuläre Sachverhalte nicht Genüge leistet. Denn das begriffliche Instrumentarium der 'Systemtheorie' besteht aus einer Reihe von z. T. neukreierten komplexen 'Konzepten' (Abstraktoren / Universalien), die nicht präzis expliziert, sondern mit vager Intension und beträchtlicher Extension ausgestattet sind. Dazu zählen Konzepte wie „Ausdifferenzierung", „Kommunikation", „Interpenetration" oder „Autonomie". Schmidts Begründung für das dezidiert konzeptualistische Vorgehen der Systemtheorie lautet:

> Wie alle anderen Konzepte ist auch das Konzept 'System' beobachterabhängig und ein kognitives und kommunikatives Instrument des Wissens. Wie andere Begriffe auch ist das Systemkonzept ein Begriff, den Leute in spezifischen soziokulturellen Situationen zur Lösung bestimmter Aufgaben entwerfen, besonders für die Aufgabe, in ihrer Erfahrungswirklichkeit relevante Unterscheidungen zu treffen.[15]

---

[13] Schmidt, Selbstorganisation, S. 29.
[14] Vgl. z. B: Gottlob Frege: Funktion, Begriff, Bedeutung: fünf logische Studien. Hg. u. eingel. von Günther Patzig, Göttingen 1962; C. G. Hempel: Grundzüge der Begriffsbildung in der empirischen Wissenschaft, Düsseldorf 1974; Rudolf Carnap: The Methodological Character of Theoretical Concepts. In: Foundation of Science and the Concept of Psychologie und Psychoanalysis. Hg. von H. Feigl u. G. Maxwell, Minneapolis Ninn. 1956, Ders.: Der logische Aufbau der Welt, Hamburg 1961.
[15] Schmidt: 'System' und 'Beobachter', S. 110.

Betont wird also neben der Problemlösungskompetenz die theoretische Unterscheidungskraft der systemtheoretischen Konzepte. Mit dem Verweis auf die Beobachterabhängigkeit wird ihre fehlende Nähe zur 'Erfahrungswirklichkeit' entschuldigt. Dies kommt aber einem erkenntnistheoretischen Relativismus gleich, der die Möglichkeit der Induktion schlichtweg leugnet, um den logischen Primat der Theorie vor den Daten zu behaupten. Die konstruktivistischen Prinzipien der Deduktion und Abstraktion werden absolut gesetzt.[16] Das Begriffsinstrumentarium der Systemtheorie muß aber noch aus einem anderen Grund sprachanalytisch hinterfragt werden. So ist die Konstruktivistische Wissenschaftstheorie immer wieder konfrontiert mit der Frage nach der Notwendigkeit einer Reformulierung von Literaturtheorie und Literaturgeschichte auf der Basis einer vollständig neu konstruierten Begriffssprache. Auf die mit hiermit verbundenen Risiken hat schon Georg Jäger aufmerksam gemacht: „Allerdings ist dabei die Gefahr groß, daß überkommene Problemformulierungen lediglich in systemtheoretischer Begrifflichkeit 'überschrieben' werden."[17] Herkömmliche Beschreibungskategorien der Literaturgeschichtsschreibung wie „Moderne" werden zum Teil zwar weiter verwendet, immer aber dem neuen Theorierahmen subordiniert. Es muß nicht unbedingt Otto Neuraths bekannte Metapher des Schiffbaus auf offener See bemüht werden, um zu sehen, daß dieses Vorgehen zumindest in Teilen redundant ist. Die Systemtheorie läßt sich im Kern beschreiben als deduktive Konstruktion einer Gesellschaftstheorie auf der Basis einer neuen, hochgradig abstrakten Terminologie. Ein solches umfassendes Theoriemodell verlangt nach einer fachspezifischen *empirischen Bewährung* ihrer Hypothesen anhand von konkretem Datenmaterial. Doch kann diese empirische Probe nicht einfach in der Analyse einzelner literarischer Werke (Disselbeck über Schiller) oder Epochen (Luhmann über moderne Lyrik, Schmidt über die Literatur der 'Goethezeit') bestehen, die den Verlaufshypothesen der Systemtheorie adäquat sind. Da die Systemtheorie eine Evolution der Gesamtgeschichte postuliert, müssen vielmehr willkürlich Texte herangezogen werden, die den Verlaufshypothesen der Systemtheorie wenn möglich sogar entgegenstehen. Dieses *experimentum crucis* muß die Diskussion theorieadäquater Beispiele ergänzen, da allein auf diesem Weg eine Falsifizierung durch die Bildung von Gegenhypothesen möglich ist. Ein solches Unternehmen ist allerdings aufwendig. Im Rahmen dieses Beitrags soll deshalb zunächst nur die *Evolutionshypothese* der Systemtheorie anhand weniger empirischer Fallbeispiele in Frage gestellt werden. Zu diesem Zweck ist es nötig, die Hauptthese von Luhmanns Theorie der Evolution hier in aller Kürze zu umrei-

---

[16] Vgl. zur konstruktivistischen Theoriebildung: Paul Lorenzen: Konstruktive Wissenschaftstheorie, Frankfurt a. M. 1974; Johannes Friedmann: Kritik konstruktivistischer Vernunft. Zum Anfangs- und Begründungsproblem bei der Erlanger Schule, München 1981; Peter Finke: Konstruktiver Funktionalismus. Die wissenschaftstheoretische Basis einer empirischen Theorie der Literatur, Braunschweig / Wiesbaden 1982.

[17] Jäger, Systemtheorie und Literatur I, S. 96.

ßen. Im Mittelpunkt dieser Evolutionstheorie steht ein Phasenmodell der Geschichte. Luhmann[18] (und in der Folge Schmidt, Disselbeck und andere) behaupten den historischen Übergang von einer (um gleichbleibende Kristallisationspunkte wie Familien oder Stämme organisierten) *segmentär differenzierten* Gesellschaft über eine (ständisch organisierte) *stratifikatorisch differenzierte* Gesellschaft zu einer (in funktionsspezifische Teilsysteme wie Politik, Wirtschaft, Familie, Wissenschaft gegliederten) *funktional differenzierten* Gesellschaft. Die Systemtheorie knüpft hier explizit an traditionelle historiographische Kategorien wie 'Mittelalter', 'frühe Neuzeit' und 'Moderne' an, nur implizit aber auch an die mit solchen Kategorien verbundene Konstruktion von Kontinuität und Folgerichtigkeit historischer Evolution. Die Systemtheorie sieht in solcherlei Benennungen nicht nur grobe heuristische Behelfe des Historikers, sondern entwickelt auf ihrer Basis eine holistische Theorie der Gesellschaftsentwicklung, die Theorie sozialer (Aus-)Differenzierung. Als wichtigste Epochenschwelle gilt für die systemtheoretische Evolutionstheorie die historische Moderne ab dem 18. Jahrhundert. Als Makroperiode sei sie durch spezifische Merkmale wie die wissenschaftliche Rationalität oder den technischen Fortschritt gekennzeichnet.[19] Um allgemeine Hypothesen zu gewinnen, berücksichtigt die systemtheoretische Historiographie ausschließlich gesamthafte Tendenzen des historischen Verlaufs, historische Einzelleistungen nur insofern sie sich als 'evolutionäre Errungenschaften' (auf dem Weg zur modernen Gesellschaft) beschreiben lassen. Erst der 'selbstorganisierte' Wissenschaftsbetrieb des 19. und 20. Jhs. repräsentiert für sie deshalb – aufgrund der vollzogenen Institutionalisierung – das Phänomen der wissenschaftlichen Rationalität. Der historische Weg zur Neuzeit wird auf diese Weise linear beschrieben als „Steigerung von *Rationalität, Organisation* und *Verwissenschaftlichung*"[20]. Kontrastiv dazu findet Schmidt in der 'Welt vor dem Ende des 17. Jhs.' einen „einheitlichen Kosmos wahrer Überzeugungen"[21] vor. Das hohe Abstraktionsniveau, das eine solche Geschichtsschreibung auszeichnet, ist also offensichtlich nicht erreichbar ohne die empirieferne Tendenz zur Idealisierung. Zählt man

[18] Niklas Luhmann: Das Problem der Epochenbildung und die Evolutionstheorie. In: Epochenschwellen und Epochenstrukturen im Diskurs der Literatur- und Sprachhistorie. Hg. v. Hans-Ulrich Gumbrecht und Ursula Link-Heer, Frankfurt a. M. 1985, S. 11-33, bes. S. 22f.

[19] Zur Diskussion des Modernebegriffs in systemtheoretischer Perspektive vgl. Peter Flora: Modernisierungsforschung. Zur empirischen Analyse der gesellschaftlichen Entwicklung, Opladen 1974 sowie: Schönert, Gesellschaftliche Modernisierung.

[20] Schmidt, Die Selbstorganisation, S. 67.

[21] Schmidt, Die Selbstorganisation, S. 71. Talcott Parsons, Das System moderner Gesellschaften, setzt diese entwicklungsgeschichtliche Epochenschwelle bereits im 17. Jahrhundert an. Ursache für den Übergang zur Moderne ist nach Parsons die Ausdifferenzierung von Protestantismus un Katholizismus im Europa des Reformationszeitalters sowie die wirtschaftliche Entwicklung in England. Die Vereinigten Staaten werden als die neue „Führungsgesellschaft" der Moderne bezeichnet (ebd. S. 110).

zum Beispiel zu den 'evolutionären Errungenschaften' der neuzeitlich (d.h. funktional) ausdifferenzierten Gesellschaft die Entstehung der Menschenrechte, so ersetzt das nicht eine differenzierte historische Beschreibung ihrer Realisation und auch der Verstöße gegen sie. Die Systemtheorie leistet so betrachtet in erster Linie Institutionengeschichte, nicht Realgeschichte. Die Ausdifferenzierung von Institutionen ist aber nicht gleichzusetzen mit konkreten gesellschaftlichen Entwicklungen. Eine bei Schmidt zentrale Entwicklungshypothese wie die folgende trägt unverkennbar sozialutopische Züge: „In einer über soziale Rollen organisierten Gesellschaft kann jeder Teilnehmer am gesellschaftlichen Leben potentiell Zugang zu allen gesellschaftlichen Funktionen erhalten."[22] Um aber nicht in den Verdacht der Idealisierung und impliziten Teleologie zu geraten, kann eine empirische Literatursoziologie nicht darauf verzichten, die Diskrepanz zwischen Anspruch und Wirklichkeit, Potentialität und Realität zu beschreiben. Anstelle dessen werden in der systemtheoretischen Geschichtskonstruktion Fahnenworte wie „Demokratisierung"[23] zur Beschreibung der Entwicklung von drei Jahrhunderten der Menschheitsgeschichte herangezogen. Im Zentrum von Parsons' und Luhmanns Systembegriff steht die soziale Stabilität. System*wandel* vollzieht sich nach Luhmann in langsamen Schritten. Sein Evolutionsmodell unternimmt dementsprechend gar nicht erst die Anstrengung, die Dynamik realgeschichtlicher Entwicklungen nachzuvollziehen. Luhmann spricht vielmehr paradox von einer „dynamischen Stabilität"[24] gesellschaftlicher Evolution. Die Idealisierung der modernen Gesellschaft verfolgt den Leser systemtheoretischer Geschichtsstudien von der Idee des 'freien' Intellektuellen, über die Idee des 'öffentlichen Raisonnements' bis hin zum revitalisierten idealistischen Konzept des 'bürgerlichen Individuums'. Aber auch evolutiv-utopische Vorstellungen wie die eines Abbaus sozialer Kontrolle leiten die systemtheoretisch untermauerte Historiographie. Diese Historiographie der Systemtheorie ist allein aufgrund seiner ausschließlich positiven Merkmalsbeschreibung implizit zielgerichtet auf die gegenwärtige Gesellschaftsform. Um nicht in den Verdacht der geschichtsphilosophischen Spekulation zu geraten, verwahrt sich Luhmann jedoch (im Gegensatz zu Parsons, der sich noch direkt auf Hegel, Marx und Max Weber beruft) gegen die Deutung dieses Dreischritts einer segmentär vs. stratifikatorisch vs. funktional differenzierten Gesellschaft als *Fortschritt*. Nichtsdestotrotz muß Luhmanns Phasenmodell durch die durchwegs idealische Sichtweise der modernen, funktional ausdifferenzierten Gesellschaft teleologisch bleiben. Es suggeriert zumindest implizit einen Fortschritt und ist damit nicht wirklich wissenschaftlich wertfrei. Auch Klaus von Beymes Handreichung scheint mir diesen Tatbestand nicht wesentlich zu verschieben. Er schreibt in bezug auf die Aporien der Luhmannschen Evolutionstheorie:

---

[22] Schmidt, Die Selbstorganisation, S. 88.
[23] Luhmann 1980-81, I :, S.168.
[24] Luhmann, Die Kunst der Gesellschaft, S. 363.

Theorien, welche ein Entwicklungslogik nachzuzeichnen versuchen, sind ständig in Gefahr eines Rückfalls in die Prämoderne [...] Das gilt jedoch nur, wenn sie *ex ante* die Evolution konstruieren und nicht nur *ex post* rekonstruieren (wie Habermas und Luhmann).[25]

Die theoretische Konstruktion einer Evolution ist – unabhängig von ihrer retrospektiven oder prospektiven Ausrichtung – bereits dann geschichtsphilosophisch spekulativ, wenn das Datenmaterial nach dem Prinzip der 'evolutionären Errungenschaften' selektiv ausgewählt wird. Historische und gesellschaftliche Rückschritte werden damit vollauf ausgeblendet. Durch ihr grobmaschiges Geschichtsbild ist die Systemtheorie immer wieder genötigt, Entwicklungen als quasi-kausale Vorgänge zu beschreiben, damit das finale Bild einer funktional ausdifferenzierten Gesellschaft stimmig bleibt. Dieses ist aus einem weiteren Grund nicht frei von Idealisierungstendenzen. Am Beispiel der behaupteten funktionalen Ausdifferenzierung von Familie und Familienorganisation kann gezeigt werden, daß sich auch eine funktionale Ausdifferenzierung in der Regel *schichtspezifisch* vollzieht. Eine bäuerliche Familie organisiert sich auch in der funktional ausdifferenzierten Gesellschaft des 20. Jahrhundert anders als eine Akademikerfamilie. Dadurch wird die historisch saubere Trennung von stratifikatorisch versus funktional differenzierter Gesellschaft erheblich erschwert. So gesehen leistet die Evolutionstheorie Luhmanns für die germanistische Literaturgeschichte genau das, was auch Jost Hermand mit Blick auf die marxistische Geschichtsphilosophie einfordert: „eine Gesinnung, die wieder das *totum* des geschichtlichen Gesamtprozesses ins Auge faßte" und die „die Literatur wieder stärker unter dem Gesichtspunkt des Entwicklungsgeschichtlichen"[26] betrachtet. Doch muß auch hier (wie in anderen geschichtsphilosophischen Entwürfen) gefragt werden, zu welchem Preis diese erneute Orientierung am Gesamten des Geschichtsprozesses erkauft wird. Es ist nun das Ziel der folgenden Überlegungen, anhand der systemtheoretischen Arbeit von S. J. Schmidt zu zeigen, daß gerade in bezug auf Literatur nicht ohne weiteres generalisierend von einer Komplexitätssteigerung und der Ausbildung eines funktional spezifizierten Systems ab dem 18. Jahrhundert ausgegangen werden kann. Die Korrelation von Gesellschaft und Literatur ist von Anfang an komplexer und flexibler als sie von der Systemtheorie beschrieben wird. Sie ist nicht global durch zunehmende 'Ästhetisierung' und 'Autonomisierung' der Literatur gekennzeichnet. Dieser Ansicht widersprechen die Daten der Literaturgeschichte vehement. Die 'Autonomie' eines Systems ist zwar gemäß Schmidt nicht identisch mit einer „rekursiven Geschlossenheit im *strengen*

---

[25] Klaus von Beyme: Theorie der Politik im 20. Jahrhundert. Von der Moderne zur Postmoderne, Frankfurt a. M. 1991, S. 58f.
[26] Jost Hermand: Geschichte der Germanistik, Reinbek 1994, S.244.

Sinne"[27], doch die literarhistorischen Ausführungen Schmidts konzentrieren sich im wesentlichen auf die Evolution einer spezifischen Autonomieästhetik im 18. Jahrhundert. Zu der von Schmidt behaupteten „Ästhetisierung des Literaturbegriffs"[28] gab es aber auch seit dem 18. Jahrhundert immer wider massive Gegenbewegungen. So untersteht etwa die Darstellung von Sexualität in der Literatur einem steten Wandel. Die von Schmidt erwähnte (und als progressiv gewertete) literarische Libertinage des 18. Jahrhunderts[29] wird wieder abgelöst von einer 'zugeknöpften' viktorianischen Doppelmoral im 19. Jahrhundert, die ihrerseits spätestens nach der 'sexuellen Revolution' dieses Jhs. wieder pornophilen Tendenzen weichen darf. Das Verhältnis von Sexualität, Intimität und Öffentlichkeit in der Literatur entwickelt sich also nicht linear als Ausdifferenzierung dieser Bereiche. Dieses Beispiel soll zeigen, daß die Eigengesetzlichkeit literarischer Evolution nicht systemtheoretisch hintergehbar zu sein scheint. Den von Schmidt aus dem 'literarischen Leben' des 18. Jhs. extrahierten historischen Verlaufshypothesen soll deshalb im folgenden anhand weiterer Beispiele entgegengehalten werden, daß historische Entwicklungen auch im Bereich der Literatur immer reversibel (also nicht einfachhin dem Modernisierungsprinzip gehorchend), nicht notwendig allgemeingültig (statistisch dominant), nicht immer monokausal (parallel zur allgemeinen Evolution des Systems 'Gesellschaft'), nicht immer eindimensional (ohne Gegenbewegungen) und nicht (jedenfalls nicht über einen längeren Zeitraum) zielgerichtet verlaufen. Die Grundthese von Schmidts systemtheoretischer Literaturgeschichte des 18. Jhs. lautet demgegenüber:

> Seit der zweiten Hälfte des 18. Jahrhunderts entstehen in Europa spontan Literatursysteme vom Typ selbstorganisierter sozialer Systeme im Zuge des allmählichen Umbaus der europäischen Gesellschaften von stratifizierten zu funktional differenzierten Gesellschaften als Netzwerken aus sozialen Systemen.[30]

Literaturwissenschaft so verstanden, ist nach Schmidt keine reine Textwissenschaft, sondern sie ist einer interdisziplinär arbeitenden Sozialwissenschaft theoretisch subordiniert. Gerade die komplexe Interdisziplinarität legitimiere letztlich den erhöhten Theoretisierungsbedarf der Literaturwissenschaft.[31] Der für die Literaturgeschichtsschreibung ehemals primäre Gegenstand, der literarische Text, wird nunmehr – im Fahrwasser einer durchaus berechtigten jahrzehntelangen Kritik literaturimmanenter Methodik – *in erster Linie* als Resultat des Wechselspiels zwischen den in der Systemtheorie pragmatischer Ausprägung als „Handlungsrollen"[32] definierten Literaturproduzenten, Literaturvermittlern, Literaturre-

---

[27] Schmidt, Die Selbstorganisation, S. 30.

[28] Schmidt, Die Selbstorganisation, S. 280.

[29] Schmidt, Die Selbstorganisation, S. 116.

[30] Schmidt: Die Selbstorganisation, S. 9.

[31] Schmidt: Die Selbstorganisation, S. 11.

[32] Schmidt; Die Selbstorganisation, S. 285.

zipienten und Literaturverarbeiter betrachtet. Indem die literarische Produktion als Teil eines umfassenden Kommunikationssystems verstanden wird, sind literarische Texte kommunikative Handlungen unter anderen. Der Literaturbegriff, der Schmidt dennoch eine Unterscheidung von Literatur und Kommunikation erlaubt, wird deshalb aus der Autorintention hergeleitet, nicht aus dem literarischen Text. Die für die Ausdifferenzierung eines 'Sozialsystems Literatur' elementare „*Ästhetik-Konvention*" wird nach Schmidt durch die Faktoren Produktion und Rezeption gebildet. Der Produzent bzw. der Rezipient von Literatur unterziehe seine sprachlich-kognitiven Handlungen „solchen Bewertungen und Elaborationen [...], die er subjektiv für *poetisch* relevant hält."[33] Auf diese Weise wird der Literaturbegriff durch vermeintliche Konventionen geregelt, für die letztlich der Autor bzw. der Literaturrezipient selbst in seiner je vollen Autonomie (bzw. Subjektivität) zuständig ist.[34] Die empirische und historische Unzulänglichkeit von Schmidts psychologistischem Literaturbegriff wurde bereits durch Georg Jäger moniert. In seinem wichtigen Forschungsreferat[35] diskutiert Jäger drei zentrale Prädikationen des Schmidtschen Literaturbegriffs:

1. Die Verknüpfung von Literatur und Autonomie. Diese Verbindung leitet sich von einer historisch relativierbaren Autonomieästhetik her, die aber ihrerseits keineswegs den Objektbereich von „Literatur" abdeckt.
2. Die Verknüpfung von Literatur und Fiktionalität. Auch diese Verbindung ist Ausdruck eines reduktiven Literaturbegriffs. Der Objektbereich der nichtfiktionalen Literatur (Aphorismen, Tagebücher, Briefe) wird – historisch nicht minder fragwürdig – ausgegrenzt.
3. Die Verknüpfung von Literatur und Subjektivität / Kreativität / Originalität. Diese Verbindung leitet sich desgleichen aus der Autonomie- und Geniedebatte des 18. Jhs. her. Sie ist aber nicht erst durch die Erkenntnisse der Intertextualitätsforschung erheblich relativiert worden.

Ähnlich wie die Prädikationen Schmidts müssen auch Luhmanns Versuche, das 'Literatursystem' mit Bezug auf die moderne Lyrik zu prädizieren, in ihrer Selektivität gewertet werden. Luhmanns Verknüpfung von moderner Lyrik und 'Schweigen' (Inkommunikabilität) etwa verkennt auf dem Forschungsstand von Hugo Friedrich (!), daß die Mitteilungsfunktion der Sprache selbst in der modernen Lyrik eine tragende Rolle spielt. Auch wenn die Mitteilungsfunktion gegenüber der poetischen Funktion nicht im Vordergrund steht, so ist es doch falsch, die moderne Lyrik mit Blick auf Mallarmé und Baudelaire generalisierend als 'absolute Dichtung' zu bezeichnen. Gerade aus dem je eigenartigen Zusammenspiel von Mitteilungsfunktion und poetischer Funktion resultiert die unendliche Variationsbreite von Literatur (auch der Moderne). Auf keinen Fall schließen sich

---

[33] Schmidt, Die Selbstorganisation, S. 430.
[34] Zu dieser Widersprüchlichkeit in der Definition des Begriffes „Ästhetik-Konvention" vgl. Jäger, Systemtheorie und Literatur I, S. 108-109.
[35] Jäger, Systemtheorie und Literatur I.

Poesie und Mitteilung prinzipiell aus – als 'Paradoxie' wie Luhmann behauptet. Wenn Luhmann noch glaubt, der Kommentar sei „tödlich für das Gedicht"[36], disqualifiziert er nicht nur die Lyrik Erich Kästners, der gerne schelmisch die Kritik der Rezensenten in Gedichtkommentaren vorwegnimmt und ad absurdum führt. Literatur kann nie im absoluten Sinne des Wortes „Schweigen" von Kommunikation losgekoppelt werden, auch nicht die nur indirekt politischen Gedichte in Stefan Georges Band „Das Neue Reich" oder Paul Celans „Todesfuge". Will man aber wichtige Zeugnisse moderner Lyrik wie die alltagssprachliche antiautoritäre Kinderlyrik von Joachim Ringelnatz nicht einfach aus dem Bereich der Lyrik ausgrenzen, so sind mit Luhmanns Thesen zur modernen Lyrik wieder nur ganz bestimmte literarhistorische Strömungen beschrieben (die Lyrik des Symbolismus etwa), die sich der Evolutionsthese der Systemtheorie besonders gut einverleiben läßt.[37] Die moderne *politische* Lyrik von Brecht bis Enzensberger oder Rühmkorf, für die sich das Verhältnis von Dichtung und Kommunikation in ganz anderer Weise stellt, wird stillschweigend ausgeblendet. Wird Kunst als Waffe im gesellschaftlichen Kampf verstanden, ist der Übergang vom 'Literatursystem' zur Umwelt selbstredend nur mehr fließend.[38] Luhmann schließt seine Studie zur modernen Lyrik ungeachtet solcher historischer Differenzierungsmöglichkeiten mit den mehr beschwörenden als beweisenden Worten:

> Zweifelsfrei aber ist, daß die Produkte moderner Lyrik das Kontingenzbewußtsein der Moderne im Hinblick auf sprachliche Artistik, ihr Problembewußtsein im Hin-

---

[36] Niklas Luhmann / Peter Fuchs: Vom schweigenden Aufflug ins Abstrakte: Zur Ausdifferenzierung der modernen Lyrik. In: N. L. / P. F.: Reden und Schweigen, Frankfurt a.M. 1989, S. 138-177, hier: S. 166.

[37] Eine wichtige Ausnahme bildet hier die Studie von Gerhard Plumpe: Systemtheorie und Literaturgeschichte. Mit Anmerkungen zum deutschen Realismus im 19. Jahrhundert. In: Epochenschwellen und Epochenstrukturen im Diskurs der Literatur- und Sprachhistorie. Hg. v. Hans-Ulrich Gumbrecht und Ursula Link-Heer, Frankfurt a. M. 1985, S. 251-264. Plumpes Unterscheidung zwischen einer „Umweltreferenz" der Literatur (z. B. im 'Realismus' / 'Naturalismus') und einer „Systemreferenz" auf das 'Literatursystem' (z. B. im 'Ästhetizismus') (ebd. S. 256) widerspricht aber der systemtheoretischen These einer Autonomie des literarischen Funktionssystems und fügt sich daher nicht reibungslos in den Theoriebau Luhmanns oder Schmidts ein. Wenn die 'Umweltreferenz' gegenüber der 'Systemreferenz' dominant sein kann, so kann m. E. nicht mehr von einer Autonomie des Literatursystems die Rede sein. Dennoch ist Plumpes Unterscheidung von „Funktion" und „Leistung" (ebd. S. 254) bedenkenswert. Leider geht aber auch Plumpe von der idealistischen Voraussetzung aus, Literatur sei seit dem 18. Jahrhundert „von systemfremden Normierungen und Kontrollen abgekoppelt" (ebd. S. 253). Zur Weiterentwicklung dieses Ansatzes vgl. auch: Gerhard Plumpe: Epochen der Literatur. Ein systemtheoretischer Entwurf, Opladen 1995.

[38] Der Referenzfunktion literarischer Texte widmet sich auch eine Studie von Nikolaus Wegmann: Engagierte Literatur? Zur Poetik des Klartexts. In: Systemtheorie der Literatur. Hg. von Jürgen Fohrmann und Harro Müller, München 1996, S. 345-365.

blick auf scheinbar unmögliche Kommunikation entschieden gesteigert haben. Am faszinierenden Beispiel moderner Lyrik war zu lernen, daß Inkommunikabilität, welche Folgen sie für psychische Systeme immer haben mag, Kommunikation nicht daran hindert zu kommunizieren.[39]

Die Beschränkung auf gesellschaftsabgewandte Dichtung und Dichter[40], sei es nun auf 'die' Poesie der Weimarer Klassik oder 'die' Lyrik der Moderne, dient zwar dem Beleg der Differenzierungsthese, bedeutet aber eine reduktive Eingrenzung des Literaturbegriffs, die der historischen 'Wirklichkeit' nicht gerecht wird. So muß wohl die systemtheoretische Vorstellung, Literatur gehorche einer einzigen, nämlich 'ästhetischen' Funktion, als literaturtheoretisch überholt gelten. Die literaturinterne Ausdifferenzierung umfaßt in Poetologie und Poesie so verschiedenartige Funktionen wie die einer demonstrativen Artistik, einer psychologischen Selbstreflexion, einer politischen Agitation oder einer unsittlichen Provokation. Eine reduktive und eine normative Komponente enthält jede Definition des 'Literatursystems' als Funktionssystem – sofern sie diese Plurifunktionalität außer acht läßt. Die funktionale Ausdifferenzierung des 'Literatursystems' von der 'Umwelt' kann aber umgekehrt logisch stringent nur dann behauptet werden, wenn die ästhetische Funktion isoliert betrachtet wird.[41] Der Literaturbegriff der Systemtheorie ist im Rahmen ihres Modells der Ausdifferenzierung auf eine ästhetisch-normative Unterscheidung von 'Literatur' und 'Nichtliteratur' angewiesen.[42] Die für die Systemtheorie insgesamt basale Unterscheidung zwischen System und Umwelt ist dabei auch für die Explikation des 'Literatursystems' von

---

[39] Luhmann / Fuchs, Vom schweigenden Aufflug, S. 177. Ähnliche Einwände lassen sich auch im Hinblick auf Luhmanns (durch die Betonung des Ornamentalen in der Kunst) historisch und theoretisch selektive Kunstauffassung in seinem Buch „Die Kunst der Gesellschaft" (Frankfurt a.M. 1997) formulieren.

[40] Auch von Luhmann wird die historische Debatte um den Geniebegriff als Beleg für die systemtheoretische Differenzierungsthese bemüht (Luhmann / Fuchs, Vom schweigenden Aufflug, S. 147). Demgegenüber kann nur auf die seit der Antike virulente poetologische Debatte zur Dichotomie poeta vates vs. poeta doctus hingewiesen werden.

[41] Zur Kritik der systemtheoretischen Funktionszuschreibung vgl. auch: Niels Werber: Literatur als System? Anmerkungen zu Siegfried S. Schmidts Buch über 'Die Selbstorganisation des Sozialsystems Literatur im 18. Jahrhundert'. In: WB 36 (1990), S. 1192-1198. Eine weitere Definition Luhmanns trifft in diesem Sinne auf den Objektbereich 'Literatur' nur unzureichend zu: „Im Falle des Kunst-wie des Literatursystems ist der dies [die Codierung von Präferenzen, das Erzeugen von Orientierungsmöglichkeiten entlang binär konstruierter Regeln, U. M.] leistende Code durch die Disjunktion schön/häßlich bezeichnet." (Luhmann / Fuchs, Vom schweigenden Aufflug, S. 153). Auch dieser Versuch, den Literaturbegriff festzulegen, berücksichtigt nicht die literaturtheoretischen Debatten um Normästhetik (Code) vs. Abweichungsästhetik und Ästhetik des Schönen vs. Ästhetik des Häßlichen.

[42] Vgl. dazu: Gebhard Rusch: Zur Systemtheorie und Phänomenologie von Literatur: Eine holistische Perspektive. In: SPIEL 10 (1991), H. 2, S. 305-339.

Bedeutung. Das Dilemma von Autonomie (bzw. Autopoiese)[43] eines Systems und gleichzeitiger Kommunikation mit der Umwelt wird von Luhmann durch die von Parsons übernommene Vokabel „Interpenetration"[44] (bzw. bei Schmidt „Interaktion") scheinbar geklärt. Doch bleibt die begriffslogische Unvereinbarkeit von konventionell geregelter Kommunikation und (literarischer) Autonomie in der Sache bestehen. Innerliterarische Prozesse sind historisch gerade dadurch gekennzeichnet, daß sie sich unabhängig von bestimmten außerliterarischen Systemen vollziehen können. Die Systemtheorie löst aber das Text/Kontext-Problem, indem sie sich auf die Kontext-Seite konzentriert. Wenn Schmidt von einer „Selbstorganisation des Literatursystems im 18. Jahrhundert" spricht, so bezeichnet er damit allein Prozesse des außerliterarischen (vor allem wirtschaftlichen!) Lebens wie Buchprodukion, Literaturkritik, Rezeption oder Autorenlesungen.[45] Doch auch das 'literarische Leben' ist nicht notwendig ipsoreflexiv in dem Sinne, daß sich die dort vollzogenen literarischen Prozesse auf literarische Prozesse beziehen. Wie sonst wäre zum Beispiel das – im 18. Jahrhundert noch lange nicht überwundene – Phänomen literarischer (Selbst-)Zensur zu verstehen. Dieses Phänomen zeigt deutlich, wie das vermeintlich selbstorganisierte 'Literatursystem' etwa in Epochen diktatorischer Herrschaft massiv von anderen 'Systemen' beeinflußbar ist, es kann sogar als Teil des 'politischen Systems' gänzlich vereinnahmt werden. 'Literarisches System' und 'politisches System' sind zum Beispiel in bezug auf die 'Blut-und-Boden'-Literatur des sogenannten Dritten Reiches überhaupt nicht mehr trennbar.[46] Die offizielle Literatur des Dritten Reiches war ebenso abhängig vom 'politischen System', wie es 'die' Literatur des Mittelalters von der christlichen Religion war. Es handelt sich hier zwar um ein extremes Beispiel, das aber deutlich die teilweise sehr intensive Korrelation zwischen Literatur und Gesellschaft auch in der Epoche der Moderne veranschaulicht. Grundsätzlich müssen also in Bezug auf die *literarische* Evolution zwei Fragen gestellt werden: 1. Ist die 'Ausdifferenzierung eines Literatursystems' ein auf die historische Moderne beschränkbares Phänomen? Und 2. Ist das 'Literatursystem' in der Moderne jederzeit ausdifferenziert? Dazu soll noch einmal ein Versuch Luhmanns zitiert werden, das 'Literatursystem' theoretisch einzugrenzen:

> Der Operationsraum der Poeten ist das Literatursystem mit seiner eigentümlichen Funktion und Programmatik. Dieses System bezeichnet den 'Ort', von dem aus Ge-

---

[43] Vorsichtigere Systemtheoretiker sprechen immerhin von „Autonomisierung" statt von „Autonomie". Vgl. Schmidt, Die Selbstorganisation, S. 61.

[44] Zur Diskussion dieses Begriffes: Niklas Luhmann: Soziale Systeme. Grundriß einer allgemeinen Theorie, Frankfurt a. M. 1984, S. 289f.

[45] Vgl. Offene Gefüge. Literatursystem und Lebenswirklichkeit. FS f. Fritz Nies zum 60. Geburtstag. Hg. von Henning Krauß u.a., Tübingen 1994.

[46] Beispiele wie dieses falsifizieren Luhmanns These, „[...] daß eine Direktsteuerung eines Funktionssystems durch ein anderes ausgeschlossen ist [...]" (Luhmann, Die Kunst der Gesellschaft, S. 9).

sellschaft literarisch beobachtet wird, und: den die Gesellschaft abtastet auf literarisch konditionierte Beschreibungen ihrer selbst, auf die Selektivität von Reali-
tätsentwürfen hin, gegen die sich die je geltende Realität als kontingent, als anders
möglich, anders denkbar erweist.[47]

Wird das Literatursystem definiert als der 'Ort, von dem aus Gesellschaft literarisch beobachtet wird', so kann dieser Ort auf der Basis reiner Deskription auch
in den Gesellschaftssystemen der Antike lokalisiert werden. Solange der Systembegriff nicht nur eine quantitative, sondern auch eine qualitative Entität denotiert,
läßt sich die Variationsbreite der antiken Literaturproduktion jedenfalls nur bedingt als Literatur einer segmentär differenzierten Gesellschaft beschreiben. Gerhard Plumpe hat die hier angedeutete Diskrepanz von Normierung und Deskription bereits beschrieben, selbst aber nicht wirklich strenge Konsequenzen daraus
gezogen:

> Die Systemtheorie steht als Theorie der Evolution sozialer Systeme nicht im Ver-
> dacht, ältere geschichtsphilosophische Fortschrittskonzepte zu tradieren. Sie orien-
> tiert ihr Evolutionsmodell an den Gesetzen organischer Evolution und entzieht sich
> der Suggestivkraft teleologisch garantierter Verlaufspozesse der Geschichte.
> Gleichwohl kann man den Eindruck gewinnen, daß die Konzeption der funktional
> ausdifferenzierten Gesellschaft mit normativen Konsequenzen verbunden ist, da die
> Verhaltenstypen und Praxisformen nach dem Kriterium 'dem Differenzierungstyp
> angemessen / nicht angemessen' schematisieren muß.[48]

Schmidt bestreitet, daß die systemtheoretische Literaturgeschichte auf die Kanonisierung von 'Meisterwerken' angewiesen sei.[49] Zumindest implizit ist aber das
Resultat jeder theoriegeleiteten Literaturgeschichtsschreibung eine Kanonbil-
dung. Bei der systemtheoretischen Literaturgeschichte basiert dieser Kanon auf
einer „*Organisationsform* für Handlungen und Kommunikationen, die entsprechend der Leitdifferenz literarisch vs. nichtliterarisch aus der Gesamtheit gesellschaftlicher Aktivitäten ausgegliedert werden."[50] Luhmann benutzt die Wendung
„moderne Lyrik in ihren *Hochformen*" (Herv. U. M.)[51]. Ein elementares Ansin-
nen der methodisch betriebenen Literaturgeschichte als Sozialgeschichte bestand
demgegenüber in der Erweiterung des Literaturbegriffes und in der empirisch
geleiteten Revision herkömmlicher Epochenbildung. Der einzelne Text sollte in
Beziehung zu seinem konkreten außerliterarischen Kontext gesetzt werden, Häu-
fungen und Tendenzen im Rahmen einer nichtreduktiven Sozialgeschichte deskriptiv dargestellt werden. Luhmanns Projekt einer Evolutionstheorie mag für
die Erklärung allgemeiner gesellschaftlicher Langzeit-Entwicklungen noch an-

---

[47] Luhmann / Fuchs, Vom schweigenden Aufflug, S. 151.
[48] Plumpe, Systemtheorie und Literaturgeschichte, S. 257.
[49] Schmidt, Die Selbstorganisation, S. 20.
[50] Schmidt, Die Selbstorganisation, S. 20.
[51] Luhmann / Fuchs, Vom schweigenden Aufflug, S. 169.

gemessen erscheinen, mit Einschränkungen vermag es auch Entwicklungen des 'literarischen Lebens' (d.h. heute des Literaturbetriebs) mit Hilfe von 'evolutionären Errungenschaften' beschreiben. Aus sachlichen Gründen sind die Hypothesen und Erklärungen der Systemtheorie für die Beschreibung von innerliterarischen Entwicklungen demgegenüber wenig überzeugend. Die Geschichte der Literatur läßt sich nicht reduzieren auf die Geschichte eines bestimmten Kommunikationscodes. Diese Auffassung bedeutet einen Rückfall in regelpoetischer Auffassungen von Literatur. Für ein ausgewogenes Verhältnis zwischen Empirie und Theorie und die damit erst mögliche Verarbeitung literaturgeschichtlichen Datenmaterials ist das von der Systemtheorie verteidigte Primat der Theorie in hohem Maße hinderlich.[52] Ob die systemtheoretisch fundierte Historiographie ein adäquater 'Weg in die Geschichte' darstellt, muß sich erst noch erweisen. Die hier formulierten Bedenken gegenüber Beobachtungsferne, Idealisierungstendenz und Teleologie der systemtheoretischen Literaturgeschichtsschreibung können durch verstärkte Adaptation der soziologischen Systemtheorie an den Gegenstand der Literatur vielleicht noch zerstreut werden. Möglicherweise ist es aber gerade das, was Kunst wie Literatur für die Gesellschaft so wertvoll erscheinen läßt, daß sie sich nicht einfach als 'System' funktional eingrenzen lassen.

---

[52] Vgl. zum Verhältnis zwischen Theorie und Empirie in der Literaturwischaft vgl. Harald Fricke: Zur Rolle von Theorie und Erfahrung in der Literaturwissenschaft. In: Colloquium Helveticum 4 (1986), S. 5-21.

E) Wie wird Literatur tradiert?

Meinolf Schumacher (Wuppertal):

Auf dem Weg zur Europäischen Literaturwissenschaft

Das dürfte kaum bestritten werden: Ohne Literaturgeschichte ist ein Literaturstudium nicht sinnvoll. Eine radikale Wende zur ausschließlich synchronen Betrachtungsweise, wie sie die Linguistik in unserem Jahrhundert vollzog, hat es trotz strukturalistischer und textlinguistischer Ansätze in der Literaturwissenschaft nicht gegeben. Doch bei aller Übereinstimmung über die Notwendigkeit der Literaturgeschichte besteht keineswegs Konsens darüber, welche literarischen Epochen dabei berücksichtigt werden sollen. Entgegen dem sonst allgemein akzeptierten Verfahren, die Betrachtung eines historischen Phänomens an dessen Anfang zu beginnen und seine Geschichte gewissermaßen von vorn her aufzurollen, ist man hinsichtlich der Literatur oft nicht von der Notwendigkeit überzeugt, bei den ersten schriftlichen Zeugnissen in einer Sprache ansetzen zu müssen; vielen Literaturwissenschaftlern reicht es aus, irgendwo mittendrin den zeitlichen Beginn ihres literaturgeschichtlichen Interesses zu fixieren. Wenn dieses 'irgendwo mittendrin' sich nicht dem Vorwurf unwissenschaftlicher Beliebigkeit aussetzen will, dann muß es begründbar sein. Eine allgemein akzeptierte Epochengliederung der Literaturgeschichte, die sich dafür anböte, läßt sich jedoch ebensowenig ausmachen wie ein verbindlicher literarischer Kanon.[1] Gerade der große Epocheneinschnitt um 1500, der in den Nationalphilologien meist die Grenze zwischen 'Alter' und 'Neuer Abteilung' markiert (etwa zwischen Altgermanistik und Neugermanistik), ist literarhistorisch betrachtet von höchst zweifelhaftem Wert.

Die dafür gern angeführten geistesgeschichtlichen (Humanismus, Reformation), mediengeschichtlichen (Buchdruck) oder gesellschaftlich-politischen (Entdeckung Amerikas, Bauernkriege) Faktoren haben für die Literatur eher langfristige Folgen gehabt, als daß sie zu einem radikalen Kontinuitätsbruch führten oder die Autoren zu epochemachenden dichterischen Werken in dieser Zeit stimulierten. Wenn es etwa in der deutschen Literaturgeschichte Einschnitte gibt, dann um 1200 und um 1800 – nicht wegen der Parallelität einer vermeintlichen (Staufischen oder Weimarer) 'Klassik', sondern vor allem wegen der Etablierung fiktionaler Literatur in der Volkssprache durch den Artus-Roman und wegen des Beginns der literarischen Moderne in der Frühromantik. Die deutsche Dichtung vor und nach 1200 unterscheidet sich jedenfalls stärker voneinander als die vor und nach 1500: Die poetologischen und mentalitätsgeschichtlichen Differenzen zwischen dem 'Hildebrandslied' und dem 'Parzival' dürften erheblich größer sein als die zwischen dem 'Parzival' und dem 'Simplicissimus'. Literaturstudenten sind deshalb gut beraten, sich nicht zu sehr an der eher wissenschaftsgeschichtlich er-

---

[1] Vgl. Maria Moog-Grünewald (Hg.): Kanon und Theorie, Heidelberg 1997.

klärbaren Trennung der Neuphilologien in 'Mediävistik' und 'Neuere Literaturwissenschaft' zu orientieren, die einen in der Forschung längst aufgegebenen starren Mittelalter-Begriff[2] in der Lehre festschreibt. Sie sollten vielmehr lernen, Kriterien wie Fiktionalität, Relevanz der medialen Überlieferung, sprachhistorische Zuordnung, Autonomiekonzepte usw. zu erarbeiten und zu bewerten. Um sie anwenden zu können, bedarf es eines Überblicks über die ganze Literaturgeschichte. Für den Studierenden einer der Philologien der Volkssprachen Europas bedeutet dies, daß er im Grundstudium das Mittelalter nicht übergehen darf, wenn die spätere Auswahl seiner epochalen Schwerpunkte nicht den wissenschaftlichen Stellenwert eines Glückstreffers haben soll.

Mediävistische Lehrveranstaltungen der Nationalphilologien dienen jedoch nicht nur dem Zweck, die Grundlage für das literarhistorische Basiswissen der Studierenden zu legen. Mediävistik ist zudem oft der einzige Ort an der Universität, an dem die traditionelle Einheit der Philologie als Sprach- und als Literaturwissenschaft noch erfahrbar ist, weshalb ihr über den gemeinsamen Bereich der Sprachgeschichte eine wichtige Brückenfunktion zur (die Diachronie nun langsam wiederentdeckenden) Linguistik zukommt. Vor allem aber lernen die Studenten in der Mediävistik von Anfang an, über den Zaun der eigenen Nationalliteratur hinauszublicken. Während allerdings in der neueren Literaturgeschichte komparatistische Ansätze zumindest als Ergänzung längst akzeptiert sind, wird immer noch die Frage gestellt, ob eine komparatistisch angelegte Mittelalterphilologie überhaupt möglich sei.[3] Sie ist möglich, und sie ist unbedingt notwendig: Jede Mediävistik, die keine vergleichende Literaturbetrachtung praktizierte, lieferte sich dem Verdacht nationalistischer Ideologie aus – gerade die Geschichte der Altgermanistik bietet schlimme Beispiele dafür. Die Mediävistik muß die Erkenntnis vermitteln, daß schreib- und lesekundige Menschen in Alteuropa nicht nur mit Literatur in ihrer Muttersprache konfrontiert waren; jeder mittelalterliche Schüler erlebte die Wechselwirkungen zwischen Latein und Volkssprache an sich, wenn er die 'Disticha Catonis' etwa ins Deutsche zu übersetzen (oder wenn er selbst lateinische Verse zu verfassen) hatte. Diese Erfahrung ist in der heutigen Situation vor allem in Hinblick auf das Englische von erneuter Aktualität. Die vielen Studierenden, die sich nur einer Nationalphilologie, und zwar meist der ihrer Muttersprache widmen, werden wenigstens durch den mediävistischen Anteil ihres Fachs gezwungen, sich mit intersprachlichen und interliterarischen Problemen auseinanderzusetzen. Solche Probleme sind auch genuine Gegenstände jeder Komparatistik. In der 'Allgemeinen und Vergleichenden Literaturwissenschaft'

---

[2] Dazu u.a. Peter von Moos: Gefahren des Mittelalterbegriffs. In: Joachim Heinzle (Hg.): Modernes Mittelalter. Neue Bilder einer populären Epoche, Frankfurt a.M. / Leipzig 1994, S. 33-63.

[3] Hendrik Birus: Mediävistische Komparatistik – 'unmöglich, aber dankbar'? In: Wolfgang Harms / Jan-Dirk Müller (Hgg.): Mediävistische Komparatistik. FS Franz-Josef Worstbrock, Stuttgart / Leipzig 1997, S. 13-28.

(abgekürzt: AL), wie sie sich im deutschsprachigen Bereich als Fach etabliert hat, spielen mediävistische Fragen allerdings nur eine geringe Rolle; in Deutschland ist wohl nur in Wuppertal eine AL-Professur mit einem Mediävisten (Ulrich Ernst) besetzt. Die sarkastische Kritik an der nationalen Blickverengung der mediävistischen Neuphilologien[4] und die vielen Anregungen, die Ernst Robert Curtius in seinem programmatischen Werk 'Europäische Literatur und lateinisches Mittelalter' (1948) für eine neue Mittelalterforschung auf breitester Grundlage gab[5], haben keinen mediävistischen Schwerpunkt in der Komparatistik begründet, was daran liegen mag, daß Curtius mit der These von der Kontinuität antik-rhetorischer Traditionen[6] den Eindruck erweckte, das Mittelalter sei weitgehend als Fall von Antike-Rezeption faßbar und deshalb keine eigenständige Literaturepoche. Das faktische Ausblenden der Mediävistik aus der Komparatistik fährt zu bedenklichen Verzerrungen des Blicks. Geht es „im komparatistischen Schema" für Achim Hölter um „ein Individuum, eine Gruppe oder eine Nationalliteratur"[7], so läßt sich in diesem Schema die 'Hauptliteratur des Mittelalters'[8] schlechterdings nicht unterbringen, es sei denn, man wollte alle Lateinkundigen des Mittelalters zu einer 'Gruppe' zusammenfassen. Gerade die mittellateinische als übergreifend 'europäische' Literatur ist aber für eine mediävistische Komparatistik von zentraler Bedeutung. Denn wir haben im Mittelalter nicht nur mit Beziehungen zwischen den Literaturen der Volkssprachen untereinander und zwischen der einer Volkssprache und der lateinischen zu rechnen.[9] Mittellateinische Literatur kann auch Übersetzungsliteratur in einem sehr genauen Sinne sein. Wenn der Pfaffe Konrad beteuert, er habe die altfrz. 'Chanson de Roland' zunächst in das Lateinische und dann erst ins Mittelhochdeutsche übertragen (VV. 9080-9083: „alsô ez an dem buoche gescriben stât / in franzischer zungen, / sô hân ich ez in die latîne betwungen, / danne in die tiutische gekêret"), dann mag er damit meinen, zwei unterschiedliche Bearbeitungen für verschiedene Zielgruppen angefer-

---

[4] Dazu Christoph Cormeau: Der Streit um das 'ritterliche Tugendsystem'. Zutreffendes und Unzutreffendes in Curtius' Kritik an der germanistischen Mediävistik. In: Wolf-Dieter Lange (Hg.): 'In Ihnen begegnet sich das Abendland'. Bonner Vorträge zur Erinnerung an Ernst Robert Curtius, Bonn 1990, S. 155-167.

[5] Vgl. Earl Jeffrey Richards: Modernism, Medievalism and Humanism. A Research Bibliography of the Works of Ernst Robert Curtius (Zeitschrift für romanische Philologie, Beiheft 196), Tübingen 1983.

[6] Vgl. Harald Weinrich: Deutscher Geist, europäische Literatur und lateinisches Mittelalter. In: Merkur 32, 1978, S. 1217-1229.

[7] Achim Hölter: Art. 'Europäische Literaturen (Wirkung in Deutschland)'. In: Ulfert Ricklefs (Hg.): Das Fischer Lexikon: Literatur, Frankfurt a.M. 1996, S. 628-661, hier S. 631.

[8] Karl Langosch: Mittellatein und Europa. Führung in die Hauptliteratur des Mittelalters, Darmstadt ²1997.

[9] Vgl. Nikolaus Henkel / Nigel F. Palmer (Hgg.): Latein und Volkssprache im deutschen Mittelalter. 1100-1500, Tübingen 1992.

tigt zu haben; wahrscheinlicher sind damit jedoch zwei Arbeitsschritte bei der Produktion des einen deutschen 'Rolandsliedes' benannt, da mittelalterlichen Autoren der Transfer Volkssprache/Latein und Latein/Volkssprache offenbar leichter fiel als der zwischen Volkssprache und Volkssprache.[10] Heinrich Seuses europaweite Rezeption setzte erst ein, nachdem er selbst sein 'Büchlein der Ewigen Weisheit' als 'Horologium Sapientiae' ins Lateinische übersetzt hatte: Einen lateinischen Text etwa in das Mittelenglische zu übertragen, dazu war jeder englische Gelehrte in der Lage; mit einem mittelhochdeutschen Text als Vorlage wären die meisten überfordert gewesen. Ganz ähnliche Phänomene erleben wir heute mit dem Englischen, da zunehmend Literatur aus 'kleinen' Sprachen nicht aus dem Original, sondern aus einer englischen (Zwischen-) Fassung übersetzt wird. Das Englische hat auch sonst – nicht nur als Wissenschaftssprache – viele Funktionen übernommen, die dem Latein im Mittelalter zukamen; es ist inzwischen zu einer weltweiten Literatursprache avanciert, die alle Grenzen von Nationalliteraturen sprengt und der in der 'Dritten Welt' entstehenden Literatur Sprache und Publikum verschafft (Stichwort: 'The Empire writes back!'). Der Vergleich von Nationalliteraturen war immer schon problematisch, da er meist dazu diente, das Eigene vom Fremden abzugrenzen und oft genug auch – in einer Art Wettbewerb der Nationen und ihrer Literaturen – herauszuheben. Wohl auch das Unbehagen an solchem Vergleichen führte zur Betonung des 'Allgemeinen' im Titel des Fachs[11] und damit seines poetologisch-literaturtheoretischen Anspruchs (der durchaus mit einer Theorie des Vergleichens verbunden sein kann[12]). Zudem haben sich die Studien zur 'Intertextualität' vom Konzept der Nationalliteratur gelöst, indem sie die Beziehungen zwischen einzelnen Werken in epochen- und sprachübergreifender Perspektive behandeln und damit zeigen, daß auch die Dichter vor diesen Grenzen in der Regel nicht zurückschrecken. Ob bei 'Intertextualität' oder bei Rezeptionsgeschichte, Toposforschung und Thematologie - stets geht es darum, die Literatur in den Bezügen zu untersuchen, in denen sie steht: Literaturwissenschaft ist deshalb meistens, wenn nicht immer Komparatistik. Bedenkt man ferner, daß im langen Prozeß der Herausbildung europäischer Nationen und ihrer Literaturen seit der fränkischen Reichsteilung bis weit ins 17. Jahrhundert hinein die volkssprachigen Literaturen mit der mittel- bzw. neulateinischen koexistierten, dann erscheint 'Nationalliteratur' als dominante Kategorie von Komparatistik erst recht als obsolet. Allerdings läßt sich die Grenze zwischen Latein und Volkssprache nicht allein als „die zwischen Kleri-

---

[10] Dazu Dieter Kartschoke: *In die latine bedwungin.* Kommunikationsprobleme im Mittelalter und die Übersetzung der 'Chanson de Roland' durch den Pfaffen Konrad. In: Beiträge zur Geschichte der deutschen Sprache und Literatur 111, 1989, S. 196-209.

[11] Z.B. Max Wehrli: Allgemeine Literaturwissenschaft, Bern / München ²1969 (¹1951).

[12] Dazu Peter V. Zima: Komparatistik. Einführung in die Vergleichende Literaturwissenschaft, Tübingen 1992, S. 7.

ker- und Laienidiom"[13] begreifen, denn bereits mit Otfrids stolzem Programm, für die 'Franken' in ihrer Muttersprache ein großes literarisches Werk zu schaffen, beginnen gentile und später nationale Aspekte im Mittelalter zur Geltung zu kommen, weshalb die Aussage, „die universalistische Literaturauffassung war vom Mittelalter bis zum 18. Jahrhundert selbstverständlich"[14], in dieser Pauschalität nicht zu halten ist. Mit ihrem Wissen vom komplizierten Wechselspiel der Sprachen und Literaturen vermag gerade die Mediävistik den Blick zu schärfen für das Beziehungsnetz von Autoren, Gruppen, Sprachen, Regionen, Staaten und Nationen unter den Bedingungen der politischen und kulturellen Globalisierung in der Gegenwart. Nicht nur die Mediävistik muß also komparatistisch, auch die Komparatistik muß mediävistisch sein.

Wenn Komparatisten häufig versichern, ihr Fach verstehe sich nicht als 'Superdisziplin'[15] oder als 'Superphilologie'[16], dann dementieren sie damit offenbar Vorwürfe, sie wollten die Nationalphilologien überflüssig machen. Bei einer AL, die sich als selbständige Literaturwissenschaft mit transnationaler und transepochaler Ausrichtung und nicht mehr als literaturvergleichende Ergänzungsdisziplin begreift, stellt sich jedoch in der Tat die Frage, wie weit sie die Einzelphilologien nur ergänzt oder sie ersetzt. Um nicht als Universalwissenschaft unüberschaubar zu werden, muß sie ihre Gegenstände eingrenzen. Eine Reduktion der Aufgaben allein auf die Literaturtheorie läge zwar nahe, würde jedoch der historischen Dimension jeder Literaturwissenschaft nicht gerecht. Sinnvoller ist gewiß eine Beschränkung auf die Literatur Europas (die überseeische Literaturen dann mit einschließt, wenn diese sich Europa verpflichtet wissen). Das bedeutet keine Geringschätzung der nichteuropäischen Kulturen; es entspringt vielmehr der Erkenntnis, daß deren Behandlung nur kursorisch geschehen und ihnen gerade deshalb nicht gerecht werden könnte. Studenten sollten dringend aufgefordert werden, sich mit mindestens einer dieser Literaturen zu beschäftigen. Hanns W. Eppelsheimers Präzisierung des bekannten Goetheschen Begriffs zu 'Europäische Weltliteratur'[17] entspricht dieser Eingrenzung, doch könnte sie in dem Sinne mißverstanden werden, als reklamierte Europa die 'Weltliteratur' für sich allein. Als Fachbezeichnung bietet sich 'Europäische Literaturwissenschaft' (abgekürzt: EL) an. Dieses Fach sollte durchaus Lehrveranstaltungen zur griechischen und lateinischen Literatur der Antike anbieten; seine eigentlichen Schwerpunkte aber müßten im Mittelalter und in der Neuzeit liegen. Der Beginn im Mittelalter läßt sich mit dem Entstehen eines Europabewußtseins begründen, das nicht im ro-

---

[13] Hölter (Anm. 7), S. 643.

[14] Horst Rüdiger (Hg.): Komparatistik. Aufgaben und Methoden, Stuttgart 1973, S. 7.

[15] Horst Rüdiger (Hg.): Zur Theorie der vergleichenden Literaturwissenschaft (Komparatistische Studien 1), Berlin / New York 1971, S. 7.

[16] Hugo Dyserinck: Komparatistik. Eine Einführung, Bonn ³1991, S. 14.

[17] Hanns W. Eppelsheimer: Geschichte der europäischen Weltliteratur, Bd. 1: Von Homer bis Montaigne, Frankfurt a.M. 1970.

mantischen Sinne etwa eines Novalis verklärt[18], sondern durchaus als Abgren-
zungsphänomen vom 'Fremden' im Zeitalter der Kreuzzüge problematisiert werden soll.[19] Als das 'eigene Fremde', das mit unserer Gegenwart in weit stärkerem
Maße verbunden ist als etwa die Kulturen der Antike oder des Alten Orients,
kann das Mittelalter mit seiner 'Alterität'[20] uns lehren, „das 'Eigene' und das
'Fremde' zugleich unterscheidbar und kommunikabel zu machen", eine „Kulturtechnik", die den Zugang zu den fremden Kulturen und Literaturen der Gegenwart erleichtert[21]: Die Entscheidung für das Mittelalter geht deshalb nicht auf die
Kosten der 'Dritten Welt'. Wegen des notwendigen Berücksichtigens der mittelalterlichen und frühneuzeitlichen Literatur und wegen des eklatanten mediävistischen Defizits der deutschen Komparatistik ist bei zukünftigen Stellenausschrei-
bungen für eine europäisch orientierte AL auf eine Mittelalter-Kompetenz der
Fachvertreter zu achten. Wenn die EL mehr sein will als ein 'Querschnittsstudi-
engang' aus verschiedenen Fächern, wie ihn nun Fritz Peter Knapp als 'Mediävistische Komparatistik' fordert[22] (und wie er etwa in Wuppertal durch das Magi-
sternebenfach 'Mediävistik' realisiert ist), dann muß sie ein literaturwissenschaftliches Vollprogramm anbieten. Auch wenn es gelingen sollte, das Fach
'Europäische Literatur' an den Schulen zu etablieren, wird es zumindest in nähe-
rer Zukunft die Schulfächer 'Deutsch', 'Englisch', 'Französisch' usw. geben,
weshalb neben der EL weiterhin die Neuphilologien an den Universitäten existieren werden. Die Frage ist allerdings, ob auch die bisher nur schwach vertretene
Mittellateinische Philologie als eigenes Fach neben der EL bestehen bleibt. Ganz
im Sinne von Curtius kann sie für die Europäische Literatur ja geradezu als Ba-
siswissenschaft gelten, weshalb ihre Zukunft eher hier als im Schlepptau der
Klassischen Philologie zu sehen ist, wo sie als Rezeptionswissenschaft immer eine untergeordnete Rolle spielte. Um im universitären Überlebenskampf im Ver-
bund der mediävistischen Komparatistik zu bestehen, müßte sie sich freilich mehr
den Fragen der literaturwissenschaftlichen Diskussionen öffnen und andern den
Zugang zu den Texten erleichtern, indem sie ihren Editionen – wie schon lange
gefordert, wenn auch nur teilweise praktiziert – regelmäßig Übersetzungen bei-
gibt. Dafür käme sie an den Hochschulen aus der Isolation des 'kleinen Faches'

---

[18] Dazu u.a. Heinz Gollwitzer: Europabild und Europagedanke. Beiträge zur deutschen
Geistesgeschichte des 18. und 19. Jahrhunderts, München [2]1964; Paul Michael Lützeler
(Hg.): Europa. Analysen und Visionen der Romantiker, Frankfurt a.M. / Leipzig [2]1993.
[19] Dazu zuletzt Stefan Hohmann: Türkenkrieg und Friedensbund im Spiegel der politischen Lyrik. Auch ein Beitrag zur Entstehung des Europabegriffs. In: Zeitschrift für Literaturwissenschaft und Linguistik 28, 1998, H. 110, S. 128-158.
[20] Vgl. Hans Robert Jauß: Alterität und Modernität der mittelalterlichen Literatur. Gesammelte Aufsätze 1956-1976, München 1977
[21] Ingrid Kasten: Die eigene Fremde. Mediävistik und 'interkulturelle' Kompetenz. In:
Mitteilungen des Deutschen Germanistenverbandes 44, 1997, H. 4, S. 66-74, hier S. 68.
[22] Fritz Peter Knapp: Mediävistische Komparatistik. Ein Plädoyer. In: Jahrbuch für Internationale Germanistik 29, 1997, H. 1, S. 31-37.

heraus und gewönne Studentenzahlen und eine personale Ausstattung, die ihren Gegenständen eher gerecht würde, als dies heute der Fall ist. Die Mittellateiner mit ihren spezifischen Aufgaben des Erfassens und Edierens von noch weithin unbekannten Texten müßten in der EL durchaus nicht untergehen. Die riesige Masse mittellateinischer Literatur können sie ohnehin nicht allein bewältigen, zumal durch die Ausweitung des Literaturbegriffs über die Poesie im engeren Sinne hinaus das zu bearbeitende Textcorpus ins Unermeßliche zu wachsen droht. Von den mediävistischen Neuphilologien her, die pragmatische und normative Texte schon deshalb immer berücksichtigten, weil solche zu den ältesten Zeugnissen ihrer Volkssprache zählen, und wo sich Richtungen wie die Fachprosaforschung etablieren konnten, sind Untersuchungen zur Fach- und Wissensliteratur (z.B. zu Enzyklopädien, Schriften der Artes mechanicae) inzwischen auch in die anfangs ganz auf Versdichtung fixierte Mittellateinische Philologie eingegangen. Je weniger die Theologen bereit sind, sich mit ihren eigenen Traditionen auseinanderzusetzen, um so mehr kommt der Literaturwissenschaft zudem die Verantwortung für die theologische Literatur seit der Patristik zu, damit dieser zentrale Komplex des kulturellen Gedächtnisses Europas nicht ganz dem Vergessen oder – wie das Beispiel Hildegards von Bingen im Augenblick drastisch vor Augen führt – der beliebigen Vereinnahmung durch Modeerscheinungen wie der Esoterik-Welle anheimfällt. An lateinischen Texten geht dabei kein Weg vorbei. Für das Studium der EL wären deshalb Schwerpunkte in (mindestens) zwei Volkssprachen und in Latein obligatorisch. Vor allem im Hinblick auf das Mittelalter, aber nicht nur dort, kann die EL die meisten Lehrveranstaltungen gemeinsam mit den Philologien der europäischen Volkssprachen anbieten, wodurch zumindest die mediävistische Kompetenz an den Universitäten gebündelt und die vorhandenen Ressourcen besser ausgelastet würden. Literaturtheorie, Gattungsgeschichte, sowie die rhetorischen und poetologischen Traditionen lassen sich ebenso europaübergreifend behandeln wie etwa das Verhältnis von Latein und Volkssprache, Mündlichkeit und Schriftlichkeit, Poesie und Fachliteratur, Kleriker- und Laiendichtung u.v.a. Die mediengeschichtlichen Fragestellungen führen ohnehin nur in komparatistischer Perspektive zu beachtlichen Ergebnissen, und zwar komparatistisch im Blick auf „das Zusammenwirken von Zeichenordnungen unterschiedlicher Art".[23] Daß für eine 'Archäologie der Kommunikation' (Assmann) nicht nur die Schrift von Belang ist, sondern die Semantik z.B. der Gebärden, Räume, Kleider, Wappen, Düfte, Farben und Klänge[24], ist in der 'Mittelalterlichen Bedeutungsforschung' seit langem akzeptiert, die von der lateinischen Bibeldeutung ausgehend nach der spirituellen Signifikanz der 'Dinge' in Schrift und Welt fragt. Dieses sprachtranszendierende Zeichensystem der Allegorese hat nicht wenig zur gesamteuropäischen Kultur des Mittelalters beigetragen; Fried-

---

[23] Harms / Müller (Anm. 3), S. 10.
[24] Vgl. Horst Wenzel: Hören und Sehen, Schrift und Bild. Kultur und Gedächtnis im Mittelalter, München 1995.

rich Ohly beschloß seine berühmte Kieler Antrittsvorlesung 'Vom geistigen Sinn des Wortes im Mittelalter' (1958) mit den Worten: „Wo immer die Gemeinsamkeit der Völker in der pfingstlichen Sprache der Allegorie zerbrach, da schlug dem Mittelalter seine Stunde".[25]

Durch mentalitätsgeschichtliche und kulturwissenschaftliche Fragen ergeben sich schließlich Überschneidungen mit den historischen Disziplinen, die sich mit dem Mittelalter befassen; in institutionellen Rahmen wie Graduiertenkollegs, Sonderforschungsbereichen oder dem 'Mediävistenverband' ist eine interdisziplinäre Zusammenarbeit zumindest in der Forschung längst Wirklichkeit. Der Begriff 'Mediävistik' proklamiert geradezu einen fächerübergreifenden Anspruch gegenüber einem isolierten Selbstverständnis von Einzeldisziplinen wie 'Altgermanistik' oder 'Mittelalterliche Geschichte'.[26] Historiker interessieren sich zunehmend auch für fiktionale Texte, die sie ebenso als 'Konstruktion von Realität' auffassen wie andere kulturelle Phänomene. Dabei zeigt sich allerdings die Gefahr, daß unter dem gemeinsamen Titel einer 'Kulturwissenschaft' das spezifisch Literarische zu kurz kommt, wenn etwa Texte nur als 'Quellen' für etwas anderes aufgefaßt werden und nicht – zumindest auch – selbst als Gegenstand des Interesses. Einer Literaturwissenschaft muß es aber auch weiterhin erlaubt sein, sich mit Texten zu beschäftigen, deren Quellenwert eher gering ist, z.B. solchen von Konkreter Poesie, Nonsensdichtung usw. Da die EL institutionell nur philologische Disziplinen unter ihrem Dach zusammenfaßt, dürfte bei allen Beteiligten genügend Verständnis für den Eigenwert und die Eigengesetzlichkeit von Literatur vorhanden sein. Die EL muß nicht nur auf der Literarizität der Texte, sie muß auch auf der Sprachlichkeit der Literatur bestehen. Das ist weniger selbstverständlich, als es klingt, denn im Hochschulalltag werden Literatur und Sprache selten aufeinander bezogen. Studierende der AL wählen häufig gerade deshalb ihr Fach, weil sie keine sprachwissenschaftlichen Veranstaltungen besuchen wollen. Die Lehrpläne und Prüfungsordnungen der Nationalphilologien beinhalten zwar weiterhin Gebiete aus beiden Bereichen, doch forschen und lehren Literaturwissenschaftler und Linguisten faktisch voneinander isoliert. Sogar in den mediävistischen Teildisziplinen, die bisher als letzte Bastionen der philologischen Einheit galten, tritt das sprachwissenschaftliche Element immer mehr zurück (oder wird als eigene 'sprachwissenschaftliche Mediävistik' ausgegliedert). An manchen Universitäten finden in der Germanistik schon lange keine Veranstaltungen zum Althochdeutschen mehr statt, und auch das immerhin noch obligatorische Proseminar 'Einführung ins Mittelhochdeutsche' sollte nach Werner Röcke „den Studenten ausschließlich dazu dienen, die Übersetzungsfähigkeit im Mittelhochdeut-

---

[25] Friedrich Ohly: Schriften zur mittelalterlichen Bedeutungsforschung, Darmstadt 1977, S. 29.
[26] Vgl. Jan-Dirk Müller: Neue Altgermanistik. In: Jahrbuch der Deutschen Schillergesellschaft 39, 1995, S. 445-453, bes. S. 446-448.

schen zu erlangen".[27] Röcke formuliert gewiß den allgemeinen Trend, wenn er fordert, „die Mediävistik ab dem Grundstudium als ausschließlich literaturwissenschaftliches Fach zu etablieren".[28] Rüdiger Brandt fordert dagegen zu Recht, daß die Sprachgeschichte im Studium einen angemessenen Platz behaupten müsse: „Weshalb [...] sollte die 'Lust am Text' mehr wert sein als die 'Lust an der Sprache', zumal beides sich gegenseitig hervorrufen kann?"[29] Vor allem kann man auf die immer wieder neu sich stellenden Probleme beim Übersetzen aus älteren Sprachstufen verweisen[30]: Eine pauschale 'Übersetzungskompetenz' hat man weder am Ende des Grundstudiums noch sonst irgendwann erworben; Arbeit an älteren Texten ist stets Arbeit an der Sprache, weshalb Mediävistik nicht nur im Hauptstudium, sondern immer auch Sprachwissenschaft bleiben muß. Hinter diese Forderung darf eine EL nicht zurückfallen. Solange an einer Universität die entsprechenden Nationalphilologien gelehrt werden, könnte man von den Studierenden der EL verlangen, dort die sprachhistorischen Veranstaltungen zu ihren Literaturschwerpunkten zu besuchen. Es ließe sich aber auch denken, im Rahmen der EL sprachspezifische Kurse (etwa zum Altfranzösischen oder zum Mittelenglischen) anzubieten, um der Gefahr zu entgehen, die Eigenheiten der europäischen Literaturen in sprachlicher Hinsicht zu nivellieren. Diese Gefahr stellt sich noch in weiterer Hinsicht: Als gewichtiger Einwand gegen die EL könnte der Vorwurf erhoben werden, das Zusammenfassen der europäischen Philologien zu einem Fach verwische deren Differenzen und diene, indem es den Völkern 'ihre' Literatur und damit ein Stück ihrer Kultur nimmt, nur einer von Brüssel diktierten gleichmacherischen Euro-Identität. In einer Zeit des 'Global Thinking', in der die Menschen ihr Heimatland zum 'Standort' reduziert sehen, sind solche Sorgen verständlich. Dem läßt sich jedoch nicht nur entgegenhalten, daß in unserer Mediengesellschaft Literatur zum Identitätsbewußtsein nur noch wenig beiträgt. Wichtiger ist wohl der Hinweis auf andere Einheiten als die Nationen, die für die europäische Literatur als Bezugsrahmen wichtig waren oder sind. Von der Reformationsdichtung bis zum 'Renouveau catholique' spielten die christlichen Konfessionen eine Rolle. Wir kennen Berufs- und Standesdichtung, Jugend- und Studentenpoesie, die Literatur gesellschaftlicher oder politischer Gruppen, sowie solche, die sich an der Geschlechterdifferenz orientiert. Vor allem geographische Regionen wurden wohl immer als literarische 'Räume' ernst genommen; die Schwierigkeit, sie im Rahmen der Nationalgeschichtsschreibung zu behandeln,

---

[27] Werner Röcke: Alterität und Aktualität der mittelalterlichen Literatur. In: Mitteilungen des Deutschen Germanistenverbandes 43, 1996, H. 1, S. 70-74, hier S. 73.
[28] Röcke (Anm. 27), S. 71f.
[29] Rüdiger Brandt: Zur Diskussion: Reformation oder Reduktion? Zu Werner Röckes Modell eines altgermanistischen Studiums. In: Mitteilungen des Deutschen Germanistenverbandes 43, 1996, H. 3, S. 71-76, hier S. 75.
[30] Vgl. u.a. Max Wehrli: Literatur im deutschen Mittelalter. Eine poetologische Einführung, Stuttgart 1984, S. 293-298.

zeigt drastisch Josef Nadlers Versuch einer 'Literaturgeschichte der deutschen Stämme und Landschaften' (seit 1912) schon vor ihrer Bearbeitung im Sinne der Blut-und-Boden-Ideologie des Nationalsozialismus (seit 1938). Regionen sind nicht an die Grenzen von Staaten, ja nicht einmal an die von Sprachen gebunden. Die alemannische 'Regio' wird durch den verwandten Dialekt konstituiert, nicht durch die Hochsprache, die im Elsaß längst Französisch ist. Bei der Bukowina ist es hingegen gerade die Hochsprache, welche diese außerhalb des deutschen Sprachgebietes liegende Gegend auch zu einer deutschen Literaturprovinz macht. Skandinavien besteht zumindest als ideelle Literatur-Region aus mehreren Staaten und einer damit nicht identischen Anzahl von Sprachen.[31] Für die vormoderne Zeit ist hier wiederum die lateinische Sprache von zentraler Bedeutung, mit der keineswegs immer nur universalistische Tendenzen verbunden sind; gerade die mittel- und neulateinische Dichtung entwickelt sich häufig in regionalen Bezügen[32], was nicht verwundert, wenn man etwa bedenkt, wie viele Verfasser von Landschafts- und Stadtlobgedichten Gelehrte oder Schulmeister waren. Regionale Literatur ist so in mehrfacher Hinsicht besser in komparatistischer als in nationalliterarischer Perspektive zu betrachten, zumal ein Europa der Regionen ohnehin näher am Bewußtsein der Menschen sein dürfte als ein 'Europa der Vaterländer' (de Gaulle).

Es sollte allerdings das ganze Europa sein. Der Vorwurf ist gewiß ungerecht, Curtius habe mit seinem berühmten Buch die ideologische Rechtfertigung für Adenauers Politik der Westbindung geliefert. Tatsache ist allerdings, daß seine konservativ-restaurative ('abendländische') Grundhaltung[33] den Zeittendenzen ebenso entgegenkam wie das vollständige Ausblenden der Länder jenseits des 'Eisernen Vorhangs'. Eine 'kleineuropäische' Lösung war und ist nicht akzeptabel: Die Slavistik sollte auf jeden Fall in der EL vertreten sein. Auch die Wissenschaften von den kleinen Literaturen (z.B. der ungarischen), die an Universitäten nur selten als eigene Fächer etabliert werden, lassen sich in die EL integrieren. Da sie etwa für Stiftungsprofessuren einen bereits vorhandenen institutionellen Rahmen bietet, bräuchte man nicht für die weitere Ausstattung eines ganzen Faches zu sorgen. Überhaupt könnten unter dem Stichwort 'Europa' zusätzliche Drittmittel von europäischen Organisationen eingeworben werden, außer für Professuren auch für internationale Tagungen, Graduiertenkollegs und eine eigene Zeitschrift. Ob letztlich das Ziel angestrebt wird, das Fach EL an den Schulen einzuführen, und ob die Nationalphilologien in vollem Umfang weiter bestehen bleiben sollen, das wäre eingehender zu diskutieren. Zunächst kommt es darauf an, in der bisher neuzeitdominierten AL durch angemessenes Berücksichtigen der

---

[31] Dazu Erik Skyum-Nielsen: Ist der Norden eine Fiktion?. In: Die Horen 42, 1997, H. 185, S. 19-23.

[32] Vgl. u.a. Wilhelm Kühlmann: Westfälischer Gelehrtenhumanismus und städtisches Patriziat. In: Daphnis 22, 1993, S. 443-472.

[33] Vgl. Peter Jehn (Hg.): Toposforschung. Eine Dokumentation, Frankfurt a.M. 1972.

Mediävistik die Voraussetzungen für eine tatsächlich sprach- und epochenüber-
greifende Komparatistik zu schaffen. Das wäre immerhin ein Schritt auf dem
Weg zur Europäischen Literaturwissenschaft.

Rüdiger Zymner (Wuppertal):

Lesen hören
Das Hörbuch

Wie wird Literatur tradiert? Wenn 'tradieren' nicht einfach die Bewahrung eines materialen Textträgers bedeutet, sondern die gesellschaftliche Bewahrung der Kenntnis von Texten und den aktiven Umgang mit ihnen, so lautet die Antwort: Literatur wird natürlich zunächst einmal dadurch tradiert, daß sie immer wieder gelesen wird, daß ihre Kenntnis durch *lesende Aneignung* (vor allen Dingen in Schulen und Universitäten) über Generationen bewahrt wird. Dabei können komplizierte Kanonisierungsmechanismen[1] eine wichtige Rolle spielen, im Zentrum dieser Kanonisierungsprozesse steht jedoch das eigene Lesen. Jedenfalls gilt dies für alphabetisierte und literarisierte Gesellschaften bis vor wenigen Jahren. Inzwischen tritt mehr und mehr eine andere, ältere Form der Tradierung wieder neben die der lesenden Aneignung von Literatur: Die hörende Aneignung, das Lesen Hören neben das Selberlesen. Bisher noch unbeachtet von der Literaturwissenschaft, hat sich nämlich in den letzten Jahrzehnten eine neue Vermittlungsform von Literatur herausgebildet – das sogenannte „Hörbuch", „Audiobuch" oder „audiobook", wahlweise auch „audio book" genannt. Was genau mit diesen Vokabeln gemeint ist – nur der materiale Ton-Träger, sein 'Inhalt' oder die Art der Präsentation des 'Inhalts' – ist nicht wirklich klar; nur soviel scheint sicher, daß es sich bei Hörbüchern um Compactdiscs oder Musikcassetten handelt (nicht jedoch um Schallplatten oder Tonbänder), deren 'Inhalte' im wesentlichen aus vorgelesenen oder gesprochenen Texten bzw. dem Vorlesen oder Sprechen von Texten bestehen – aus sogenannten „literarische Lesungen",[2] wie es in dem ambitionierten Werbevokabular der Hörbuchverlage heißt. Dabei verläuft die Grenzziehung zwischen Lesungen (bei denen eben ein Text vorgelesen oder gesprochen wird) und Hörspielfassungen eines ursprünglich nicht als Hörspiel gefaßten Textes fließend – auch solche Hörspielfassungen und genuinen Hörspiele auf CDs oder MCs fallen unter die Bezeichnung 'Hörbuch' oder eine ihrer Entsprechungen, ebenso wie Mitschnitte von öffentlichen Lesungen außerhalb eines Tonstudios, von Gesprächen oder auch von Interviews. Es handelt sich bei den vorgelesenen oder gesprochenen Texten nicht ausschließlich um literarische Text im engeren, normativen Sinne, gelesene Briefwechsel[3] und Sachtexte[4] fallen

---

[1] Vgl. hierzu Renate von Heydebrand (Hg.), Kanon Macht Kultur, Stuttgart 1998.

[2] Vgl. z.B.: Litraton Verlagsverzeichnis 1997 [Hamburg 1997] S. 2.

[3] Vgl. z.B. Rosa Luxemburg: Ich war, ich bin, ich werde sein. Briefe an Freunde (Sprecher: Erni Wilhelmi), [MC, Janus 52072]; Thomas u. Heinrich Mann: Briefwechsel (Sprecher: Martin Benrath u. Hans-Michael Rehberg) [MC, L&M 28625; CD, L&M 38625)

ebenso unter die Bezeichnung. Halbwegs klar ist immerhin die Unterscheidung zwischen 'literarischen Lesungen', die sich an Erwachsene wenden, und 'Kindercassetten' bzw. 'Kinder-CDs'. Diese Unterscheidung der Hörbücher für Erwachsene von Kindercassetten bzw. Kinder-CDs dient wohl auch der Erschließung neuer Marktsegmente und verdeckt dabei ein wenig, daß die Kindercassette vermutlich (zusammen mit Aufnahmen für Blinde und Radiolesungen) die historisch älteren Meriten besitzt – die Kindercassette ist sozusagen die Großmutter der Erwachsenen-Cassette (und die Aufnahmen für Blinde sind deren älteren Geschwister).[5] Daß Hörbücher deswegen etwas mit der Infantilisierung des kulturellen Verhaltens von Erwachsenen im Rahmen einer alle Altersgruppen prägenden Jugendkultur zu tun hätten, ist bis auf weiteres eine ebensowenig bewiesene Hypothese wie es die naheliegende Behauptung wäre, die *hausse* der Hörbücher habe etwas mit dem Verfall grundlegender Kulturtechniken wie Lesen und Schreiben zu tun. Das könnte zwar so sein, es könnte sich bei genaueren Untersuchungen jedoch auch herausstellen, daß Hörbücher als ergänzende Möglichkeit kultureller Aktivität (neben dem 'guten alten Buch' oder dem Theaterbesuch) gerade von einem formal gut gebildeten Publikum genutzt werden. Mindestens im Buchhandel ist das Hörbuch jedenfalls omnipräsent, wie nicht allein der Blick in die Hörbuchabteilung jeder beliebigen Buchhandlung (und in manchen 'music-shop') verdeutlicht, auch umfangreiche Hörbuchkataloge auf Papier oder im Internet zeigen dies.[6] Manche Bibliothek verfügt über Hörbuchsammlungen,[7] Rundfunk- und Feuilletonredaktionen erstellen Hörbuch-Bestenlisten, einzelne Vorleser –

---

[4] Vgl. z.B. Alois Hahn: Grundbegriffe und theoretische Ansätze der Soziologie [14 MC, Carl-Auer-Systeme, H. 3-927809-60-8]; Karin Berg: so erreichen sie Ihr Wunschgewicht (MC, Mod.Verl.-Ges.,L 3-478-06330-2); Oscar Werner: Unser Charakter ist unser Schicksal. Sein letztes Interview. Im Gespräch mit Werner Rosenberger [CD, Preiser 30.004]; Autoren im Gespräch. Heinrich Böll im Gespräch mit Heinz Ludwig Arnold (MC, Hörbuch 3-89614-163-5);
[5] Dabei scheint die Kindercassette inzwischen geradezu eine verwahrloste und vernachlässigte 'Großmutter' zu sein: Während „erwachsene auf dem aufblühenden Hörbuch-Markt mittlerweile selbst aktuelle Bestseller schnell zu Gehör gebracht bekommen, suchen Kinder und Jugendliche bislang noch vergebens nach geeignetem und spannendem Stoff", klagt das Informationsblatt „Verbraucher Aktuell" Nummer 9, September 1998, S. 3.
[6] Vgl. z.B : Hörbücher 1997. Cassetten und CDs, 2600 Titel [Stuttgart (Koehler Verlag) 1997]; Penguin audiobooks, Complete Catalogue Spring 1998 [London 1998]; steinbach sprechende bücher. Herbstnovitäten '98 und Gesamtverzeichnis Juni '98-Juni '99 [Mainhardt 1998] Der HörVerlag, Gesamtverzeichnis Frühjahr 1998; Horror And The Supernatural, Audiobooks From Jimcin Recordings, http://www.jimcin.com/horror.htm; Nelson's Audio Books Online, http://www.21.stcentryplaza.com/books/books.html – etc.etc.
[7] Z.B. die Bibliothek der Fernuniversität Hagen, im Internet einzusehen unter http://www.fernuni-hagen.de/ZFE/fs/infok7.

wie etwa der als 'König der Vorleser'[8] apostrophierte Gert Westphal – sind als Vorlese-Künstler, die en passant immer gleich ihre neuesten CDs oder MCs vorstellen können, begehrte Gäste in kulturell interessierteren Fernseh-Talkshows. Das Hörbuch einfach *nur* als Vermittlungsform von Literatur zu bezeichnen, ist also offenkundig untertrieben: Das Hörbuch ist eine Form des Umgangs mit Literatur, eine Form ihrer (möglicherweise kanonisierenden) Auswahl, eine Form ihrer (medial verschobenen Re-)Produktion, ihrer (vorlesekünstlerischen und inszenatorischen) Interpretation, ihrer (akustischen, aufgrund des Mediums beliebig unterbrechbaren oder wiederholbaren und im Prinzip ortsunabhängigen) Rezeption sowie ihrer Vermarktung als '*event*' einer Medien-Popkultur. Nicht zuletzt wird mit Hörbüchern eben auch 'herkömmliche' Literatur sozusagen im neuen Gewand *tradiert – daß, wie* und *warum so* sie in Form von Hörbüchern tradiert wird, gehört zu den Problemen, vor die das Hörbuch die Literaturwissenschaft in beinahe all ihren methodisch-disziplinären Facetten stellt und zugleich damit auch zu vielseitigen interdisziplinären Forschungen auffordert. Das Vorlesen oder Sprechen sowie die akustische anstelle der optischen Rezeption von Dichtungen sind natürlich keineswegs vollkommen neue Phänomene, vielmehr steht das Hörbuch in einer langen Tradition, die bis zu den Anfängen der Poesie zurückreicht und über antike Rhapsoden, fahrende Sänger des Mittelalters, Vorleser in der Frühen Neuzeit und z.B. auch die Rede-Oratorien Johann Klajs, die Vorlesekunst eines Goethe oder auch eines Ludwig Tieck bis ins 20 Jahrhundert führt – z.B. zu Karl Kraus' 'Theater der Dichtung'[9], zu den Lesungen Elias Canettis oder auch zu den zahlreichen Autoren-Lesungen, wie sie laufend in Buchhandlungen, Bibliotheken, Volkshochschulen und Theatern stattfinden. Das erscheint plausibel, auch wenn es bislang so gut wie keine Forschung speziell zu Geschichte und Formen der Lesung bzw. des Vorlesens oder Sprechens von Dichtung gibt.[10] In-

---

[8] Vgl. z.B.: Litraton Verlagsverzeichnis 1997, S. 2.

[9] Kraus, der gleichermaßen Shakespeare- wie Goethe-Verehrer war, möchte zu seinen Shakespeare-Lesungen auch durch Goethes Äußerung in „Shakespeare und kein Ende" angeregt oder wenigstens darin bestätigt worden sein: „Durchs lebendige Wort wirkt Shakespeare, und dies läßt sich beim Vorlesen am besten überliefern; der Hörer wird nicht zerstreut, weder durch schickliche noch unschickliche Darstellung. Es gibt keinen höhern Genuß und keinen reinern, als sich mit geschloßnen Augen durch eine natürlich richtige Stimme ein Shakespearsches Stück nicht deklamieren, sondern rezitieren zu lassen." („Shakespeare und kein Ende", in: Johann Wolfgang von Goethe, Werke. Hamburger Ausgabe in 14 Bänden, Bd. 12, München 1981, S. 287-298, hier S. 288f.).

[10] Die sachliche Nähe zur oral-poetry-Forschung ist offenkundig, diese befaßt sich jedoch vor allem mit Traditionen der Mündlichkeit von Dichtung in oralen bzw. semioralen Kulturen, während es sich bei Lesungen und dem Vorlesen von Dichtkunst ja gerade um sekundäre Produktions- und Rezeptionsaspekte in Schriftkulturen handelt. Zur oral-poetry-Forschung vgl. z.B. Albert B. Lord: The Singer of Tales, Cambrige 1960; Eric A. Havelock: The Muse Learns to Write. Reflections on Orality and Literacy from the Antiquity to the Present, New Haven 1986; Paul Zumthor: La lettre et la voix, Paris 1987;

nerhalb der Geschichte der literarischen Lesung bzw. des mündlichen Vortrags von Dichtung nimmt das Hörbuch jedoch in mehrfacher Hinsicht eine Sonderstellung ein. Unter anderem zeichnet sich das Hörbuch durch seinen spezifischen Rezeptionsmodus aus – es wendet sich im Unterschied zu anderen und älteren Formen der mündlichen Literaturvermittlung an kein bestimmtes anwesendes Publikum, sondern an ein disperses in unkontrollierbar vielen individuellen Rezeptionskontexten, das lediglich darin eine Gemeinsamkeit findet, über die technischen Möglichkeiten der Hörbuch-Rezeption zu verfügen. Diese technischen Möglichkeiten beeinflussen in gravierender Weise die Rezeption von Literatur. An die Stelle des mehr oder weniger konzentrierten und 'verstehenden' Lesens, das eben beendet wird, wenn die physischen und psychischen Voraussetzungen beim Leser erlahmen oder vollkommen wegfallen, ist beim Hörbuch im Prinzip auch die Beschallung mit Hör-Literatur unabhängig davon möglich, ob der Hörer nun tatsächlich hört und versteht oder eben nicht. Hierin ist auch die Grundtendenz zu einem Verlust der Bedeutung des dichterischen Wortes und des literarischen Wortlauts zu beobachten. Es kommt bei Hörbüchern nicht so sehr darauf an, daß eine textkritische, zuverlässige Ausgabe zur Lesung verwendet und in ihrem *genauen* Wortlaut verlesen wird, und selbst bei Lyrik, von der man ja als Leser annehmen möchte, daß es auf jedes einzelne Wort ankomme, trifft man in Hörbuchfassungen auf Abweichungen vom Text – von Verlesungen und Versprechern gar nicht erst zu reden.[11] Als Variation des im Prinzip auf vollständige Textpräsentation ausgerichteten Hörbuchs gibt es das sogenannte „Schrumfbuch" oder „Fast-Food-Hörbuch", das wegen der besseren Verkäuflichkeit umfangreiche Leseliteratur auf leicht verdauliches Hörbuch-Maß kürzt.[12] Ohne weiteres stellt denn auch die FernUni Hagen fest, daß die Hörbücher in ihrer Sammlung (und man darf getrost hinzufügen, nicht nur diejenigen in *dieser* Sammlung) nicht zitierfähig seien. Dennoch empfehle sich die Nutzung dieser Hörbücher, da sie „wegen der Qualität der meisten Sprecher – die literarische und ästhetische Rezeption begünstigen."[13] Der Schwund der künstlerischen oder dichterischen Bedeutung des geschriebenen Wortes wird also vermeintlich kompensiert durch seine Inszenierung im Hörbuch. So kommt es nicht selten vor, daß man bei Hörbüchern geradezu auf eine Art *joint venture* trifft, bei dem die herkömmliche literaturgeschichtliche Aura eines Werkes oder Autors und die zugeschriebenen oder tatsächlichen Eigenschaften des Vorlesers sich aufs Prächtigste ergänzen. Ein Hörbuch mit „Texte[n] von und über Bertolt Brecht", gelesen von Marcel Reich-

---

siehe jedoch auch Walter J. Ong: Oralität und Literalität. Die Technologisierung des Wortes, Opladen 1987.

[11] Man vgl. z.B. das Hörbuch Peter Rühmkorf, Michael Naura, Wolfgang Schlüter: Phönix voran [MC] mit der Leseversion gleichlautenden Titels [Reinbek 1987].

[12] Vgl. Herbstnovitäten 1998 (wie Anm. 4) S. 31.

[13] Wie Anm. 6.

Ranicki, bewirbt der Verlag ohne falsche Zurückhaltung und ohne Rücksicht auf das geschriebene Wort zum Beispiel folgendermaßen:

> Spätestens mit dem „Literarischen Quartett" wurde er in Deutschland zum Inbegriff des Literaturkenners par excellence. Marcel Reich-Ranicki ist wortgewandt, spritzig (!) und er verfügt über die hohe Kunst, Literatur und – sei sie auch noch so trocken (!) – selbst einem Laien schmackhaft zu machen. Nun präsentiert der große Mann der deutschen Literaturkritik eine erlesene Auswahl von Brecht-Gedichten, die eastwest records mit ihm auf CD bannte. Dabei bediente sich Reich-Ranicki eines Themas, das die Literatur beschäftigt, solange es sie gibt: der Liebe in all ihren Facetten. Verführen zum Genuß – das schafft Reich-Ranicki mit seinen Texten von und über Brecht. Nicht nur durch den Inhalt, sondern schlichtweg durch sein stimmliches Talent: Der Sprecher Reich-Ranicki gibt sich bei Brechts Lyrik bittersüß, melancholisch, aufgeregt, freudig, sanft und verletzlich, wie man ihn bisher kaum kannte. Seine Interpretationen gehen somit unter die Haut und markieren einen wichtigen Beitrag zum Brecht-Jahr.[14]

Aus der geschriebenen Literatur Bertolt Brechts wird das gesprochene Hörbuch Marcel Reich-Ranickis, das die Lyrik Brechts als bloßes Textsubstrat zum Anlaß eines medialen Ereignisses nimmt. Dies ist, wie gesagt, kein Einzelfall, die Herabstufung 'erstklassiger' Dichtkunst zum nun nachrangigen inszenatorischen Textsubstrat bei gleichzeitiger Aufwertung der Lesung und des Vorlesers ist im Hörbuch-Geschäft gang und gäbe. Zu den branchenüblichen Besonderheiten gehört es dabei allerdings, daß weiterhin mit dem literaturgeschichtlich zugemessenen Wert der dann zum Textsubstrat herabgestuften Literatur geworben wird und der Vorleser – als tatsächlicher 'neuer König' (des Hörbuchs nämlich) – sich als Diener der Literatur präsentiert. Sogenannte „Sprecherportraits" („Sie kennen diese Stimme. Im Radio, im Kino haben Sie sie unzählige Male gehört. Sie hat dieses unverwechselbare Timbre, das Sie [!] von anderen Stimmen unterscheidet"[15]) deuten diese tatsächliche Aufwertung der Sprecher an, Titel wie „Westphals Fontane" oder „Westphals Thomas Mann"[16] bestätigen sie: Es gilt das gesprochene Wort, denn das geschriebene hat nicht die Stimme Gert Westphals oder diejenige Marcel Reich-Ranickis. Es gilt das gesprochene Wort aber auch in einem anderen Sinn: Nonverbale oder allein durch die Schriftgestalt vermittelte Aspekte des literarischen Kunstwerkes spielen im Hörbuch so gut wie überhaupt keine Rolle, die individuelle Interpunktion eines Fontane, die sich jedem Leser als vollkommen unterschieden von derjenigen Goethes oder Georges oder gar Arno Schmidts darstellt, finden im Hörbuch ebensowenig Berücksichtigung wie orthographische oder gar kalligraphische Besonderheiten – also alles das, was

---

[14] Werbetext eines 'flyers' der eastwest records gmbh vom 4.5.98; Marcel Reich-Ranicki: Texte von und über Bertolt Brecht [CD, eastwest records 3984-23129-2].

[15] „Portrait Christian Brückner", in: Herbstnovitäten (wie Anm. 4), S. 47.

[16] Vgl. LiteraturAkzente auf Compact Disc und Langspiel-Cassetten, Hamburg 1998, S. 2 f u. s. 4 f.

man gerade in nicht modernisierten Ausgaben 'der Klassiker' (man denke etwa an Albrecht Schönes 'Faust'-Ausgabe) als wichtige Bestandteile der 'Atmosphäre eines Textes' betrachtet und was tatsächlich zur Konstitution des literarischen Kunstwerkes gehört oder wenigstens häufig gezählt wird. Die Bindung des Hörbuches an das gesprochene Wort hat zudem zur Folge, daß ganze Bereiche der Schrift-Literatur hier nicht vorkommen – wie etwa der gesamte Bereich des Figurengedichtes oder auch Text-Bild-Mischgattungen wie das Emblem.

Unter dem Gesichtspunkt der Tradierung von Literatur könnte man nun durchaus von einer defizitären Vermittlung durch das Hörbuch sprechen, von einer Art Substanzverlust gar. Dabei sollte man allerdings (etwa vor kulturpessimistischer Niedergeschlagenheit...) nicht gleich das Kind mit dem Bade ausschütten, denn was sich hier unter anderem täglich beobachten und literaturwissenschaftlich lernen läßt, ist doch eher ein allgemeiner Aspekt von Literaturgeschichte, der in zurückliegenden literarhistorischen Phasen nur in anderer Form im Prozeß der Literaturtradierung (als Zersingen, als Textverderbnis, als Umdichtung oder Nachdichtung usw., ja sogar in Form philologischer Editionen) wirksam geworden ist: Daß nämlich literarhistorische Traditionsbildung immer mit Substanzveränderung einhergeht – und daß es sich bei der literaturwissenschaftlichen Leitvorstellung eines authentischen, heilen Werkes in literaturgeschichtlicher Sicht um eine Idealisierung, mindestens um ein Konstrukt aus 'verstehenstechnischen' Gründen handelt. In der herkömmlichen Literatur setzt diese Substanzveränderung im Grunde genommen schon in dem Moment ein, in dem ein Autor sein Werk aus den Händen gibt und der Rezeption überläßt. Substanzveränderung muß dabei eben nicht allein die zeichengetreue Gestalt eines Textes betreffen, sondern kann z.B. auch seine Wertschätzung betreffen, die Art und Weise, wie und als was er gelesen wird u.a.m. Die Substanzveränderung ist im Fall des Hörbuches besonders weitreichend, denn sie betrifft letztendlich die Frage, was in einer, in unserer Gesellschaft überhaupt als Literatur, was als Kunst anerkannt wird. Wenn man das, was als Literatur bezeichnet wird, ganz pragmatisch als Produkt einer gesellschaftlichen Wertzuweisung betrachtet, so haben wir es hier ohne Zweifel mit einer Form der Veränderung des Literaturbegriffes und, wie man mit Pierre Bourdieu sagen könnte, wohl auch mit einer Erweiterung des 'literarischen Feldes' zu tun, denn das Hörbuch zählt nun zur Literatur, Vorleser und Hörbuch-Verlage sind nun Teile des 'literarischen Feldes' (in dem sich ein Autor mit seinen Texten behaupten kann, wenn er selbst auch zum Vorleser wird). Wiewohl es eine Reihe von Beispielen von experimenteller Literatur im Hörbuch gibt (z.B. Texte von Ernst Jandl), und obwohl die in Hörbüchern präsentierten Texte literarhistorisch sogar bis ins Mittelalter zurückreichen, bietet die überwiegende Zahl der Hörbücher doch entweder kanonische (Schulbuch-)Texte kanonischer (Schulbuch-) Autoren oder aktuelle deutschsprachige oder ins Deutsche übersetzte 'Bestseller' von zeitgenössischen Bestseller-Autoren: Die Erweiterung des literarischen Feldes wird also gewissermaßen mit dem gesellschaftlichen Bonus anerkannter 'alter' und marktgängiger neuer Buch-Literatur erreicht und eben nicht wirklich durch die Erprobung und Erweiterung künstlerischer und ästhetischer Möglichkeiten. Trotz der Ausnutzung moderner *medialer* Möglichkeiten ist das literarische Hörbuch deshalb im Grunde eine konservative und keine kreative 'Kulturpraxis' – nicht, weil man hier bei den Textsubstraten großen Wert auf Authentizität der Texte oder auf philologische Exaktheit legte und legen müßte, sondern weil das Hörbuch mit den Texten, die präsentiert werden, die Grenzen einer kanonischen oder ökonomisch beglaubigten *mainstream*-Kultur künstlerisch nicht überschreitet. Diese *mainstream*-Kultur wird vielmehr durch das Hörbuch bestätigt. Zugleich ermöglicht das Hörbuch seinen Rezipienten die Teilhabe an dieser *mainstream*-Kultur, ohne daß sie dafür auch den Preis anstrengender lesender Aneignung von Literatur bezahlen müßten. Als Bestätigung (und eben nicht künstlerische Überwindung) einer *mainstream*-Kultur ist das Hörbuch deshalb gewissermaßen eine Imitation von vermeintlicher Hochkultur, und die Rezeption ist eben nicht eine kritische und selbstbewußte Teilhabe an dieser vermeintlichen Hochkultur, sondern eine informatorische Versorgung mit ihrer gesprochenen Imitation – der man sich freilich nicht einmal entziehen kann, wenn man überhaupt keine Hörbücher hört. Denn genau hierin ist – nach der Substanzveränderung – ein weiterer Grundmechanismus literarischer Traditionsbildung zu sehen, in der konservativen Imitation von und der informatorischen Versorgung mit Literatur, die in einem Prozeß gesellschaftlicher Wertzuweisungen zuvor als tradierenswert, musterhaft, wertvoll o.ä. kanonisiert worden ist. Dies ist ein Grundmechanismus, der eben auch die Tradierung von Leseliteratur auf dem Wege der Lektüre in Schulen oder Universitäten betrifft (und nicht allein das Hörbuch): Traditionsbildung mag für das Individuum vielleicht zunächst ein Akt der persönlichen Horizonterweiterung sein, auf eine Kultur oder Gesellschaft bezogen, bedeutet sie jedoch einen Akt der affirmativen Selbstverständigung – nicht zuletzt auch durch die Verdinglichung des Kunstwerkes und durch seine Verwertbarkeit als (Verkaufs-) Klassiker oder eben als Hörbuch. Latent oder offenkundig bleibt hier immer die Dialektik zwischen gesellschaftlicher Affirmation und der Möglichkeit individueller Provokation erkennbar (daß nämlich Verstehens-, Interpretations- oder Bewertungskanones von lesenden Einzelnen nicht mehr anerkannt und durch andere ersetzt werden), vorderhand bleibt die Tradierung jedoch ein Vorgang der bewahrenden Weitergabe, für die eine kritische Überprüfung des Weitergegebenen und eine Auseinandersetzung mit ihm nicht nötig ist. Immerhin provoziert Buchliteratur, die im Modus des stillen Selberlesens rezipiert wird, den devianten Widerspruch durch den Zwang zu einer aktiven verstehenden Auseinandersetzung mit dem Kunstwerk in stärkerem Maße als das Hörbuch dies tut. Das liegt nicht so sehr daran, daß das Hörbuch mündliche Rede präsentiert (denn die Rhetorik lehrt ja unter anderem, daß und wie man auch mit mündlicher Rede einen Zuhörer 'aktivieren' kann), sondern daran, daß es sich bei der Hörbuch-Literatur weithin um Texte handelt, die zunächst für eine lesende Rezeption bestimmt waren. Der Medienwechsel geht eben nicht unbedingt einher mit einer Anpassung kommunikativer Textverfahren an das neue Medium 'Hörbuch'. Wo 'Buchliteratur' den aufmerksamen Leser auf Text- und dann auf Weltfragen bringt – über Berechtigung und Funktion eines Kommas ebenso wie über eine besondere Wortschreibung, über Wortbedeutungen und den Sinn einer ganzen Schwärzungskonfiguration – und den Leser durch die Aufforderung zum eigenständigen Nachdenken zu einer Art immer neuer Selbsterfindung zwingt (denn ästhetische Erfahrung bedeutet hier den Ansporn zur – immer nur vorläufigen und immer wieder revidierbaren – Selbstkonzeptualisierung), müssen diese Möglichkeiten beim Hörbuch zwangsläufig ungenutzt bleiben, denn das Selberlesen wird dem Rezipienten ja von einem *ghost reader*, der für ihn liest, abgenommen. Der Gewinn dieser Art von Komplexitätsreduktion besteht darin, daß es die neue Form von 'Literatur light' ihren Rezipienten eben nicht schwer macht; sodann darin, daß das Hörbuch ohne Schwierigkeiten Teil eines 'temporeichen', hochaktiven Alltagslebens sein kann (man kann ein Hörbuch rezipieren und gleichzeitig z.B. autofahren oder den Haushalt ordnen oder die Fernsehzeitung studieren, während das herkömmliche 'Lesebuch' den Rezipienten dazu nötigt oder es ihm ermöglicht, aus dem Alltag 'auszusteigen'). Schließlich mag ein Gewinn des Hörbuches auch in der Förderung einer begriffslosen, assoziativen Phantasietätigkeit sein, einer Form ästhetischer Erfahrung, (wie sie ähnlich beim Musikhören möglich ist), die sich mit einer bedeutenden Funktion des herkömmlichen 'Lesebuches' berührt, nämlich in die produktive Absorbiertheit durch Zwecklosigkeit einzuüben.

Ob das Hörbuch eine legitime Form der Tradierung von Literatur ist oder nicht, ist hier nicht zu entscheiden (und angesichts der Tatsachen ohnehin eine obsolete Frage). Es ist jedoch festzustellen, daß es sich bei dem Hörbuch um eine in bislang ungekanntem Ausmaß agile und 'beschleunigte' Form der Traditionsbildung handelt, eine Form, die gerade durch die Eingriffe in den alten Literaturbetrieb, zu denen sie genötigt ist, zeigt, daß der Kern der Bewahrung paradoxer Weise die Veränderung ist. Das Hörbuch bedient die Bedürfnisse einer ständig wachsenden Rezipientengruppe anscheinend besser als allein das 'Lesebuch' (so wie etwa ab einem bestimmten Zeitpunkt der Roman besser als das Epos, der Film besser als das Theater die ästhetischen Bedürfnisse weiter Rezipientenkreise befriedigen konnte). Erkennbar wird an dem Aufkommen des Hörbuches ein fundamentaler Wandel des ästhetischen Handlungsfeldes 'Literatur', ein Wandel, den die Literaturwissenschaft jetzt, während er sich vollzieht, untersuchen kann und sollte.

Die Autoren:

- *Wolfgang Braungart*, Professor für Neuere deutsche Literaturgeschichte und Allgemeine Literaturwissenschaft an der Universität Bielefeld

- *Ulrich Ernst*, Professor für Allgemeine Literaturwissenschaft und Deutsche Philologie an der Bergischen Universität Wuppertal

- *Stefan Hohmann*, Wissenschaftlicher Assistent im Fach Germanistik: Mediävistik an der Bergischen Universität Wuppertal

- *Achim Hölter*, Professor für Komparatistik an der Westfälischen-Wilhelms-Universität Münster

- *Harald Fricke*, Professor für Neuere deutsche Literatur an der Universität Fribourg

- *Holger Korthals*, Wissenschaftlicher Assistent im Fach Allgemeine Literaturwissenschaft an der Bergischen Universität Wuppertal

- *Stefan Matuschek*, Professor für Neuere deutsche Literaturwissenschaft an der Friedrich-Schiller-Universität Jena

- *Urs Meyer*, Wissenschaftlicher Assistent im Fach Deutsche Literatur an der Universität Fribourg

- *Monika Schmitz-Emans*, Professor für Allgemeine und Vergleichende Literaturwissenschaft an der Ruhr-Universität-Bochum

- *Bernhard F. Scholz*, Professor für Allgemeine und Vergleichende Literaturwissenschaft an der Rijksuniversiteit Groningen (Niederlande)

- *Meinolf Schumacher*, Wissenschaftlicher Assistent im Fach Germanistik: Mediävistik an der Bergischen Universität Wuppertal

- *Peter Stocker*, Historisch-kritische Gottfried-Keller-Ausgabe, Zürich

- *Willie van Peer*, Professor für Literaturwissenschaft und Interkulturelle Hermeneutik an der Ludwig-Maximilians Universität München

- *Dietrich Weber*, Professor für Allgemeine Literaturwissenschaft einschl. Neuerer deutscher Literaturgeschichte an der Bergischen Universität Wuppertal

- *Rüdiger Zymner*, Professor für Allgemeine und Vergleichende Literaturwissenschaft an der Bergischen Universität Wuppertal

STEPHAN BRAESE (HG.)

Bestandsaufnahme – Studien zur Gruppe 47

1999, ca. 300 Seiten, 14,4 x 21,0 cm, kartoniert, ca. DM 96,–,
ISBN 3 503 04936 3
Philologische Studien und Quellen, Band 157

❚ Auch mehr als 50 Jahre nach ihrer Gründung haftet der
Gruppe 47 fast unverändert jenes Image an, mit dem sie sich
einen zentralen Platz im westdeutschen Literaturbetrieb der
fünfziger und sechziger Jahre erobert hat: das einer losen Vereinigung junger, antifaschistischer deutscher Schriftsteller, die
ihren Beitrag zur „neuen" deutschen Literatur leisten wollten.
Diese Unternehmung ist frühzeitig als *success story* fort- und
festgeschrieben worden – insbesondere durch das deutsche
Feuilleton. Literaturwissenschaftliche Untersuchungen der letzten Jahre haben jedoch nachhaltige Zweifel an der Stichhaltig-
keit mancher Zuschreibungen und Selbstwahrnehmungen ge-
weckt.

Die in diesem Band versammelten Studien internationaler Wissenschaftler stellen die Frage nach Ort und Rolle der Gruppe 47
in der westdeutschen Nachkriegsliteratur neu. Sie blicken auf
verschiedene Konstellationen in der Entwicklung der Gruppe –
etwa auf ihre Entstehungsbedingungen und ihr Verhältnis zur
deutschen Wehrmacht –, aber auch auf die Beziehungen zur
Gruppe von Autoren wie Richter, Andersch und Böll, Weiss,
Fried und Kesten fällt Licht auf manche jener Aspekte, die erst
ihren tatsächlichen Ort im Kulturbetrieb der jungen Bundesrepublik kenntlich machen helfen. Dieser Ort aber ist Gegenstand
einer Geschichtsschreibung zur Gruppe 47, die gegenwärtig an
ihrem Anfang steht. ❚

ESV
75 JAHRE   1924 – 1999
ERICH SCHMIDT VERLAG
Berlin Bielefeld München

www.erich-schmidt-verlag.de
e-mail: esv@esvmedien.de

Oliver Gschwender

Internet für Philologen

Eine Einführung in das Netz der Netze

unter Mitarbeit von Arno Müller

1999, 125 Seiten, 15,8 x 23,5 cm, kartoniert, DM 24,80/€ 12,68/ öS 181,–/sfr. 23,–, ISBN 3 503 04915 0

❚ Dieses Buch ermöglicht es dank zahlreicher bebildeter Erklärungen, schnell den Einstieg ins Internet zu meistern. Dabei wurde der sonst übliche Computerfachjargon vermieden, so daß auch dem im Umgang mit Computern unerfahrenen Leser eine leicht nachvollziehbare Anleitung an die Hand gegeben wird.

Schritt für Schritt wird gezeigt, wie man Zugang zu diesem neuen Medium erhält und wie die dafür benötigten Computerprogramme zu handhaben sind. Kleine Übungsaufgaben am Schluß der einzelnen Kapitel ermuntern dazu, das neu erworbene Wissen sofort in die Praxis umzusetzen.

Unter anderem wird erläutert, wie man interessante Seiten im unübersichtlichen Datendschungel des Internets findet und wie sie auf dem eigenen Computer abgespeichert werden können. Darüber hinaus wird die Benutzung der zunehmend Verbreitung findenden elektronischen Post (E-Mail) und anderer nützlicher Internetdienste erklärt. Eine umfassende Sammlung von philologiespezifischen Internetadressen sind besonders hilfreich für das Studium und den Beruf.

Das Buch wendet sich damit insbesondere an Studierende sowie an Dozenten und Lehrer der philologischen Fachrichtungen, die den Anschluß an die neuen Kommunikationsformen nicht verpassen wollen. ❚

ESV
75 JAHRE
1924 – 1999
ERICH SCHMIDT VERLAG
Berlin Bielefeld München

www.erich-schmidt-verlag.de
e-mail: esv@esvmedien.de